Margret Dörr und Rolf Göppel
Bildung der Gefühle

Reihe »Psychoanalytische Pädagogik« Band 17
Herausgegeben von Christian Büttner,
Wilfried Datler und Urte Finger-Trescher

Margret Dörr
und Rolf Göppel

Bildung der Gefühle

Psychosozial-Verlag

Bibliografische Information der Deutschen Nationalbibliothek
Die Deutsche Nationalbibliothek verzeichnet diese Publikation in der Deutschen Nationalbibliografie; detaillierte bibliografische Daten sind im Internet über <http://dnb.d-nb.de> abrufbar.

E-Mail: info@psychosozial-verlag.de
www.psychosozial-verlag.de

Umschlagabbildung: Paul Klee: »Hungriges Mädchen« (1939)

Umschlaggestaltung: Christof Röhl
nach Entwürfen des Ateliers Warminski, Büdingen
Printed in Germany
ISBN 978-3-89806-286-2

Inhalt

Einleitung ... 7

Rolf Göppel
»Die Kultur der Affekte ist das eigentlich schwerste Bildungsziel« (A. Mitscherlich) – Möglichkeiten, Probleme und Grenzen einer »Bildung der Gefühle« ... 15

Gunzelin Schmid Noerr
Moralische und unmoralische Gefühle ... 40

Gerd E. Schäfer
Die Bedeutung emotionaler und kognitiver Dimensionen bei frühkindlichen Bildungsprozessen ... 77

Margret Dörr
»Gefühlssymbole«? – Facetten des Symbolbegriffs im Kontext der Bildung der Gefühle ... 91

Klaus E. Grossmann
Die Bedeutung der ersten Lebensjahre für die Organisation der Gefühle ... 123

Andreas Schick und Manfred Cierpka
FAUSTLOS – Aufbau und Evaluation eines Curriculums zur Förderung sozialer und emotionaler Kompetenzen in der Grundschule ... 146

Bärbel Schön
Bildung der Gefühle durch Programme zur Gewaltprävention? Einige Anmerkungen ... 163

Heiner Hirblinger
Wenn die toten Eltern im Unterricht lebendig werden. – Warum das systematische Training »emotionaler Intelligenz« die situative Auseinandersetzung mit emotional bedeutsamen Konflikten im Unterricht nicht ersetzen kann 183

Karl Gebauer
Die Bedeutung des Emotionalen in Bildungsprozessen 213

Wilfried Datler
Erleben, Beschreiben und Verstehen: Vom Nachdenken über Gefühle im Dienst der Entfaltung von pädagogischer Professionalität 241

Margret Dörr, Rolf Göppel

Einleitung

In jüngerer Zeit gibt es in verschiedenen pädagogischen Feldern einen deutlichen Trend, die Bearbeitung der gefühlsmäßigen Erlebnis- und Reaktionsweisen von Kindern, Jugendlichen und Erwachsenen gezielt zum Gegenstand erzieherischer und bildnerischer Bemühungen zu machen. Die Förderung »emotionaler Intelligenz« wird nicht nur von Kultusministerinnen den Schulen als wichtige künftige Aufgabe zugewiesen, »emotionale Intelligenz« wird immer häufiger auch in Stellenausschreibungen für Fach- und Führungskräfte von Bewerbern gefordert. Gerade in Pädagogenkreisen ist das Buch »Emotionale Intelligenz« von Daniel Goleman, auf dessen Klappentext zu lesen ist: »Wer Erfolg im Leben haben will, muß klug mit seinen Gefühlen umgehen können und das ›emotionale Alphabet‹ beherrschen«, ein heimlicher Bestseller.

Im Rahmen des 18. Kongresses der Deutschen Gesellschaft für Erziehungswissenschaft (DGfE) der vom 25.–27. März 2002 an der Ludwig-Maximilians-Universität in München unter dem Titel »Innovation durch Bildung« stattfand, führte die Kommission Psychoanalytische Pädagogik ein Symposion durch mit dem Titel: »Bildung der Gefühle. Innovation? – Illusion? – Intrusion?«. Ausgangspunkte waren dabei die folgenden Überlegungen: Während in dem Papier zur Erläuterung des Kongressthemas die Frage »In welchem Spannungsverhältnis stehen ›*Wissen*‹ und ›*Bildung*‹?« im Zentrum stand, sollte diese Perspektive in dem Symposion durch die Frage: »In welchem Spannungsverhältnis stehen eigentlich ›*Gefühl*‹ und ›*Bildung*‹?« ergänzt werden. Wenn man davon ausgeht, dass Bildung nicht nur der Förderung gesellschaftlicher Innovationsprozesse zu dienen hat, sondern auch dem Anspruch verpflichtet ist, die Menschen zu stärken und die Sachen klären (v. Hentig), dann kann im Hinblick auf »Bildung« das Thema »Gefühle« kaum ausgeklammert werden.

Dabei sollte jedoch keineswegs einfach auf einen modischen Trend aufgesprungen werden. Vielmehr ging es darum, die Möglichkeiten, aber auch die Probleme auszuloten, die mit diesem Trend verbunden sind. Die drei jeweils mit Fragezeichen versehenen Stichworte im Untertitel deuten die kritischen Fragen, die zu klären sind, an:

- *Innovation*? – d. h. ist die Forderung der Bildung der Gefühle überhaupt so neu, wie derzeit oftmals behauptet wird? Wie wurde das Problem der »Bildung der Gefühle« in der pädagogischen Tradition gesehen und behandelt? Eröffnet das neue Wissen der Emotionsforschung über die neuronalen und hormonalen Abläufe bei der Entstehung von Gefühlen tatsächlich auch neue pädagogische Handlungsperspektiven?
- *Illusion*? – d. h. ist es überhaupt möglich, Gefühle von Menschen in direkter pädagogischer Intention, im Rahmen pädagogischer Institutionen, also quasi »planmäßig« zu bilden? Kann man das »emotionale Alphabet« vermitteln wie das sprachliche? Wird die »Grammatik der Gefühle« nicht in anderen, früheren, basaleren Bildungsprozessen grundgelegt? Selbst wenn man eher von einem Verständnis von Bildung als »Selbstbildung« ausgeht – reicht es aus, sich vorzunehmen, künftig anders, besser, angemessener zu fühlen bzw. die Gefühle anderer sensibler, differenzierter, empathischer wahrzunehmen? Oder sind wir in der Art und Weise wie wir fühlen, nicht doch sehr stark von unseren frühen Erfahrungen, eventuell auch vom je unterschiedlichen individuellen Temperament geprägt? Stellen unsere emotionalen Reaktionen vielleicht gar so etwas wie unsere archaische, stammesgeschichtliche Erbschaft dar?
- *Intrusion*? – d. h. ist es überhaupt legitim, Gefühle anderer Menschen in pädagogischer Absicht, d.h. zielgerichtet, bilden zu wollen oder handelt es sich dabei um eine pädagogische Anmaßung? Gehören Gefühle eher dem Privatbezirk eines jeden Menschen an, der vor direktem erzieherischen Zugriff zu schützen ist? In welchem Rahmen, in welchen Situationen und unter welchen Voraussetzungen ist es überhaupt statthaft, die Gefühle der Beteiligten in pädagogischen Settings zum Thema der Kommunikation zu machen?

Die Psychoanalyse hat sich seit jeher besonders intensiv mit der Individualgenese der Muster emotionalen Erlebens und deren Verwobenheit mit unbewussten Wünschen und Konflikten einerseits, mit den Denkprozessen andererseits, beschäftigt. In den von ihr inspirierten bildungstheoretischen Überlegungen spielte die Frage nach dem Umgang mit den Gefühlen bei sich selbst und bei anderen stets eine zentrale Rolle. Alexander Mitscherlichs Satz: »Die Kultur der Affekte ist das eigentlich schwerste Bildungsziel« kann dabei gleichzeitig als Warnung vor zwar gut gemeinten aber doch blauäugigen Programmen zur Förderung emotionaler Intelligenz verstanden werden.

Zu den einzelnen Beiträgen

Rolf Göppel nimmt in seinem Beitrag diese nüchterne Aussage von Alexander Mitscherlich auf, um der Frage nach der Relevanz der Gefühlsebene für ein zeitgemäßes pädagogisches Konzept von Bildung nachzugehen. Ausgangspunkt seiner Suche nach Möglichkeiten, Probleme und Grenzen einer Bildung der Gefühle sind die derzeit aktuellen Konzepte zur Förderung »emotionaler Intelligenz«. Der kritische Blick des Autors vermag allerdings deren Nimbus des Neuen und Innovativen ebenso in Frage zu stellen wie den Erfolg zum fortschrittlichen »Kassenschlager« im Hinblick auf gesellschaftliche Leistungs- und Verwertungsgesichtspunkte aufzuhellen. Wie modern demgegenüber historische Beiträge zur Gefühlsbildung für die in Rede stehende Frage anmuten, macht er mit seinen Erinnerungen an den theoretischen Kern der weithin vergessenen »Bildungskunde der Gefühle« von Vincenz Eduard Milde (1811) deutlich, der geradezu diametral zu aktuellen »EQ-Trainingsprogrammen« steht. Zu einem ähnlichen Ergebnis führen auch die Beispiele aus der Tradition der Psychoanalytischen Pädagogik: Sowohl Erik Homburger Erikson als auch August Aichhorn ging es in ihren jeweils typischen, wenngleich differenten, pädagogischen Handlungen darum, eine aggressiv aufgeladene Situation entweder versprachlicht oder inszeniert zu nutzen, um offene Anfänge für pädagogische Bildungsprozesse zu schaffen, allerdings ohne ihre Prämissen systematisch unter bildungstheoretischen Aspekten zu diskutierten. Schließlich zeigt *Rolf Göppel* auf, dass das Bildungskonzept von Mitscherlich keineswegs eine Neuauflage in der Idee der Förderung »emotionaler Intelligenz« findet.

Im Zentrum des Artikels von *Gunzelin Schmid Noerr* steht die Frage nach dem Zusammenhang von moralischen Gefühle und moralischen Urteilen einerseits und entsprechende Handlungen andererseits. In seinen Erläuterungen von »moralischen und unmoralischen Gefühlen« geht er von der Prämisse aus, dass Gefühle der wesentliche (wenn nicht der einzige) Indikator für die Beurteilung der Authentizität einer moralischen Entscheidung darstellt. Sein Argumentationsweg erfolgt über eine kritische Relativierung der auch von Kant und Kohlberg in Anspruch genommenen Prämissen des rationalistischen Entscheidungsmodells. Unter Bezugnahme auf die Forschungsergebnisse des Neurologen Antonio Damasio stellt er diesem moralischen Kognitivismus ein begründetes »emotivistisches« Alternativmodell gegenüber. Im Weiteren rekonstruiert der Autor am Beispiel literarischer Texte (Tolstoj, Thomas Mann, Fontane und Rousseau) eindrücklich die Prozessstrukturen der differenten moralischen Entscheidungssituationen und kann darüber zum einen anschaulich machen, dass Denken, Fühlen und Handeln sich wechselseitig beeinflussen und folglich die (alte) Streitfrage bezüglich der Vorrangstellung der Kognition vor den Gefühlen oder vice versa als »Scheinalternative« aufklären. Zum anderen demonstriert er mit seinen Rekonstruktionen einen geeigneten methodisch-pädagogischen Ansatzpunkt für die Entwicklung und Förderung emotionaler Kompetenz in professionellen psychosozialen Handlungsfeldern. *Gunzelin Schmid Noerr* schließt seinen Beitrag mit einer dezidierten ideologiekritischen Verortung des modischen Konstrukts »emotionale Intelligenz« ab.

Gerd E. Schäfer entwickelt in seinem Beitrag eine Antwort auf die Frage nach der »Bedeutung emotionaler und kognitiver Dimensionen bei frühkindlichen Bildungsprozessen«. Mit seiner Verwendung eines Bildungsbegriffs, der explizit auch epigenetische Prozesse einbezieht, nimmt er eine in der Pädagogik vernachlässigte Perspektive – die neurobiologische Kognitionsforschung – auf und macht in diesem Kontext transparent, wie die Bildung der Gefühle als Bildung der emotionalen Wahrnehmung zu lesen ist. Indem er die grundlegende Verzahnung von emotionalen und kognitiven Verarbeitungsprozessen darstellt, weist der Autor die Emotionen als einen wesentlichen Teil der geistigen Entwicklung aus und vermag so den kognitiven Charakter von Gefühlen zu begründen. Im nächsten Schritt zeichnet er im Rahmen der Säuglingsforschung das emotionale und kognitive Zusammenspiel in der Entwicklung der frühen Kindheit nach und erhellt darüber, wie Kognitionen wiederum durch Emotionen differenziert werden. In seinen stringenten Erläuterungen strukturiert er die Organisation dieser Entwicklung an Hand der Dimensionen »Wahrnehmen und Erkennen« sowie »Gefühlserfahrungen« jeweils entlang einer Stufenabfolge von Reifungsprozessen: von der Bildung a) eines sinnlichen, b) eines szenischen, c) eines sozialen und schließlich d) eines imaginären Körpers. Im Zusammenfügen der beiden Argumentationsstränge – der neurobiologischen Kognitionsforschung und der Säuglingsforschung – vermag *Gerd. E. Schäfer* die Abhängigkeit einer Bildung der Gefühle von der jeweiligen sozialen und kulturellen Umwelt einsichtig zu machen.

In ihrem Beitrag thematisiert *Margret Dörr* »Facetten des Symbolbegriffs im Kontext der Bildung der Gefühle«. Als Ausgangspunkt wählt sie eine zentrale Dimension der »Philosophie der symbolischen Formen« von Ernst Cassirer, galt ihm doch die Fähigkeit des Menschen zur Symbolbildung als Bedingung der Möglichkeit, ihre Sinneseindrücke derart in Sinn umzuwandeln, dass sie ihre Affektionen, ihr Ergriffensein, im Gedächtnis abrufbar speichern und dadurch allererst in die Hand bekommen (Begreifen). Um den Prozess dieser Transformation durchschaubar zu machen, nimmt die Verfasserin im nächsten Schritt Bezug auf Alfred Lorenzers »materialistische Sozialisationstheorie« und vermag darüber die zentrale Relevanz des Symbols, als in den Körper eingeschriebenes Gelenkstück zwischen innerer und äußerer Natur des Menschen, zu erhellen. Im weiteren Argumentationsgang zeichnet sie die Überlegungen von Siegfried Zepf nach, der seine psychoanalytische Affekttheorie in der Lorenzerschen »Theorie der Interaktionsformen« formuliert, und vermag darüber Gefühle als präverbale selbstproduzierte Erkenntnismittel der Praxis zu entziffern. In dieser Weise wird es möglich, den Charakter von Gefühlssymbolen in seinen strukturellen Gemeinsamkeiten und Unterschieden zu Sprachsymbolen darzustellen. In ihrer Schlußfolgerung weist *Margret Dörr* die technischen Gefühls-Trainingsprogramme entschieden zurück, hat doch eine Bildung der Gefühle die Prämisse einer *gelebten* pädagogischen Praxis zur Voraussetzung, sollen die Adressat(inn)en *Subjekte* ihrer eigenen Lebensgeschichte bleiben bzw. werden.

In seinem Artikel informiert *Klaus E. Grossmann* die Leser/innen über die reichhaltigen Ergebnisse aus der derzeitigen Forschungslandschaft der Bindungsforschung in der Tradition von Bowlby und belegt – empirisch gesättigt – »die Bedeutung der ersten Lebensjahre für die Organisation der Gefühle«: Bindungserfahrungen im präverbalen Alter erzeugen ein System von Repräsentationen und Regeln auf der Ebene der Emotionen, der Motive, des geplanten Handelns und des Sprechens (»internale Arbeitsmodelle«). Diese wirken sich im weiteren Entwicklungsprozess, so zeigen Längsschnittuntersuchungen, als Schutz- bzw. Risikofaktoren bis ins Erwachsenenalter nachhaltig aus. Dies gilt gleichermaßen für den Umgang mit der eigenen Lebensgestaltung, mit bedeutsamen Beziehungen und für die Fähigkeit zur Gefühlsregulation in belastenden Situationen. Erwachsenen-Bindungsinterviews fundieren gar generationale Zusammenhänge (quasi als soziale Vererbung) zwischen mütterlichen Trennungserfahrungen in der Kindheit und den Risikofaktoren »desorganisierter« und »desorientierter« Bindungstypen ihrer Kinder. Des Weiteren weist der Autor auf Studien zur Bedeutung der väterlichen Präsenz im Prozess des Aufwachsens von Kindern hin. Hierbei stellt vor allem die »herausfordernde Unterstützung« des explorierenden Spiels einen nachhaltigen Wirkfaktor für die Qualität der Gefühlsorganisation dar. Zum Schluß thematisiert *Klaus E. Grossmann* das Zusammenwirken der Organisation der Gefühle mit Sprache auch in ihrer Bedeutsamkeit für (schul-)pädagogische Interventionen.

Andreas Schick und Manfred Cierpka stellen in ihrem Beitrag sowohl Inhalte und Aufbau als auch verifizierte Evaluationsergebnisse ihres Präventionskonzeptes gegen Gewalt an Grundschulen vor. Das in Mannheim und Heidelberg durch das Ministerium für Kultus, Jugend und Sport Baden-Württemberg geförderte »FAUSTLOS-Curriculum«, ist ein kognitives Trainingsprogramm zur Förderung sozialer und emotionaler Kompetenzen, deren theoretische Bezüge aus Forschungsbefunden und entwicklungspsychologischen Theorien zu Defiziten aggressiver Kinder abgeleitet wurden. Insofern bilden, wie die Autoren aufzeigen, die Schlüsselkompetenzen emotionaler Intelligenz, Empathiefähigkeit, Impulskontrolle und Umgang mit Ärger und Wut, die Grundbausteine des praxisorientierten FAUSTLOS-Curriculums. Die straff strukturierten Lektionen zur Gewaltprävention während des Unterrichts verfolgen zudem das Ziel einer Übertragung des neu gelernten Verhaltensrepertoires in den Lebens- und Schulalltag der Kinder. Entsprechend können die Autoren darlegen, dass sich jene gewünschten Transfereffekte des Curriculums sowohl aus den Ergebnissen der Elternbefragung hinsichtlich der Einstellungs- und emotionalen Haltungsänderungen ihrer Kinder ablesen lassen, als auch in der Selbsteinschätzung der Kinder – vor allem bezüglich ihrer Kontrollverlustängste – signifikante positive Ergebnisse erzielt werden. Des Weiteren spiegeln sich die positiven Entwicklungen des Sozialverhaltens der Kinder auch in der Gesamteinschätzung des Curriculums durch die Lehrerinnen wider.

Die »Anmerkungen« von *Bärbel Schön* zu Programmen einer Gewaltprävention, die für sich eine »Bildung der Gefühle« reklamieren, lassen sich als kritisches Pendant zu den Argumenten und Ergebnissen von *Andreas Schick und Manfred Cierpka* lesen. In ihrem Nachdenken nimmt die Autorin eine explizit geschlechtsspezifische Perspektive ein und fragt u. a. vor dem Hintergrund der »Affektlogik« von Luc Ciompi, wie realistisch und wie angemessen die Hoffnungen solcher curricularisierten Lektionen im Unterricht im Hinblick auf eine Förderung emotionaler Kompetenzen sind. In ihrer Antwort formuliert sie zum einen ein pointiertes Anforderungsprofil für eine Gefühlsbildung zur moralischen Orientierung in Schulen. Hierbei plädiert die Autorin für die Beachtung der in den Körper eingeschriebenen geschlechtsspezifischen und kulturellen Muster biografischer Gewordenheit, für eine zunächst notwendige respektvolle Anerkennung der bisherigen Erfahrungen des Kindes und für die Einbettung solcher Programme in den alltäglichen Situationskontext und in die Gestaltung von bedeutsamen Beziehungen. Zum anderen berichtet sie von eigenen, eher enttäuschenden und bezogen auf die untersuchten Mädchen gar kontraproduktiven Forschungsergebnissen, die an der pädagogischen Hochschule Heidelberg im Zuge einer ergänzenden Begleitung des Präventionsprogramms »Faustlos« gewonnen wurden. Zum Abschluss plausibilisiert *Bärbel Schön* den »fehlenden Erfolg dieser Programme« anhand aufschlussreicher Hypothesen, in denen sie professionstheoretische Paradoxien und gesellschaftskritische Aspekte von sogenannter Gewaltprävention zur Sprache bringt.

Heiner Hirblinger formuliert in seinem Beitrag stringente theoretische Begründungen für seine These, dass zur Bildung der Gefühle eine situative Auseinandersetzung mit bedeutsamen Konflikten unersetzlich ist. Dazu führt er die Leserin/den Leser durch eine facettenreiche, anschauliche Bilderwelt schulischer pädagogischer Praxis, deren Strukturlogik er achtsam zu rekonstruieren weiß. Im ersten Schritt schärft er den Blick auf die systematischen Rahmenbedingungen von Schule, deren Beachtung allererst Spielräume für eine Gefühlsbildung im Unterricht zu eröffnen vermögen. Zumal – so seine Prämisse – sich emotionale Bildungsprozesse auf beiden Seiten nur dann entfalten können, wenn sich Lehrer/innen und Schüler/innen auch im emotionalen Erfahrungsraum begegnen. Insofern gilt ihm die handlungseröffnende Sicht auf die »Grammatik des Settings« als entscheidender Wirkfaktor einer Affektentwicklung, ist sie doch gleichsam das Sprungbrett für alle höheren Organisationsniveaus einer didaktischen Arbeit an wissenschaftlichen und/oder ästhetischen Gegenständen. Notwendigerweise ist daher eine absichtsvolle Bildung der Gefühle auf ein basales Verständnis der Manifestationen gruppendynamischer Prozesse angewiesen, die freilich immer durch spezielle Settingbedingungen eingerahmt sind. Schließlich versinnbildlicht *Heiner Hirblinger* entlang eines entschlüsselten Fallbeispiels, wie sich die »Wirkung der symbolischen Repräsentanzenwelt im Unterricht« entfalten und gleichermaßen von den Lehrer/innen und den Kindern phantasievoll und produktiv für Bildungsprozesse genutzt werden kann.

Der Bedeutung des Emotionalen in Bildungsprozessen nähert sich *Karl Gebauer* in einer praxeologischen Perspektive. Zunächst stellt er die Grundlagen seines pädagogischen Konzeptes einer Grundschule dar, das er im Diskurs mit Kolleg(inn)en erarbeitet und ständig fortentwickelt hat: Ausgangspunkt der Suchbewegungen waren die wachsenden emotionalen Verunsicherungen der Lehrenden mit solchen Kindern, die (Verhaltens-) Schwierigkeiten haben und/oder machen und daher über das normale Maß des Erklärens und der individuellen Hilfe persönliche Zuwendung durch die Lehrer/in benötigten. Anschaulich zeigt der Autor auf, wie das Team die Ergebnisse einer schulinternen Evaluation zum Lern- und Sozialverhalten der Schüler und Schülerinnen aufgreift, die rekonstruierten Veränderungen im Schülerverhalten als pädagogische Herausforderung annimmt und eine schöpferische »Dreispurpädagogik« entwickelt, die neben der fachorientierten Lernspur immer auch die Beziehungs- und die Selbst-Entwicklungs-Spur eines Kindes beachtet. Die lebhaften Fallbeispiele von *Karl Gebauer* illustrieren zum einen die für schulpädagogische Professionelle gleichrangige Wichtigkeit von Methoden-, Handlungs- und emotionaler Kompetenz. Zum anderen können sie die Relevanz theoretischer Erkenntnisse aus der Säuglings- und Bindungsforschung einsichtig machen. Entsprechendes theoretisches Wissen lindert nämlich nicht nur Schuld- und Schamgefühle, sondern trägt ebenso zu einer notwendigen Vertiefung der reflektierenden Methodenebene bei und ermöglicht darüber eine Ausweitung von Deutungskompetenz.

In dem Artikel von Wilfried Datler steht eine besondere Aneignungsform der Kunst des »Nachdenkens über Gefühle im Dienst der Entfaltung von pädagogischer Professionalität« im Zentrum seiner Überlegungen. Mit seinem differenzierten psychoanalytisch-pädagogischen Blick auf die aktuelle Professionalisierungsdebatte entziffert er die Grenzen des gängigen Diskurses über den Zusammenhang zwischen Wissen und Können bzw. Wissen und Handeln, bleibt hierbei doch das »Erleben der Akteure«, ein zentraler Aspekt menschlicher Praxisgestaltung und somit auch pädagogischer Beziehungsprozesse, unberücksichtigt. Am Beispiel der Arbeitssituation einer Pädagogikstudentin richtet er seine Aufmerksamkeit darauf, welche Bedeutung Gefühle für das Erleben und in der Folge für das konkrete Zustandekommen von pädagogischen Beziehungsprozessen haben können. In der verdichteten Nachzeichnung einer besonderen Form von Praxisbeschreibung und Praxisreflexion in Ausbildungsgängen kann der Autor nicht nur die grundsätzliche Interdependenz von Gefühle, sinnlichem Wahrnehmen und Denken veranschaulichen, sondern zudem plastisch auf den Sachverhalt verweisen, dass vor allem unangenehme Gefühle das Verlangen nach Affektregulation und damit den Einsatz unbewusster Abwehraktivitäten – eine oftmals unerkannte Barriere pädagogischer Kompetenz – nach sich ziehen. Die Berücksichtigung der Dimensionen »Erleben, Beschreiben und Verstehen« in Reflexionsprozessen ermöglicht eine Zunahme pädagogischer Professionalität. Konsequent schließt Wilfried Datler seinen Beitrag mit einem »Plädoyer für Praxisreflexion in der ersten Phase der Ausbildung pädagogischer Professionalität« ab.

Rolf Göppel

»Die Kultur der Affekte ist das eigentlich schwerste Bildungsziel« (A. Mitscherlich)

Möglichkeiten, Probleme und Grenzen einer »Bildung der Gefühle«

Einleitung: Innovation durch Bildung (der Gefühle)?

Unter dem Aspekt der »Innovation« die Frage nach der Relevanz der Gefühlsebene für ein zeitgemäßes Konzept von Bildung zu stellen, ist nicht völlig neu. Und diese Frage ist natürlich auch keineswegs unumstritten. 1992, also genau 10 Jahre vor dem Münchner Symposion »Bildung der Gefühle«, gab es auf dem DGfE-Kongress in Berlin eine von Buddrus und Burow organisierte Arbeitsgruppe mit dem Titel: »Die vergessenen Gefühle in der Pädagogik – Ungewollte Nebenfolgen der Modernisierung und Möglichkeiten ihrer Überwindung«. Dieser Arbeitsgruppe lag, wie der Titel schon nahelegt, die These zugrunde, dass in den Schulen und in der Lehrerbildung ein »restriktiver, entemotionalisierender, negativ gefärbter Umgang mit Gefühlen vorherrsche, da überhaupt die Gefühle in der Pädagogik ›vergessen‹ sind, einen blinden Fleck bilden« (Buddrus 1992, S. 80). Nicht nur um ein bloßes »Vergessen« handle es sich dabei, sondern um einen Prozess der Verdrängung des Emotionalen, der ein durchgängiges kulturelles Problem darstelle. Entsprechend setzte sich die Arbeitsgruppe eine »Wiederbelebung der Gefühle« in der Pädagogik zum Ziel und empfahl dafür Ansätze und Methoden, die überwiegend aus dem weiten Feld der humanistischen Psychologie stammten.

Wie konträr bisweilen die Einschätzungen sind, zeigt ein nahezu zeitgleich entstandener Text von Marian Heitger mit dem Titel »Schule der Gefühle« und dem bezeichnenden Untertitel: »Die Verdrängung der Vernunft durch das Gefühl. Irrwege modischer Pädagogik. Zur Erziehung von Emotion und Verhalten«. Darin beklagt er vehement den »Gefühlsboom«, der nun auch die Pädagogik, die Schule und die Lehrerbildung erreicht habe und weitgehend bestimme (Heitger 1994, S. 9). »Gefühle werden nicht nur als ein

Mittel für besseres Lehren und Lernen, für unbefangenes Einlassen auf Argumente, für größere Bereitschaft zum Zuhören und Kommunizieren und Einsehen gepriesen, sondern als deren Ersatz. Nicht mehr rationale Argumente können und sollen Urteile und Entscheidungen begründen, sondern die Berufung auf das Gefühl. Betroffenheit und Engagement, Stimmung und Befindlichkeit stiften Legitimation« (ebd., S. 11).

Damit ist gewissermaßen das Spannungsverhältnis, in dem die Frage nach einer »Bildung der Gefühle« steht, markiert. Ob man ein Vergessen und Verdrängen der Gefühle in der Pädagogik diagnostiziert oder einen Gefühlsboom, hängt natürlich in erster Linie davon ab, welches Maß an Aufmerksamkeit für die Sphäre des Emotionalen man in pädagogischen Kontexten für sinnvoll und angemessen hält.

In pädagogischen Feldern, zumal in solchen, die es mit »schwierigen« Kindern und Jugendlichen zu tun haben, hat die Reflexion auf emotionale Aspekte schon immer eine wichtige Rolle gespielt. Hier geht es immer wieder darum, zu einem vertieften Verständnis rätselhaft anmutender Verhaltensweisen, spannungsreicher zwischenmenschlicher Situationen, konflikthafter Entwicklungsprozesse zu kommen und gerade hier gibt es eindrucksvolle Beispiele dafür, dass die Achtsamkeit auf die eigenen gefühlsmäßigen Reaktionen seitens der Pädagogen oftmals den Schlüssel darstellt, um zu verstehen, was sich auf der »Hinterbühne« einer pädagogischen Szene eigentlich abspielt (vgl. Neidhardt 1977; Leber 1985; Reiser 1993; Heinemann 1992; Datler 2000). Die eigene gefühlsmäßige Antwort stellt in diesem Sinn gewissermaßen den Wegweiser zum Verständnis des Kindes dar. In diesem Sinne hat Reiser auf dem Hintergrund von Supervisionserfahrungen etwa gemeint: »Aus den Reaktionen der Personen, die mit dem Kind umgehen, an ihren Irritationen und Gefühlen, läßt sich am genauesten ablesen, welchen subjektiven Sinn das Verhalten des Kindes macht« (Reiser 1993, S.259)

Im Zusammenhang mit der Diskussion um das Burnout-Syndrom bei Lehrern ist deutlich geworden, dass fundiertes Fachwissen samt didaktischer Kompetenzen nicht ausreichen, um als Lehrer zu bestehen. Daneben sind weitere soziale und kommunikative, Kompetenzen erforderlich, um mit schwierigen Kindern, provozierenden Jugendlichen, fordernden Eltern, misstrauischen Kollegen und kritischen Vorgesetzen klarzukommen. Weiterhin ist es bedeutsam, mit sich selbst, mit den eigenen Gefühlen, mit dem unvermeidlichen Ärger und mit den zwangsläufigen Enttäuschungen angemessen umgehen zu können, eigene Grenzen und wunde Punkte zu kennen und mit den begrenzten psychischen Ressourcen sinnvoll zu haushalten.

Unabhängig davon, ob man nun in Bezug auf die Lage zu Beginn der 90er Jahre die Einschätzung von Buddrus oder von Heitger für zutreffender hält, lässt sich doch mit einiger Sicherheit sagen, dass seit damals einiges in Bewegung geraten ist, dass sich in der aktuellen pädagogischen Landschaft etliche Anzeichen dafür erkennen lassen, dass das Thema »Bildung der Gefühle«, »Förderung emotionaler Intelligenz«, in der jüngeren Zeit an Bedeutung gewonnen hat. Allerdings weniger auf der Ebene der erziehungswissenschaftlichen Fachdiskussion, als vielmehr auf der Ebene von Fortbildungsveranstaltungen für Lehrer, Volkshochschulkursen, Managementtrainings, etc.. Aber auch an Universitäten, Pädagogischen Hochschulen und Fachhochschulen finden sich in den letzten Jahren vermehrt Seminarangebote zu diesem Thema. Dieser Trend ist nun freilich kaum den Bemühungen von Buddrus und Burrow zuzurechnen, sondern hat ganz andere Ursachen.

1. Aktuelle Aspekte

1.1 Das Konzept der »emotionalen Intelligenz« und seine Folgen

1990 hatten Peter Salovay und John D. Mayer einen Aufsatz mit dem Titel »Emotional Intelligence. Imagination, Cognition and Personality« veröffentlicht. Darin stellen sie das Konstrukt der »Emotionalen Intelligenz« als einen Teilaspekt der Sozialen Intelligenz vor. Sie definieren diesen Begriff folgendermaßen: »Emotional Intelligence is a subset of social intelligence and involves the ability to monitor one's own and others' emotions, to discriminate among them, and to use this information to guide one's own thinking and actions« (Salovay/Mayer 1990, S. 189). Man kann kaum sagen, dass dieser Artikel damals besondere Resonanz in der Fachwelt ausgelöst hätte.

1995 jedoch hat Daniel Goleman mit seinem Buch »Emotional Intelligence«, in dem er das Konstrukt von Salovay und Mayer aufgreift, einen internationalen Bestseller gelandet. Das Buch wurde in 35 Sprachen übersetzt und ist derzeit mit einer weltweiten Auflage von über 5 Millionen Exemplaren nach Einschätzung von Howard Gardner »the most widely read social science book in the world« (Gardner 1999). In Deutschland ist das Werk sogar als Hörbuch auf CD erhältlich. In gut wissenschaftsjournalistischer Manier fasst Goleman darin die Ergebnisse der jüngeren Emotionsforschung zusammen und befragt sie auf ihre alltagspraktischen und pädagogischen Implikationen. Goleman hat damit in gewissem Sinn eine Lawine losgetreten.

Im Windschatten seines Buches sind eine ganze Reihe weiterer Bücher zum Thema erschienen. Bei Amazone.com findet man unter dem Stichwort »emotional intelligence« etwa 70 Buchtitel. Das deutsche Verzeichnis lieferbarer Bücher listet 37 einschlägige Bücher auf.[1]

Die Titelformulierungen machen deutlich, warum der Begriff »Emotionale Intelligenz« eine so steile Karriere gemacht hat: Es sind vor allem Vorstellungen von Glück, Beliebtheit, beruflichem Erfolg und seelischer Gesundheit, die mit jener Zauberformel verknüpft werden. »Beliebt und glücklich, nicht nur schlau« – wer würde diesen Wunsch im Hinblick auf seine Kinder nicht teilen? »Was nützt ein hoher IQ, wenn man ein emotionaler Trottel ist?« – Wer würde dieser suggestiven Frage, die auf dem Umschlag von Golemans Buch zu lesen ist, nicht zustimmen?

Zudem unterstützt Goleman seine These von der Notwendigkeit der Förderung der emotionalen Intelligenz auch noch mit einem Krisen- und Niedergangsargument. Während in der Psychologie schon seit längerem über die Ursachen des sog. Flynn-Effekts gerätselt wird, der Tatsache nämlich, dass jede neue Generation bei Intelligenztests jeweils um etliche Punkte besser abschneidet als die vorherige, behauptet Goleman unter Verweis auf Achenbachs vergleichende epidemiologische Studien zur Verbreitung von psychi-

---

1 Aktuelle Literatur zu pädagogischen Aspekten des Themas »Emotionale Intelligenz« im VLB (Verzeichnis lieferbarer Bücher): Emotionale Intelligenz (Goleman, D.), Das EQ-Testbuch. Wie groß ist Ihre emotionale Intelligenz (Brocket, S.), EQ-Training. Die Praxis der Emotionalen Intelligenz. (Schmidt, P.), EQ für Kinder. Wie Eltern die Emotionale Intelligenz ihre Kinder fördern können. (Shapiro, L.E.), Kinder brauchen Emotionale Intelligenz. Ein Praxisbuch für Eltern (Gottman, J.), Nestwärme – Erziehen mit E.Q. Wie sie mit liebevoller Erziehung die emotionale Intelligenz ihres Kindes fördern. (Müller-Lissner, A.), Lernspiele für den EQ. Fördern Sie die emotionale Intelligenz ihres Kindes. (Rich, D.), EQ für Eltern. Kinder erziehen und fördern mit emotionaler Intelligenz (Friedlander, B./Elias, M./Tobias, S.E.), Das EQ-Programm für Kinder. So fördern Sie spielerisch die Emotionale Intelligenz (Hoffmann, K.W./Roggenwallner, B.), Starke Kinder. Wie Eltern emotionale und soziale Intelligenz fördern (Singerhoff), Emotionale Intelligenz im Schulalltag (Brockert), Emotionale Intelligenz im fächerübergreifenden Unterricht. Ich, Liebe, Tod, Trauer. (Gaisbach, E.), Stark durch Gefühle. Lebenserfolg durch emotionale Intelligenz (Konrad/Hendl), Mehr Erfolg durch emotionale Intelligenz. Mit Gefühlen gezielt umgehen. Steigern Sie ihre Emotionale Intelligenz (Weisbach, Chr./Dachs. U.), Wer lacht lebt. Emotionale Intelligenz und gelassene Reife (Bokun), Nathal – die Methode zur Steigerung der emotionalen Intelligenz (Lathan, G.), Emotionale Intelligenz und soziale Kompetenz. Gefühle sind Tatsachen (Uhlsamer, B. u. a.).

schen Problemen und Verhaltensstörungen bei Kindern und Jugendlichen, eine rückläufige Tendenz der emotionalen Intelligenz des Nachwuchses seit Mitte der siebziger Jahre (Goleman 1995, S. 293).

Im Hinblick auf die nachwachsende Generation enthält Golemans Buch somit zugleich eine pessimistische und eine optimistische Botschaft. Zum einen beklagt er – im Vorwort zur deutschen Ausgabe übrigens auch mit direktem Bezug auf Wilhelm Heitmeyer – den zunehmenden Verfall emotionaler und sozialer Kompetenzen unter Kinder und Jugendlichen. Zum anderen präsentiert er im letzten Kapitel voller Euphorie Beispiele aus amerikanischen Schulen, die sich ausdrücklich das Ziel gesetzt haben, ihren Kindern in speziell entwickelten Unterrichtseinheiten und Kursen das »emotionale Alphabet« zu vermitteln.

Neben der schnellen und hohen Popularisierung des Konzepts ist auch die fachinterne Diskussion weitergegangen. Inzwischen gibt es eine Vielzahl von fachwissenschaftlichen Beiträgen zum Thema »Emotionale Intelligenz«. Allein Mayer und Salovey haben seit ihrem ersten Aufsatz zwei Dutzend weitere Artikel in zumeist angesehenen Fachzeitschriften veröffentlicht. Im Jahr 2000 ist sogar das erste »Handbook of Emotional Intelligence« erschienen (Bar-On/Parker 2000).

Natürlich blieb dabei auch grundsätzliche Kritik nicht aus. So wurde die Unschärfe des Konstrukts moniert. Es wurde in Frage gestellt, ob der Intelligenzbegriff, der ja doch im traditionellen Verständnis so etwas wie einen globalen Faktor, eine generelle Disposition geistiger Leistungsfähigkeit meint, die allen kognitiven Einzelleistungen zugrunde liegt, sinnvoll auf den Bereich der Emotionen übertragen werden kann. Es wurde kritisiert, dass insbesondere die Rede von einem EQ, also einem emotionalen Intelligenzquotienten, irreführend sei, weil es keine entsprechenden validen Instrumente gebe, dergleichen zu messen. Sowohl der Erfinder des Konstrukts, John D. Mayer, als auch Howard Gardner, der mit seinem Konzept der multiplen Intelligenzen wichtige Vorarbeiten dazu geleistet hatte, haben sich inzwischen kritisch von den Popularisierungen Golemans abgegrenzt. Diesem werfen sie vor, das ursprüngliche Konstrukt aufgeweicht und mit moralischen Ansprüchen, mit Tugendaspekten, mit Fragen gesellschaftlicher Nützlichkeit und mit Erfolgsversprechungen vermengt zu haben. Außerdem sei die prognostische Relevanz der Emotionalen Intelligenz für den beruflichen Erfolg von ihm weit überzeichnet worden. In diesem Sinne monieren etwa Mayer und Cobb: »Diese neue Akzentuierung verwandelt die emotionale Intelligenz in ein

Sammelbecken für alles, was irgendwie Motivation, Emotion oder guten Charakter betrifft« (Mayer/Cobb 2000, S. 163f).

1999 stellte Mayer in einem Aufsatz mit dem Titel »Emotional intelligence: popular or scientific psychology?« klar: »Emotional intelligence is a product of two worlds. One is the popular culture world of best-selling books, daily newspapers and magazines. The other is the world of scientific journals, book chapters and peer review«. Er spricht in diesem Zusammenhang auch von einem »ridiculous over-claiming in the area« (Mayer 1999, S. 3). Und im Hinblick auf die Praxis verwies er bei der Antwort auf die Frage »What's wrong with the popular conception of emotional intelligence?« im Rahmen eines Interviews in der Zeitschrift *Psychology Today* darauf, dass er mit zunehmender Besorgnis beobachte, dass Mitarbeiter in Firmen durch entsprechende EQ-Programme immer häufiger gewissermaßen dazu genötigt würden, beständig Begeisterung, Fröhlichkeit und Optimismus auszustrahlen. (Mayer 1999, S. 20).

Kürzlich hat Goleman, der inzwischen Leiter eines eigenen »Consortium for Research on Emotional Intelligence« ist, seinerseits wiederum auf die geäußerte Kritik reagiert. Er betont, dass er seine Aufgabe gerade in der Synthese der unterschiedlichen Aspekte und Befunde im Rahmen des neuen »emotional intelligence paradigma« (hier beruft er sich explizit auf Thomas Kuhns Buch »The Structure of Scientific Revolutions«) sehe, und dass er mehr an den Fragen der »Performanz« interessiert sei, also an unterschiedlichen Verhaltensmustern, die Menschen mit unterschiedlicher Ausprägung an emotionaler Intelligenz in bedeutsamen Handlungsfeldern zeigen. Hinsichtlich der umstrittenen Frage nach der prognostischen Bedeutsamkeit der emotionalen Intelligenz für den Berufserfolg, formuliert er nun die abgeschwächte These, dass dem IQ wohl die größere Bedeutung dafür zukomme, vorauszusagen, welche Ausbildungsabschlüsse jemand einmal machen wird und welche Berufsfelder ihm damit überhaupt offen stehen, dass es jenseits davon dann aber überwiegend auf den EQ ankäme um vorauszusagen, wer von den Berufseinsteigern auf einem bestimmten Level, sich durch besondere Brillanz auszeichnen und damit entsprechend Karriere machen wird. Genau dies ist jedoch die entscheidende Frage für die mit der Auswahl unter den qualifizierten Bewerbern befassten Personalchefs (Goleman 2001).

Jenseits der argumentativen Gefechte der maßgeblichen Autoren bleibt jedenfalls das erstaunliche Phänomen der großen Resonanz des Themas »Emotionale Intelligenz« beim breiten Publikum, das eben doch dafür spricht, dass hier ein Thema getroffen wurde, das viele Menschen bewegt, das große Hoffnungen weckt. Vermutlich sind es auch gerade jene kritisierten Aspekte, die das Konzept für Pädagogen besonders attraktiv machten. Sie hatten es ja tendenziell schon immer mit der »Ganzheitlichkeit«, mit der Verbindung von »Kopf, Herz und Hand«, und damit eben auch mit der Zusammenführung all dessen, »was irgendwie Motivation, Emotion oder guten Charakter betrifft«.

Nach meiner Wahrnehmung hat Golemans Buch in den letzten Jahren unter Pädagogikstudenten eine ähnliche Popularität erlangt, wie Alice Millers Bücher zu Beginn der 80er Jahre. Während jene freilich damals eher Betroffenheit und generelle Erziehungskritik auslösten und der antipädagogischen Bewegung Schubkraft gaben, geht die pädagogische Goleman-Rezeption eher mit pädagogischem Optimismus und einer pragmatischen Machbarkeitsideologie einher. Seine Thesen enthalten Verheißungen sowohl im Hinblick auf den eigenen Gefühlshaushalt und das Stimmungsmanagement des Pädagogen, als auch im Hinblick auf die Erreichbarkeit erstrebenswerter Bildungsziele bei den Kindern. Die von Wigger vor einiger Zeit untersuchte Frage »Was haben Pädagogik-Studenten gelesen?« (vgl. Wigger 1997), sollte immer wieder aufmerksam verfolgt werden, weil sie vielleicht mehr über die prägenden Einflüsse und damit über die maßgeblichen Vorstellungen einer Pädagogengeneration aussagt als irgendwelche fachspezifischen Zitationsindexe.

In diesem Sinn ist an eine Warnung zu erinnern, die Andreas Flitner schon 1978 bei seinen Überlegungen dazu ausgesprochen hat, in welchem Sinne die Erziehungswissenschaft eine »Wissenschaft für die Praxis« sein kann und sein soll. Er kommt dabei zu dem Fazit: »Die Technisierung des Lernens und der Verhaltensänderung kann gewiß die Antwort nicht sein, die wir auf die Frage nach der Handlungsrelevanz unserer Wissenschaft geben dürfen« und er kritisiert in diesem Zusammenhang den »absurden Versuch ..., ›Emanzipation‹ als curriculares Lernziel zu setzen und zu evaluieren« und meint weiter »Auch das Curriculum der Liebesfähigkeit, der Solidarität, der Phantasie, des Spiels, der Ich-Stärke sind Absurditäten« (Flitner 1978, S. 190). Die Frage ist, ob Gleiches auch auf ein Curriculum der emotionalen Intelligenz, der Empathie, der Impulskontrolle und des Gefühlsausdrucks zutrifft.

1.2 Aktuelle Konzepte zu einer »Bildung der Gefühle« – Präventive, kompensatorische und kommerzielle Aspekte

Wenn man sich in der aktuellen pädagogischen Landschaft umschaut, dann kann man sehr unterschiedliche Felder ausmachen, in denen (durchaus jeweils mit innovatorischem Anspruch) derzeit besondere Anstrengungen unternommen werden, in pädagogischer Absicht gezielt die »emotionale Kompetenz« von Kindern, Jugendlichen und Erwachsenen zu fördern. Nicht überall erfolgt dies unter direkter Berufung auf das Konzept der Emotionalen Intelligenz, aber durch diese aktuelle Breitenströmung erhalten die entsprechenden Bemühungen doch deutlichen Rückenwind. Ich will einige Beispiele dafür nennen:

Unter *präventiven* Aspekten gibt es verschiedene Ansätze im Kindergarten- und Grundschulbereich, Kindern in systematischen Lektionen die differenzierte Wahrnehmung, die angemessene Äußerung von Gefühlen und den sozialverträglichen Umgang mit ihnen zu lehren. Gleich, ob diese Ansätze eher unter dem Aspekt der Gewaltprävention, der Suchtprävention oder der Prävention des sexuellen Missbrauchs laufen, geht es doch immer im Kern darum, das Erleben von Gefühlen wie Wut, Trauer, Angst und Scham zu thematisieren, bessere und schlechtere Formen des Umgangs mit belastenden Stimmungen, mit affektiven Impulsen und mit emotionalen Konflikten zu differenzieren.

Im Raum Mannheim-Heidelberg wird derzeit das Gewaltpräventions-Programm »Faustlos« an zahlreichen Grundschulen erprobt und wissenschaftlich evaluiert (vgl. Krannich u. a. 1997; Cierpka 2001; vgl. auch die Beiträge von Cierpka/Schick und Schön in diesem Band). Die emotionalen und prosozialen Fähigkeiten, die dieses Programm systematisch zu fördern beabsichtigt, dekken sich weitgehend mit jenen Kompetenzen, die in der Literatur als die Dimensionen Emotionaler Intelligenz beschrieben werden. Das Curriculum für die 1. Klasse etwa umfasst die drei großen Einheiten: »Empathietraining«, »Impulskontrolle« und »Umgang mit Ärger und Wut« und besteht aus insgesamt 22 Einzellektionen mit folgenden Titeln: »Einführung in das Empathietraining, Das Erkennen von Gefühlen, Ausschau halten nach weiteren Hinweisen, Ähnlichkeiten und Unterschiede, Gefühle verändern sich, Gefühle vorhersagen, Gefühle mitteilen, Einführung in das Lösen interpersonaler Probleme, Das Problem Erkennen, Eine Lösung finden, Schritt für Schritt, Funktioniert sie?, Ablenkungen und Störungen ignorieren, Jemanden bei einer Unterhaltung unterbrechen, Der Umgang damit, etwas haben zu wollen, was einem nicht gehört, Einführung in den Umgang mit Ärger und Wut, Auslöser für Ärger und Wut, Sich beruhigen, Selbstgespräche, Nachdenken, Sich aus einem Kampf heraushalten, Umgang mit Hänseleien und Neckereien«.

Methodisch sind die einzelnen Lektionen so aufgebaut, dass den Kindern über Bildtafeln und dazu passende Geschichten prototypische Situationen dargestellt werden, dass sich die Kinder in die Rolle der dort gezeigten Protagonisten hineinversetzen sollen und dann Lösungsvorschläge für die entsprechende Problemsituation erarbeitet und im Rollenspiel erprobt werden. Als Techniken beispielsweise, um sich in einer Konfliktsituation eher zu beruhigen statt aufzubrausen, werden folgende simple »Tricks« vermittelt und geübt: Dreimal tief Luft holen, Langsam rückwärts zählen, an etwas Schönes denken.

Unter *kompensatorischen* Aspekten gibt es gerade im Umgang mit gewaltbereiten Jugendlichen Ansätze, die auch hier primär auf die Förderung emotionaler Kompetenzen setzen. Ausgangspunkt ist dabei die Überlegung, dass die zentralen Defizite dieser Jugendlichen einerseits in einem Mangel an Impulskontrolle, andererseits in einem Mangel an Empathie zu sehen sind. Populär geworden ist hier insbesondere das »Anti-Aggressivitätstraining« von Weidner. Hier geht es darum, gewaltbereite Jugendliche, die ja häufig gegen alle argumentativen, belehrenden, aufklärenden Versuche, ihnen die Problematik ihres Verhaltens zu erläutern, ihnen moralische Vorhaltungen zu machen oder ihnen die Vorzüge gewaltfreier Konfliktlösungsformen darzulegen, recht resistent sind, gewissermaßen zur Empathie, zur Einfühlung in die Opferperspektive zu zwingen. Gegen eine solche Einfühlung in das, was sie mit ihrem Handeln beim Opfer ausgelöst haben, haben jene Jugendlichen nämlich in der Regel recht robuste Abwehr-, Neutralisierungs- und Schuldvermeidungsstrategien entwickelt.

Das aus der Gestalttherapie stammende Konzept des »heißen Stuhls« dient hier nach dem Motto »wer die Situation gefühlsmäßig aus der Perspektive des Opfers wahrnehmen kann, der schlägt nicht mehr ungehemmt zu«, dazu, jene Fassade der Selbstrechtfertigung und der Abwehr zu durchbrechen. Über eine sehr typische Erfahrung mit diesem Ritual des »heißen Stuhles« schreiben Cladder-Micus und Kohaus:

> »Er wird genauestens gefragt, wie er zugeschlagen hat, womit er zugeschlagen hat, wohin er geschlagen hat, ob das Opfer geblutet, geschrien oder sonstwie sich verhalten hat. Durch diese zum Teil provokative Art und Weise wird der Jugendliche an einen Punkt gebracht, wo er das Opfer vor Augen

sieht und sieht, was er getan hat. Kommt ein Jugendlicher an diesen Punkt, ist es normal, dass er angesichts dieser Konfrontation mit sich selbst geradezu zusammenbricht. Die Reaktionen, die der Jugendliche dann an den Tag legt, sind zunächst fast unberechenbar. Im Training fingen Jugendliche an zu weinen, ganz still zu werden, zu verzweifeln. Auf jeden Fall war ein innerer Zusammenbruch deutlich erkennbar. Sie erschraken vor sich selbst und vor ihrer Tat« (Cladder-Micus/Kohaus 1995, S. 259).

Man könnte von daher diese etwas brachiale und nicht unumstrittene Methode fast als eine Art »pädagogisch inszeniertes Mobbing im Dienste der Selbsterkenntnis und der Überwindung von Gefühlsblindheit« bezeichnen (vgl. Weidner 1996).

Schließlich soll als drittes Beispiel ein Bereich nicht unerwähnt bleiben, den man einerseits der »Erwachsenenbildung« bzw. der »Betrieblichen Fortbildung« zurechnen könnte, den man andererseits aber, wenn vorher von den präventiven und den kompensatorischen Aspekten die Rede war, vielleicht auch unter die Überschrift »utilitaristische« bzw. *»kommerzielle«* Aspekte« stellen könnte. Ich meine den Bereich der Förderung emotionaler Intelligenz im Rahmen von Personalentwicklung, Management-Trainings und Verkäuferschulungen. »Emotionale Intelligenz« macht den Kern jener »soft skills« (»Teamfähigkeit«, »Kommunikationsfähigkeit«, »Verhandlungsgeschick«, »Motivationstalent«, »Konfliktfähigkeit«, »realistische Selbsteinschätzung«, etc.) aus, die von Bewerbern auf Führungspositionen heute neben der fachlichen Kompetenz immer stärker gefordert werden. Entsprechend hat das Konzept der »emotionalen Intelligenz« gerade in diesem Bereich große Resonanz gefunden[2]. Goleman selbst hat sich mit seinen neueren Publikationen auf die-

---

2 Aktuelle Titel zu diesem Bereich aus dem VLB (Verzeichnis lieferbarer Bücher): Emotionale Intelligenz im Management. Wege zu einer neuen Führungsqualität (Ryback, D.), Emotionale Intelligenz im Verkauf (Franck/Linss), Winner-Teams. Gemeinsam erfolgreich handeln: selbstmotiviert, selbstverantwortlich, mit emotionaler Intelligenz (Bauer/Mikuta/ Fiebig), Dialog-Management. Soziale Kompetenz und Emotionale Intelligenz für Führungskräfte (Hauser, R.), Mehr verkaufen mit emotionaler Intelligenz (Köhler, H.U.), Verkaufen ist wie Liebe. Nutzen Sie Ihre emotionale Intelligenz (Köhler, H.U.), Management der Emotionen. 25 Übungen zur Verbesserung der emotionalen Intelligenz (Scheler, U.), Erfolgreich mit emotionaler Intelligenz. Coaching für Frauen (Steiner, H.), Chancen für Querdenker. Mit Emotionaler Intelligenz (EQ) zur alternativen Problemlösung (Urban, D.), Erfolg im Job mit EQ. Mit Emotionaler Intelligenz zu mehr Zufriedenheit, höherer Leistung und besseren Ergebnis-

sen einträglichen Markt begeben und wirbt mit der Botschaft, dass, wie für den Lebenserfolg überhaupt, auch für die berufliche Karriere in erster Linie der EQ und nicht der IQ maßgeblich sei. Sogar im renommierten Harvard Business Review erhielt er wiederholt ein Forum für seine Ideen (vgl. Goleman 1998, 2000).

Die Zeitschrift »Focus Money« – sicherlich weder eine ökonomische noch eine pädagogische oder psychologische Fachzeitschrift – veröffentlichte im Februar 2002 unter dem Titel »Emotionen nutzen – Die Macht der Gefühle« einen Artikel, der auf sehr prägnante Art und Weise zum Ausdruck bringt, wie sich der aktuelle Trend in jenem Sektor dann bisweilen niederschlägt: An verschiedenen Beispielen aus dem Firmenleben werden dort die Unterschiede zwischen emotional intelligentem und emotional eher ignorantem Mitarbeiterverhalten demonstriert und es wird auf einschlägige betriebswirtschaftliche Studien verwiesen, die die Bedeutsamkeit dieses Faktors bestätigt hätten: »Die Folgen emotionaler Defizite am Arbeitsplatz sind Frustration und sinkende Produktivität. Abteilungsleiter mit einem hohen EQ, ergab eine Untersuchung von Pepsi-Cola, steigerten ihre Umsätze im Vergleich zum Durchschnitt um bis zu 20 Prozent. ... Deshalb versuchen auch immer mehr Firmen die emotionalen Fähigkeiten ihrer Mitarbeiter besser zu schulen. Henkel testet den EQ von Führungskräften in Assessment-Centern. Siemens-Manager besuchen Seminare um ihr Einfühlungsvermögen zu schärfe«. Das Ganze ist noch mit einem Kurzinterview mit Daniel Goleman garniert, welches mit dem bezeichnenden Satz eingeleitet wird: »Daniel Goleman verrät, wie sich emotionale Fähigkeiten als Karriereturbo nutzen lassen« (2002, S. 74). Weiterhin wird dann gleich noch auf zwei einschlägige Seminarangebote verwiesen, bei denen man für 870 Euro innerhalb von vier Tagen seine emotionale Intelligenz auf Vordermann bringen lassen kann.

Nun ist sicher nichts gegen einfühlsame Chefs, konfliktfähige Abteilungsleiter, motivierte Mitarbeiter oder gegen ein positives Betriebsklima zu sagen. Skeptisch machen eher die großspurigen Versprechen emotionale Kompetenzen so ohne weiteres im Assessment-Center testen und im Lehrgang vermitteln zu können. Nachdenklich macht natürlich auch die dem Ganzen zugrundeliegende Idee, Aspekte, die doch eher den individuellen persönlichen Temperamentsmerkmalen und Charaktereigentümlichkeiten zugerech-

sen (Weissinger, H.), 30 Minuten für beruflichen Erfolg mit emotionaler Intelligenz (Wurzer, J.).

net werden, nun stromlinienförmig auszurichten und als Mittel der Umsatzförderung zu instrumentalisieren. Was bedeutet es, wenn damit der Bereich des Emotionalen, der bisher doch eher der Privatsphäre zugerechnet wurde, nun derart unter Leistungs- und Verwertungsgesichtspunkte gerät, wenn Leute zum Zwecke der Karriereförderung Schulungen besuchen, auf denen ihre persönlichen Weisen des Wahrnehmens, des Fühlens, des Gefühlsausdrucks, des Zuhörens, des Sich-Zuwendens oder Sich-Abgrenzens optimiert werden sollen.

2. Historische Aspekte

2.1 Das Thema »Bildung der Gefühle« in der Geschichte der Pädagogik

Soweit dieser Streifzug durch die aktuelle Landschaft der Ansätze und Konzepte zur gezielten Förderung der emotionalen Fähigkeiten. Sowohl die Literatur zum Thema »Emotionale Intelligenz« als auch die Konzepte zum systematischen Training derselben kommen in der Regel sehr nachdrücklich mit dem Etikett des »Neuen«, »Fortschrittlichen«, »Innovativen« daher. Es finden sich hier kaum – wie sonst in der Erziehungswissenschaft durchaus üblich – Verweise auf pädagogische Traditionen oder gar Bezugnahmen auf pädagogische Klassiker. Dagegen wird lieber auf neue, revolutionäre Erkenntnisse der Hirnforschung verwiesen. Dabei ist es kaum vorstellbar, dass die Frage, wie der gebildete Mensch mit seinen Gefühlen umgeht, bzw. wie er überhaupt dahin kommt, »richtig«, »angemessen« zu fühlen und welche Rolle die Erziehung dabei spielt, niemals Thema der Pädagogik gewesen sein soll.

In der Tat könnte man eine ganze Geschichte der Pädagogik schreiben unter der Leitfrage, welchen Stellenwert einzelne Pädagogen der Bildung des Gefühls zugemessen haben und welche »Bildungsmittel« und »Bildungsanlässe« sie hier für relevant hielten. Zweifellos müsste man in einer solchen Geschichte der Pädagogik unter dem Aspekt der Gefühlsbildung auf Rousseaus These von den natürlichen Gefühlen als Ursprungsquelle und Leitfaden der Moral, seine These, dass Gewissensregungen »keine Urteile, sondern Gefühle« seien (Rousseau 1762, S. 304f.), ebenso eingehen, wie auf all seine trickreichen Vorkehrungen, das verfrühte Aufkommen von Leidenschaften bei seinem Emil tunlichst zu vermeiden. Auch müsste man Pestalozzis Reflexionen über »das erste Entkeimen der Liebe, des Dankes, des Vertrauens und des Gehorsams« als Folge »des Zusammentreffens instinktartiger Gefühle zwischen Mutter und Kind« aus »Wie Gertrud ihre Kinder lehrt« berücksichtigen, seine beschwörenden Warnungen, dass »das weitere Entfalten dieser entkeimten Gefühle eine hohe menschliche Kunst« (Pestalozzi 1801, S. 341f.) sei, welche oftmals verfehlt wird, sowie natürlich all das, was er im Stanser Brief über die »Herzensbildung«, die Möglichkeit, »eine rechtliche und sittliche Gemütsstimmung« bei verwahrlosten Kindern zu erwecken, geschrieben hat (Pestalozzi 1799, S. 6). Man müsste Kants rigorose Verurteilung aller Leidenschaften als »Krebsschäden für die reine praktische Vernunft« und »ohne Ausnahme böse« erwähnen (Kant 1798, S. 211), sowie Schillers Versuch der Versöhnung von Pflicht und Neigung, von Vernunft und Gefühl in seinen Briefen über Ästhetische Erziehung (Schiller 1795).

2.2 Ein exemplarisches Beispiel: Die »Bildungskunde der Gefühle« von Vincenz Eduard Milde

Da all dies auf dem begrenzten Raum freilich nicht zu leisten ist, will ich statt dessen nur auf jenen Pädagogen des 19. Jahrhunderts etwas näher eingehen, der wohl die ausführlichsten und systematischsten Überlegungen zu einer »Bildungskunde der Gefühle« angestellt hat: Vincenz Eduard Milde. Dieser 1777 geborene Pädagoge, der 1811 als erster Professor für Erziehungskunde in Wien sein zweibändiges »Lehrbuch der allgemeinen Erziehungskunde« vorgelegt hat, ist heute relativ in Vergessenheit geraten. Aber sein Werk gehört doch zu den großen systematischen Entwürfen des 19. Jahrhunderts. Die Gliederung des umfangreichen Werkes ist sehr klar und schlicht. In einer Einleitung werden »Allgemeine Vorbegriffe« erläutert. Dabei wird betont, dass Erziehung primär im »Fähigmachen zur Selbstbildung« bestehe und hier sind auch die folgenden, recht modern anmutenden Sätze zum Verhältnis von erzieherischer Intention und erzieherischer Wirkung zu lesen: »Ich kann den Zögling lehren, was er soll, ihn ermuntern zu dem, was er kann, aber zwingen kann ich ihn nicht, daß er wollen muß, was er kann und soll. Der Erfolg wird allezeit von seiner freien Selbsttätigkeit abhängen« (1965, S. 63) (Man vergleiche dies etwa mit Rousseaus berühmt-berüchtigtem Satz über die schwere Kunst, ein Kind ohne Vorschriften zu leiten: »Zweifellos darf es tun, was es will. Aber es darf nur das wollen, daß ihr wünscht, daß es tue« (Rousseau 1762, S. 103)).

Der Rest von Mildes Buch ist in vier »Hauptstücke« gegliedert, die entsprechend der Vermögenspsychologie der damaligen Zeit den »physischen Anlagen des Zöglings«, den »intellektuellen Anlagen des Zöglings«, den »Gefühls-Anlagen« und dem »Begehrungsvermögen«, als den vier menschlichen Grundvermögen, um die sich die Bildung zu kümmern hat, gewidmet sind. Das dritte Hauptstück über die Bildung der Gefühls-Anlagen ist seinerseits wiederum in vier Abschnitte gegliedert: »Diätetik«, »Bildungskunde der Gefühle«, »Heilkunde der Gebrechen des Gefühlvermögens« und schließlich: »Anleitung zur Selbstbildung der Gefühle«. Hinsichtlich der unterschiedlichen Gefühle werden sechs Gruppen unterschieden und recht differenziert behandelt: 1. die sinnlichen oder selbstsüchtigen Gefühle, zu denen er alle Gefühle rechnet, die sich primär auf das eigene Wohlergehen beziehen, 2. die sympathetischen Gefühle, womit alle zwischenmenschlichen Gefühlsregungen gemeint sind, 3. ästhetische Gefühle, die sich angesichts des Schönen, Harmonischen, Erhabenen einstellen, 4. intellektuelle Gefühle, worunter er »die Freude an Wahrheit, Deutlichkeit, Gewißheit, Ordnung« und deren Gegenteil versteht, 5. moralische Gefühle, die sich auf die »Wahrnehmung des moralischen Wertes eigener oder fremder Gesinnungen und Handlungen« beziehen und schließlich 6. religiöse Gefühle.

Insgesamt vertritt Milde eine Haltung, die die hohe Bedeutsamkeit der Gefühle als quasi natürliche Triebfedern, die dem Menschen im Leben Orientierung geben, indem sie ihn zu einzelnen Handlungen anspornen, von anderen eher abhalten, betont. Er sieht sie also keineswegs nur als ein Störmoment wahrer Vernünftigkeit, ja, sie sind ihm »nicht nur kein Hindernis, sondern ein Beförderungsmittel ..., daß der Mensch seine Bestimmung erreiche«. (ebd., S. 419). Selbst die oft verpönten »sinnlichen Gefühle« verteidigt er nachdrücklich gegen bestimmte rigide, vom stoischen Ideal geprägte pädagogische Positionen, die »es dem Erzieher zur Pflicht machen wollen, eine gänzliche Gleichgültigkeit gegen den äußeren Zustand und eine gänzliche Apathie für sinnliche Gefühle bei dem Zöglinge hervorzubringen« und er hält dagegen: »Daß sinnliche Gefühle sehr leicht ausarten können, daß dieselben dann ein Hindernis der Sittlichkeit werden und den Menschen zu unsittlichen Handlungen verleiten, kann niemand leugnen, allein folget daraus ihre Vernichtung? Ist Gleichgültigkeit gegen sein sinnliches Wohl ein an sich wünschenswerter, die Tätigkeit befördernder Zustand? Besteht die Sittlichkeit in der Gefühllosigkeit? Kann man nicht sein physisches Wohl wünschen, sich desselben freuen, und doch ein moralisch guter Mensch sein?« (ebd., S. 430).

Freilich vertritt er nun keineswegs die andere Extremposition, dass die empfundenen Gefühle stets eine verlässliche Leitschnur für alle Handlungen und Entscheidungen seien. Vielmehr fordert er: »In der Jugend muß der Zögling lernen, daß man fühlen und zugleich denken könne, er muß lernen, seine Gefühle prüfen, beherrschen, überwinden, er soll lernen, gegen sein Gefühl zu handeln, wenn dies Recht und Pflicht fordern« (ebd., S. 417).

Zu all den unterschiedlichen Gefühlsarten werden jeweils differenzierte Aussagen gemacht, was die vorzüglichsten Mittel der Bildung derselben sind, welche Aspekte zu beachten und welche Gefahren zu vermeiden seien. Manche Hinweise und Warnungen wirken dabei durchaus aktuell, wie etwa die, dass wortreiche Deklamationen »oft mehr zur Schwächung und Unterdrükkung als zur Stärkung des moralischen Gefühls« dienen, dass, wer die Äußerungen der Gefühle zum Gegenstand von Belohnung oder von Strafe macht, dazu beiträgt, methodisch Heuchler zu bilden (ebd., S. 427), dass die sympathetischen Gefühle eher durch einen respekt- und liebevollen Stil des täglichen Umgangs vermittelt werden, als durch umständliche Belehrungen, dass sklavische Gottesfurcht, quälende Gewissensängstlichkeit und religiöse Schwärmerei Fehlformen des religiösen Gefühls sind und dass ganz generell Befehle, Verbote, Strafen »keine unmittelbaren Besserungsmittel der Gefühle sein« (ebd., S. 458) können.

Interessant ist auch, was Milde im letzten Abschnitt mit dem Titel »Anleitung zur Selbstbildung der Gefühle« ausführt. Hier geht es eben um jene Zielperspektive der Selbständigkeit und Selbstverantwortlichkeit im Umgang mit den eigenen Gefühlen, die durch die Erziehung gefördert werden soll. Angestrebt wird eine bewusste Achtsamkeit auf die eigene Gefühlslage. Es sei »notwendig, daß der Zögling die Wichtigkeit des Zustandes seiner Gefühle lebhaft erkenne und auf diese aufmerksam zu sein gewohnt werde. ... Durch dieses Reflektieren über sich selbst, lernet der Mensch seine individuelle Beschaffenheit kennen und wird in den Stand gesetzt, zu beurteilen, was ihm notwendig, zuträglich oder schädlich ist« (ebd., S. 459).

Und schließlich ein letzter Hinweis, der durchaus im Kontrast steht zu jenen oben dargestellten aktuellen »Trainingsprogrammen« zur Gefühlsbildung: Ausdrücklich fordert Milde nämlich eine situative Vermittlung der in diesem Bereich notwendigen Einsichten: »Der verständige Erzieher wird daher nicht sowohl besondere Stunden zu einem ordentlichen Lehrkurse über das Gefühlvermögen bestimmen, als die sich darbietenden Gelegenheiten zu einzelnen Belehrungen nützen« (ebd., S. 460).

2.3 Das Thema »Bildung der Gefühle« in der Tradition der Psychoanalytischen Pädagogik

Natürlich müsste in einer solchen Geschichte der Pädagogik unter dem Aspekt der Gefühlsbildung auch ein Kapitel über die Psychoanalytische Pädagogik enthalten sein. Denn zweifellos wurde in dieser Tradition von Anfang an ein besonderer Schwerpunkt auf den Bereich der emotionalen Konflikte und Verstrickungen gelegt. All die Themen und Begriffe, die im Zentrum der Diskussion der Psychoanalytischen Pädagogik seit ihren Anfängen standen, hatten stets mit intensiven Gefühlen zu tun: infantile Sexualneugier, Ödipuskomplex, Penisneid, Geschwisterrivalität, Familienroman, Lustprinzip, Ambivalenz, Verdrängung, Übertragung, Über-Ich, Ich-Ideal, narzisstische Kränkung ... . Ausdrücklich betont Freud den Primat der Gefühle, wenn er darauf hinweist, ... daß wir Unrecht tun, unsere Intelligenz als selbständige Macht zu schätzen und ihre Abhängigkeit vom Gefühlsleben zu übersehen« (Freud 1912–13, S. 47).

Trotz der Tatsache, dass es also von Anfang an primär um Gefühle ging und obwohl Freud eine Theorie der menschlichen Aggressionsneigung, eine Theorie der Trauer und der Melancholie, und eine Theorie der Angst entwikkelt hat, gab es im Rahmen der Psychoanalyse doch keine Theorie der Gefühle, die etwa versucht hätte, die Vielfalt unterschiedlichen Gefühlsqualitäten systematisch zu ordnen, sie auf bestimmte Grundgefühle, mit je spezifischen Auslösesituationen, Ausdrucksverhalten, Körperempfindungen, etc. zu reduzieren, ihren evolutionären Sinn zu ergründen und ihre jeweilige ontogenetische Entwicklungslogik zu entschlüsseln. Überhaupt ist »Gefühl« kein psychoanalytischer Grundbegriff. Er wird von Freud kaum in systematischer Absicht gebraucht und kommt etwa im »Vokabular der Psychoanalyse« von Laplanche/Pontalis (1972) gar nicht vor. Vielmehr ist bei Freud und auch im »Vokabular« primär von Affekten als den subjektiv erlebbaren Korrelaten des Triebgeschehens die Rede.

Entsprechend gab es auch im Rahmen der Psychoanalytischen Pädagogik zwar vielfältige und differenzierte Beiträge darüber, wie mit kindlichen Ängsten, mit Scham- und Schuldgefühlen, mit Trotz und Wut in pädagogischen Situationen angemessen umgegangen werden kann. Aber es gab doch keine allgemeine Programmatik, keine systematischen oder gar präventiven Bemühungen um eine »Bildung der Gefühle«, kein Curriculum sozialen oder emotionalen Lernens. Dies entspricht freilich der Grundhaltung der Psychoanalytischen Pädagogik mit ihrer Anerkennung der lebensgeschichtlichen Eigenlogiken und mit ihrem offenen Bezug zu pädagogischen Situationen in ihrer Singularität, der durch kein verallgemeinerbares Wissen, keine Technik etc. aufgehoben werden kann.

An einer Stelle jedoch hat Freud indirekt auf die Notwendigkeit entsprechender Bildungsbemühungen hingewiesen. Ich meine jene berühmte Fußnote aus dem »Unbehagen in der Kultur«, in welcher er gegen die traditionelle Erziehung den Vorwurf erhebt, dass sie »die Jugend mit so unrichtiger psychologischer Orientierung ins Leben entläßt« und sich damit nicht anders benähme, ... als wenn man Leute, die auf eine Polarexpedition gehen, mit Sommerkleidern und Karten der oberitalienischen Seen ausrüsten würde« (Freud 1930, S. 494). Sicherlich lag der Schwerpunkt der psychoanalytischen Aufklärungsbemühungen die Freud forderte auf dem Bereich der menschlichen Sexualität, aber ausdrücklich bezieht Freud in seine Kritik auch das Versäumnis der Erziehung ein, dass sie den jugendlichen Menschen »nicht auf die Aggression vorbereitet, deren Objekt zu werden er bestimmt ist« (ebd.).

Schon in der allerersten theoretischen Abhandlung über das Verhältnis von Psychoanalyse und Pädagogik, in dem Salzburger Kongressvortrag von Ferenczi aus dem Jahr 1908, wurde dieser Aspekt der Aufklärung über das Trieb- und Affektgeschehen als die zentrale pädagogische Forderung in den Mittelpunkt gestellt: »Erst wenn man über die Vorgänge im eigenen Körper und in der eigenen Seele richtige Vorstellungen hat, kann man die (sexuellen) Affekte wirklich beherrschen und sublimieren« (Ferenczi 1908, S. 6).

Einer, der auch in dieser Hinsicht ganz praktisch bemüht war, seinen Schülern »bessere Ausrüstung«, d. h. richtigere Vorstellungen über die seelischen Vorgänge und damit angemessenere psychologische Orientierung mit auf den Lebensweg zu geben, war Erik Homburger Erikson, der seine berufliche Karriere an der Burlingham-Rosenfeld-Schule in Wien begonnen hat. Nachdem er einmal Gelegenheit hatte, seine 12–13-jährigen Schüler außerhalb der Schule zu beobachten und von deren aggressiven Verhaltensweisen offensichtlich ziemlich geschockt war, beschloss er »mit ihnen eine energische und tiefgehende Aussprache über unsere augenblickliche Erziehungslage herbeizuführen«. In einem offenen Gespräch mit den Schülerinnen und Schülern der Klasse ging es nun darum, die Hintergründe für jenes problematische Verhalten herauszufinden: »Zunächst war für einige die Erklärung mancher Dissozialität sehr bald in der ›Wut‹ gefunden, einer (wie sie bald fanden) oft ›sinnlosen‹ Wut. Andere kamen bald dahinter, daß diese Wut einer gewissen nach innen gerichteten Wut korrespondiere, die sie ebenfalls hindere, unbefangen der Gemeinschaft zu folgen« (Homburger 1930, S. 214).

Dann wurden diese Erfahrungen der Wut auf sich selbst und auf andere in Beziehung gebracht zu Themen, die sie im Unterricht behandelt hatten, wie etwa den Streitritualen der Eskimos oder bestimmten Begebenheiten aus den Erzählungen Amundsens etc.: »Kurz, wir besprachen Beispiele der Wut, berechtigter und unberechtigter, und Beispiele von sozialer Beherrschung dieser Wut. Mit dieser Anerkennung der Wut als einer allgemeinen Tatsache, die nicht nur die Schuld des Einzelnen ist, der sie mit sich herumträgt, begann sich nun alles Mögliche in den Kindern zu regen: und sie redeten über geäußerte Aggression, gefühlte Aggression, Schuldgefühl und Strafbedürfnis in einem inneren Zusammenhang, zu dem Erwachsene kaum fähig wären.

Sie gestanden offen, daß ihr Strafbedürfnis bei uns nicht befriedigt werde, einer sagte z. B.: ›Ja, in den anderen Schulen, da hat es noch Spaß gemacht, einem Lehrer einen Zettel an den Rock zu heften, aber hier macht es keinen Spaß mehr.‹ Ein anderer sagte: ›Wir sind wie Bälle, die explosiv geladen sind und plötzlich kommen wir in einen luftleeren Raum‹« (ebd., S. 214f.).

Sie besprechen Fälle, in denen eigene Erfahrungen der Unterdrückung an Schwächeren wiederholt wurden und kommen schließlich zu der Einsicht, dass nur eine freiwillige Verpflichtung aller auf die regulative Idee der Fairness hier Abhilfe schaffen könne. Aber natürlich ist ihnen klar, dass auch ein solcher prinzipieller Konsens noch nicht alle Probleme löst, dass er stets bedroht ist durch die affektiven Impulse, die die konkreten Situationen mit sich bringen. »Schließlich sagten sie selbst, das einzig Mögliche sei, über das, was diese Einsicht immer wieder von innen her bedrohe, so oft und so tiefgehend zu sprechen, daß es an Kraft verliere« (ebd.).

Die Zielrichtung von Eriksons Vorgehen ist deutlich: Es geht in gut psychoanalytischer Tradition um die Aufklärung über jene Triebmächte, die oftmals hinter unserem Rücken, wider unsere besseren Einsichten und entgegen unseren edleren Vorsätze unser Verhalten steuern. Weder das Unterdrücken oder Verharmlosen jener aggressiven Gefühle, noch das Ausleben jener Regungen, stellt somit für Erikson einen angemessenen Umgang mit dem Problem der menschlichen Aggressivität dar, sondern allein in der offenen sprachlichen Auseinandersetzung mit jenen Impulsen, in der Aufrichtigkeit hinsichtlich der eigenen Empfindungen und der Aufmerksamkeit auf die intra- und interpsychischen Prozesse sieht Erikson eine tragfähige pädagogische Perspektive. Es geht ihm auch in der Schule um eine »Darstellung des Lebens, in der die Allgegenwart der Triebe ... nicht dem Verschweigen anheimfällt, das die Kinderwelt mit ihren Kämpfen so hoffnungslos isoliert« und er beklagt, ... daß man im Ganzen den inneren Feind im Dunkeln läßt, statt ihn zu beleuchten und zu zeigen: von daher wird sein Angriff kommen« (ebd., S. 216). Gerade in jener Idee »von der heilenden Macht des Von-sich-Wissens« sieht er nämlich den genuinen Beitrag der Psychoanalyse zur Erziehungswissenschaft.

Neben dieser Hoffnung auf die »heilende Macht des Von-sich-Wissens«, also neben der Strategie, die auf Aufklärung über das affektive Geschehen setzt, gibt es freilich auch noch eine ganz andere Tradition im Rahmen der Psychoanalytischen Pädagogik. Diese wird vielleicht am prägnantesten durch August Aichhorn verkörpert. In ihr geht es gerade nicht um Bewusstmachung und um sprachliche Verarbeitung, sondern eher im Rousseauschen Sinn um das geschickte Arrangement, die gezielt inszenierte Zuspitzung von Situationen, in denen emotionale Erfahrungen von ganz spezifischer Art und Intensität gemacht werden sollen.

Das markanteste Beispiel für diesen »dramatischen« Aspekt von Aichhorns Pädagogik ist vielleicht jenes aus dem Buch »Verwahrloste Jugend«, in dem die Angst und die Schuldgefühle eines Jugendlichen, der die Tabakkasse des Heimes veruntreut hatte, von Aichhorn zunächst bewusst bis an die äußerste Grenze gesteigert werden, um sie dann in einer befreienden und versöhnenden Geste von ihm zu nehmen: Aichhorn gibt dem Jugendlichen ohne ein Wort des Vorwurfs oder der Belehrung den Fehlbetrag (Aichhorn 1925, S. 140). Diese für den Jugendlichen vollkommen überraschende Reaktion Aichhorns löst zunächst Fassungslosigkeit und dann heftiges Schluchzen aus und leitet schließlich eine intensive persönliche Aussprache ein. Die ganze Episode wird von Aichhorn als so bedeutungsvoll eingeschätzt, dass er den Erziehungsfall damit für praktisch »erledigt« ansieht. Aichhorn selbst gibt eine allgemeine theoretische Erläuterung seiner Konzeption des »dramatischen Erziehungsprozesses«, in der recht deutlich die Katharsis-Hypothese durchscheint: »Es musste versucht werden, eine Handlung zu gestalten, in deren Mittelpunkt er selbst steht und die sich so zu entwickeln hat, dass sein ausgelöster Angstaffekt bis zur Unerträglichkeit gesteigert wird; im Augenblick der unvermeidlich scheinenden Katastrophe dieser eine so entgegengesetzte Wendung zu geben, dass die Angst plötzlich in Rührung umschlagen muss. Die durch diesen Affektkontrast hervorgerufene Erregung hat die Ausheilung zu bringen oder einzuleiten« (ebd., S. 139).

Ein gemeinsames Strukturmoment dieser und vieler anderer »dramatischer« Erziehungssituationen bei Aichhorn ist, dass die Erwartungen der beteiligten Jugendlichen unterlaufen werden, dass Aichhorn sich bewusst ganz anders verhält als diese es antizipiert hatten. Damit läuft natürlich auch deren eigene mental geprobte Abwehrstrategie ins Leere. Die Masken kommen ins Rutschen und der wahre, verletzliche und bedürftige Persönlichkeitskern kommt zum Vorschein. Auch das ganze Konzept einer Verwahrlostenerziehung durch »absolute Milde und Güte«, das Aichhorn vertreten hat, ist ja als ausdrückliches Kontrastprogramm zu der bisherigen Behandlung dieser Jugendlichen gedacht.

Es ließen sich unzählige solcher Episoden zusammentragen, in denen psychoanalytische Pädagogen versucht haben, Einfluss nicht nur auf die emotionale Befindlichkeit von Kindern und Jugendlichen zu nehmen, sondern auch auf deren Einsichten und Kompetenzen, sich besser im Dickicht eigener und fremder Gefühle zurechtzufinden, wenn man so will, auf deren »emotionale Intelligenz«. Jedoch wurden diese Bemühungen kaum systematisch unter bildungstheoretischen Aspekten diskutiert.

3. Das Thema »Bildung der Gefühle« im Rahmen einer Theorie der Bildung: Ist die Idee der Förderung »emotionaler Intelligenz« eine Neuauflage der Forderung nach »Affektbildung« (Mitscherlich)?

Der nach wie vor wohl wichtigste Versuch in diese Richtung stammt von Alexander Mitscherlich. In seinem Buch »Auf dem Weg zur vaterlosen Gesellschaft« entfaltet er ein Bildungskonzept, indem er die drei »Bildungsebenen« »Sachbildung«, »Affektbildung« und »Sozialbildung« unterscheidet. »Bildung« wird dabei von ihm grundsätzlich nicht im statischen Sinn als (Wissens-)Besitz, sondern im dynamischen Sinn als Suchbewegung, als Wissensdrang verstanden. Im Hinblick auf die »Affektbildung« bedeutet dies dann folgendes: »Ein solcher Mensch will wissen, wer er ist, wie er sich verhält, wenn er erregt ist; er will auch in der Erregung ein Gefühl für sich und ein Gefühl für den Partner behalten« (Mitscherlich 1983, S. 36). Es geht also um das Bemühen nach Selbsttransparenz, um Aufrichtigkeit hinsichtlich der eigenen handlungsleitenden Motive, um das Erkennen von Selbsttäuschungen und Rationalisierungen, um die Überwindung von Vorurteilen, um die Befreiung von Dressurgehorsam und Autoritätshörigkeit, aber auch darum, Einsicht in die unvermeidlich spannungsreiche und konflikthafte conditio humana zu gewinnen: »Affektbildung kann also nur heißen, daß die Konflikte zwischen den unausweichlichen inneren Drangerlebnissen und den sozialen Normen gemildert werden, das wir eine innere Toleranz für den Umgang mit Konflikten entwickeln, die wir erleben. ... Die Kultur der Affekte ist das eigentlich schwerste Bildungsziel. Mehr von sich selbst, von der Wirklichkeit über sich selbst als Triebwesen zu wissen, ist nur in schmerzlichen Erfahrungen zu erreichen« (ebd., S. 40).

Ist das, was derzeit unter dem Stichwort Förderung der »Emotionalen Intelligenz« beschrieben wird, eine Neuauflage dessen, was Mitscherlich mit »Affektbildung« gemeint hat? Bekommt seine Forderung nun mit 40 Jahren Verspätung die entsprechende Breitenwirkung und Popularität, die ihr damals versagt blieb? Ich meine es gibt doch wesentliche Unterschiede, die zu denken geben sollten:

Für Mitscherlich steht hinter den gefühlsmäßigen Erregungen, die der Mensch erlebt, letztendlich seine Triebnatur. Sie ist biologisch fundiert und damit kaum direkt beeinflussbar. Bei der Affektbildung geht es vor allem darum, ein Stück Einsicht und Verständnis für diese biologischen Vorgegebenheiten zu gewinnen. Natürlich geht es auch darum, die daraus folgenden Verhaltensimpulse zu kontrollieren und zu kultivieren. Andererseits wird ausdrücklich aber auch gefordert, ein Stück Toleranz im Hinblick auf die »unausweichlichen inneren Drangerlebnisse« zu entwickeln. Mitscherlich geht von einem eher pessimistischen bzw. tragischen Menschenbild aus, von unvermeidlichen Spannungen zwischen individuellen Bedürfnissen und gesellschaftlichen Anpassungszwängen. In der Literatur zur emotionalen Intelligenz herrscht dagegen ein optimistisches Menschenbild und ein im Prinzip harmonistisches Gesellschaftsverständnis vor. Zwar werden auch dort durchaus die aktuellen gesellschaftlichen Probleme wie die Zunahme von Jugendkriminalität, Depression, Sucht, etc. beklagt und auf Defizite hinsichtlich der emotionalen Intelligenz zurückgeführt. Aber wenn diese Mängel durch entsprechende Schulungen und Trainingskurse auf breiter Front beseitigt sind, dann scheint einem harmonischem Miteinander nichts mehr im Wege zu stehen.

Am entscheidendsten ist aber wohl dies: Bei Mitscherlich bedeutet »Bildung« immer eine Suchbewegung und »Affektbildung« meint dann gerade jenen Aspekt dieser Suchbewegung, der sich auf die eigene Seelenlandschaft und die eigene Lebensgeschichte bezieht. Dieser Aspekt der Bildung ist nach Mitscherlich prinzipiell nur »in schmerzlichen Erfahrungen zu erreichen«.

Paradigmatisch ist für ihn dabei wohl die Erfahrung der Selbsterforschung und der Selbstkonfrontation im Rahmen der Psychoanalyse.

Von schmerzlichen Suchbewegungen, von Desillusionierungen, von Auseinandersetzungen mit eigenen Schattenseiten ist in der Literatur zur Emotionalen Intelligenz freilich kaum die Rede. Hier geht es eher um den Erwerb von Kompetenzen, um die Differenzierung der sozialen Wahrnehmung, um die Erweiterung des Ausdrucksrepertoires, um das Training der Impulskontrolle, um die Aneignung bestimmter Kommunikationsstile, etc. Gerade die »Affektbildung« wurde von Mitscherlich in besonderer Weise »als ein Begehren, als ein Wissensdurst« verstanden und nicht als ein »Wissensbesitz«. »Die Wahrheit über sich selbst hat man nicht, man sucht sie und ist unbefriedigt bis zum Ende des Lebens« (ebd., S. 31). In der Literatur zur Emotionalen Intelligenz wird das erstrebenswerte Gut der »Emotionalen Intelligenz« dagegen eher als ein Bündel klar umschreibbarer und gezielt trainierbarer Kompetenzen angesehen – und damit natürlich auch als ein wertvoller Besitz, den man erwerben kann und der dann sowohl für das persönliche Lebensglück als auch für die Beziehungs- und Berufskarriere hohe Rendite abwirft. Der Gedanke, das erreichte Maß der »Affektbildung« analog dem Intelligenzquotienten als einen »EQ« zu messen, wäre Mitscherlich wohl sehr wunderlich vorgekommen. Die Vorstellung gar, »Affektbildung« als »Karriereturbo« anzupreisen, hätte ihn wohl entsetzt.

Aber, so könnten Goleman oder andere Vertreter der »EQ«-Bewegung erwidern, vielleicht hat Mitscherlich ja auch nur seine persönlichen Probleme und Konflikte generalisiert und sein Ringen um persönliche Wahrheitssuche zur generellen menschlichen Tragik hochstilisiert, dabei aber gleichzeitig die pragmatische Dimension des Lernens, Übens und Trainierens von Fertigkeiten unterschätzt. In seiner Autobiografie »Ein Leben für die Psychoanalyse« berichtet Mitscherlich von seinem frühen Einzelgängertum und seinem lebenslangen Gefühl der Einsamkeit und der Entfremdung: »Da konnte ich auf meine Unfähigkeit, mich anderen zu nähern, nicht mit Genugtuung blicken, war eher traurig, daß mir viele unbefangene Freuden durch dieses Verhalten entgingen. Immer hatte ich ein starkes Gefühl, daß das Leben, das wirkliche Leben, draußen geschieht und ich davon ausgeschlossen bin. Ich konnte nur mühsam mit Menschen umgehen, empfand oft eine große Leere« (Mitscherlich 1980, S. 40).

Mit diesem Eingeständnis seiner Schwierigkeiten im sozialen Umgang würde Mitscherlich wohl in den Augen moderner »EQ-Kampfrichter« keine so gute Figur machen. Hätte er also, statt sein Leben der Psychoanalyse und der unabschließbaren Suche nach Wahrheit über sich zu widmen, lieber einige Trainingseinheiten in »emotionaler Intelligenz« besuchen sollen?

Literatur

Aichhorn, A. (1925): Verwahrloste Jugend. Die Psychoanalyse in der Fürsorgeerziehung. Bern 1977[9].

Bar-On, R., Parker, J.D.A. (Hg.) (2000): Handbook of Emotional Intelligence. New York.

Buddrus, V. (Hg.) (1992): Die »verborgenen Gefühle« in der Pädagogik. Impulse und Beispiele aus der humanistischen Pädagogik zur Wiederbelebung der Gefühle. Baltmannsweiler.

Cierpka, M. (Hg.) (2001): FAUSTLOS – Ein Curriculum zur Prävention von aggressivem und gewaltbereitem Verhalten bei Kindern der Klasse 1-3. Göttingen.

Cladder-Micus, A., Kohaus, H. (1996): Integrative Arbeit mit gewalttätigen rechten Jugendlichen und ambulantes Anti-Aggressivitätstraining. In: Stickelmann, B. (Hg.): Zuschlagen oder Zuhören. Jugendarbeit mit gewaltorientierten Jugendlichen. Weinheim und München, S. 127-132.

Datler, W. (2000): Das Verstehen von Beziehungsprozessen – eine zentrale Aufgabe von heilpädagogischer Praxis, Lehre und Forschung. In: Bundschuh, K.: Wahrnehmen, Verstehen, Handeln. Perspektiven für die Sonder- und Heilpädagogik im 21. Jahrhundert. Bad Heilbrunn, S. 59– 8.

Ferenczi, S. (1970): Psychoanalyse und Pädagogik. In: Ders.: Schriften zur Psychoanalyse I. Frankfurt/M.

Flitner, A.: (1978): Eine Wissenschaft für die Praxis? In: Zeitschrift für Pädagogik, 24. Jg., S. 183–193.

Focus Money (2002): Emotionen nutzen Die Macht der Gefühle. In: Focus Money vom 28. Februar 2002, S. 72–79.

Freud, S. (1912–1913): Totem und Tabu. GW Bd. IX, Frankfurt/M., S. 1–194.

Freud, S. (1930): Das Unbehagen in der Kultur. GW Bd. XIV, Frankfurt/M., S. 419–537.

Goleman, D. (1995): Emotionale Intelligenz. München.

Goleman, D. (1998): What makes a leader? In: Harvard Business Review, 76 (6), S. 92–102.

Goleman, D. (2000): Leadership, that gets results. In: Harvard Business Review 78 (2), S. 78–90.

Goleman, D. (2001): Issues in Paradigm Building. In: Cherniss, C. & Goleman, D. (Hg.): The Emotionally Intelligent Workplace. How to Select for, Meassure, and Improve Emotional Intelligence in Individuals, Groups and Organizations. Chichester.

Heitger, M. (1994): Schule und Gefühl – Die Verdrängung der Vernunft durch das Gefühl. Irrwege modischer Pädagogik. Zur Erziehung von Emotion und Verhalten. In: Schaufler, G. (Hg.) : Schule der Gefühle. Zur Erziehung von Emotion und Verhalten. Innsbruck, S. 9–33.

Heinemann, E. (1992): Psychoanalyse und Pädagogik im Unterricht der Sonderschule. In: Heinemann, E., Rauchfleisch, U. & Grüttner, T.: Gewalttätige Kinder. Psychoanalyse und Pädagogik in Schule, Heim und Therapie. Frankfurt, S. 39–89.

Homburger, E. (1930): Die Zukunft der Aufklärung und die Psychoanalyse. In: Zeitschrift für Psychoanalytische Pädagogik 4. Jg., S. 201–216.

Kant, I. (1798): Anthropologie in pragmatischer Hinsicht. Stuttgart, 1983.

Krannich, S., Sanders, M., Ratzke, K., Diepold, B. & Cierpka, M. (1997): Faustlos – Ein Curriculum zur Förderung sozialer Kompetenzen und zur Prävention von aggressivem und gewaltbereitem Verhalten bei Kindern. In: Praxis Kinderpsychologie und Kinderpsychiatrie, 46. Jg., S. 236–247.

Laplanche, J., Pontalis, J.-B. (1972): Das Vokabular der Psychoanalyse. Frankfurt/M..

Leber, A. (1985): Wie wird man »Psychoanalytischer Pädagoge«? In: Bittner, G., Ertle, Chr. (Hg.): Pädagogik und Psychoanalyse. Beiträge zur Geschichte, Theorie und Praxis einer interdisziplinären Kooperation. Würzburg, S. 151 – 166.

Mayer, J.D. (1999): Emotional intelligence: popular or scientific psychology? In : APA Monitor Online. Vol. 30, Nr. 8, S. 1–3.

Mayer, J.D. (1999): Interview in: Psychology Today, Juli/August 1999, Vol. 32, S. 20–23.

Mayer, J.D., Salovey, P. (1997): What is emotional intelligence? In: Salovey, P., Sluyter, D.J. (Hg.): Emotional Development and emotional intelligence. Implications for educators. New York, S. 3–31.

Mayer, J.D., Cobb, C.D. (2000): Educational policy on emotional intelligence: Does it make sense? Educational Psychology Review, Vol. 12, S. 163–183.

Milde, V.E. (1811): Lehrbuch der allgemeinen Erziehungskunde, besorgt von K.G. Fischer. Paderborn 1965.

Mitscherlich, A. (1983): Auf dem Weg zur vaterlosen Gesellschaft. In: Ders.: Gesammelte Schriften, hrsg. v. Haase, H., Bd. III, Frankfurt/M.

Mitscherlich, A. (1980): Ein Leben für die Psychoanalyse. Anmerkungen zu meiner Zeit. Frankfurt/M.

Neidhard, W. (1977): Kinder, Lehrer und Konflikte – Vom psychoanalytischen Verstehen zum pädagogischen Handeln. München.

Pestalozzi, J.H. (1801): Wie Gertrud ihre Kinder lehrt, ein Versuch, den Müttern Anleitung zu geben, ihre Kinder selbst zu unterrichten. In: Ders.: Sämtliche Werke, Bd. 13, Berlin, 1932.

Pestalozzi, J.H. (1799): Über den Aufenthalt in Stans. Brief Pestalozzis an einen Freund. In: Ders: Sämtliche Werke Bd. 13, Berlin, 1932.

Reiser, H. (1993): Entwicklung und Störung – Vom Sinn kindlichen Verhaltens. In: Behindertenpädagogik, 32. Jg., S. 254–263.

Rousseau, J.J. (1762): Emil oder über die Erziehung. Paderborn, 1995[12].

Salovey, P., Mayer, J.D. (1990): Emotional intelligence. In: Imagination, Cognition and Personality, 9, S. 185–211.

Schiller, F. (1795): Über die ästhetische Erziehung des Menschen in einer Reihe von Briefen, hrsg. v. K. Berghahn, Ditzingen, 2000.

Weidner, J. (1996): Anti-Aggressivitätstraining für Gewalttäter. Bonn.

Wigger, L. (1997): Was haben Pädagogik-Studenten gelesen? In: Zeitschrift für Pädagogik, 43. Jg., S. 791–801.

Gunzelin Schmid Noerr

Moralische und unmoralische Gefühle

1. Moralische Gefühle

Mit dem Ausdruck »moralische Gefühle« sollen im Folgenden nicht etwa einige Gefühle als moralisch (und andere als unmoralisch) qualifiziert werden, vielmehr geht es um solche Gefühle, die in moralischen Entscheidungssituationen virulent werden. Moralische Gefühle gehören, Agnes Heller (1980) zufolge, zur Klasse der »Orientierungsgefühle«. Mit ihrer Hilfe orientieren wir uns an dem, was unsere Umgebung oder wir selbst für gut und böse halten, bewerten dem entsprechend die jeweilige Situation und motivieren uns zu Handlungen, die mit unseren moralischen Gewohnheiten im Einklang stehen.

Gefühle sind bei brisanten moralischen Fragen ein wichtiger – wenn nicht der einzige – Indikator für die Authentizität einer moralischen Entscheidung, also für die Übereinstimmung von Empfinden und Handeln. Weder das bloße Wissen um sozial akzeptierte moralische Normen noch das rationale moralische Urteil über die moralische Richtigkeit einer Handlung noch beobachtbares normenkonformes Verhalten sind, wie u. a. Leo Montada (1993) betont hat, ausreichende Indikatoren für diejenigen moralischen Anforderungen, die sich eine Person tatsächlich zu eigen macht. Das heißt weder das allgemeine Wissen um die soziale Geltung moralischer Regeln noch spezifische Begründungsargumente moralischer Urteile implizieren eine entsprechende subjektive Akzeptanz. Und ob wir ein bestimmtes Verhalten moralisch hochschätzen, bemisst sich allein an den Motiven des Handelnden. Erst spezifisch moralische Gefühle geben über die Handlungswirksamkeit moralischer Normen Auskunft.

Die auffälligste Manifestation moralischer Gefühle ist an das subjektive Empfinden einer Abweichung von moralischen Normen oder Werten gebunden. Um das Spektrum moralischer Gefühle zu gliedern, können wir unterscheiden, (1) ob ich selbst (Ego, aktiv) einen anderen moralisch verletzt habe, oder (2) ob ein anderer (Alter, aktiv) mich moralisch verletzt hat oder (3) ob ich wahrnehme, wie ein anderer (Alter, passiv) von einem anderen moralisch verletzt wurde. Wenn wir glauben, jemanden anderen verletzt zu haben, haben wir unter Umständen Schuldgefühle, wenn wir uns selbst verletzt fühlen, sind wir empört oder enttäuscht, wenn wir eine Verletzung anderer wahrnehmen, sind wir empört oder haben Mitleids- oder Solidaritätsgefühle.

Ein weiterer Anlass für moralische Gefühle ist die gewünschte oder tatsächlich erfolgte Wiederherstellung der intersubjektiven Geltung solcher Normen und Werte. Auch hier sind die Perspektiven von Ego und Alter zu unterscheiden. (1) Als Täter können wir um Entschuldigung bitten, (2) als Opfer Befriedigung über Rache oder Sühne genießen oder auch verzeihen, (3) als Beobachter können wir gerührt sein oder Genugtuung empfinden.

Schließlich spielen moralische Gefühle auch bei der Empfindung der Befolgung von Normen und der Übereinstimmung mit Werten eine Rolle – jedoch nur dann, wenn Befolgung oder Übereinstimmung nicht selbstverständlich sind, sondern gegen erhebliche innere oder äußere Gegenkräfte oder Versuchungen zustande kommen. (1) Wenn wir unter eigenen Opfern moralisch gut handeln, fühlen wir Befriedigung oder Stolz, (2) und (3) wenn andere dies tun, empfinden wir Bewunderung.

Nun sind moralische Gefühle aber auch nicht notwendig unmittelbar auf das betroffene Selbst oder den betroffenen Anderen bezogen, sie können auch soweit habitualisiert und verallgemeinert sein, dass sie statt einzelner Personen (4) den generalisierten Anderen oder die Normen und Werte selbst zum Gegenstand haben. In diesen Fällen verwischen sich auch die Grenzen zwischen den verschiedenen Spannungsmustern von Norm und Wirklichkeit. Dann entstehen die übergreifenden moralischen Gefühle der Würde, der Pflicht, der Gerechtigkeit oder der Menschenliebe[1]. Auf diese Weise lässt sich das folgende Gliederungsschema moralischer Gefühle konstruieren:

[1] Nach Schopenhauer ist moralisches Handeln vom Motiv des Wohls eines Anderen bestimmt. Die unparteiische Berücksichtigung dieses Wohls kann entweder negativ, als Vermeidung fremden Nachteils, oder positiv, als Beförderung fremden Vorteils erfolgen. Daraus ergeben sich die beiden ethischen Fundamentalkriterien Gerechtigkeit und Menschenliebe. Diese beiden Aspekte des Moralischen kleidete Schopenhauer auch in den doppelten Imperativ, den er als allgemeinstes Prinzip der Moral ansah: »Verletze niemanden, hilf vielmehr allen, soviel du kannst.« (Schopenhauer 1841, S. 663)

	Abweichung	Wiederherstellung	Befolgung
(1) Ego, aktiv	Scham, Schuldgefühl	Bitte um Entschuldigung	Befriedigung, Stolz
(2) Alter, aktiv	Empörung, Enttäuschung	Rache, Sühne, Verzeihung	Bewunderung
(3) Alter, passiv	Empörung, Mitleid, Solidarität	Rührung, Genugtuung	Bewunderung
(4) Alter, generalisiert	Würde, Pflicht Gerechtigkeit, Menschenliebe		

Wie andere Gefühle auch, treten moralische Gefühle als Ereignisse auf, die das rationale Subjekt mehr passiv als aktiv erfährt. Starke Affekte[2] gelten moralisch und sogar juristisch als Eingriffe in die Freiheit und Verantwortlichkeit einer Person und damit gegebenenfalls als schuldmindernde objektive Erklärungen des Verhaltens. Zugleich aber lässt sich gerade am Sonderbereich der moralischen Gefühle feststellen, dass wir Gefühle nicht als bloße Passionen auffassen, sondern selbst bewerten und damit, wenigstens prinzipiell, ihre Kontrolle, Angemessenheit, Veränderbarkeit verlangen oder unterstellen. Wer keinerlei Gefühle zeigt, gilt nicht etwa als vollständig vernünftig und verantwortlich, sondern, gerade in Fragen der Moral, als uneinsichtig. Das bedeutet, dass es keine ein für allemal feststehenden Abgrenzungen zwischen kognitiven und voluntativen Anteilen der Gefühle gibt, sondern dass beide ineinander überführbar sind. Erkenntnisse können im Lauf der Zeit zu Gefühlen werden, und Gefühle können bezüglich ihres kognitiven Anteils reflektiert und verändert werden.

Im Folgenden möchte ich untersuchen, in welchem Zusammenhang moralische Gefühle einerseits mit moralischen Urteilen, andererseits mit entsprechenden Handlungen stehen. Das in der Geschichte der Ethik wie auch im Alltagsverständnis vorherrschende Modell dieses Zusammenhangs konstruiert einen Ablauf von der vernünftigen Einsicht über das moralische Gefühl zur Handlung. Dieses rationalistische Entscheidungsmodell werde ich zunächst (2) kritisch relativieren und (3) durch ein alternatives Modell kontrastieren. Sodann werde ich es (4) anhand einiger literarischer Textbeispiele,

2 Unter »Affekt« sollen hier, einem verbreiteten Sprachgebrauch entsprechend, eine heftige Gefühlsaufwallung verstanden werden, unter »Gefühl« eine persönliche Erlebnisqualität, unter »Emotion« die Einheit von Gefühlsbewegung, körperlichem Ausdruck und Verhalten. Allerdings gibt es in diesem weiter verzweigten Bedeutungsfeld keine allgemein anerkannten terminologischen Abgrenzungen.

die moralische Überlegungen und Entscheidungen zum Gegenstand haben, erläutern und weiter ausbauen. Abschließend (5) folgen, vor allem in Bezug auf das Konzept der emotionalen Intelligenz, einige Bemerkungen zur Bildung moralischer Gefühle.

2. Vernunft, Gefühl, Handlung – das kognitivistische Modell

Es entspricht der Alltagserfahrung, dass moralische Einsichten und entsprechende Handlungen oft auseinanderfallen. Am Beginn der abendländischen Ethik erklärte Platon dieses Phänomen mit einem Mangel an wirklicher Erkenntnis des Guten. Dem stellte er einen emphatischen Erkenntnisbegriff entgegen, auf Grund dessen zwischen dieser eigentlichen, wahren Erkenntnis, angemessenen Gefühlen und richtiger Handlung kein Bruch mehr möglich schien. Wahres Wissen um das Gute und Gutsein waren für ihn dasselbe.

Aber schon Platons Schüler Aristoteles räumte dem Erkennen und dem Handeln eine größere Unabhängigkeit von einander ein. »Wer ein unbeherrschtes Leben führt, ist nicht schon der Meinung so handeln zu müssen, bevor er in diesen Zustand gerät« (Aristoteles, *Nikomachische Ethik*, S. 179). Nicht Belehrung und Erkenntnis führen ihm zufolge zu moralischem Handeln, sondern nur eine entsprechende Übung und Gewöhnung, die dann zu einer inneren Haltung führt (vgl. ebd., S. 22ff., 34). Ausdruck dieser Haltung sind die moralischen Gefühle. Deshalb sind sie für moralisches Handeln unabdingbar: »Niemand kann als gerecht bezeichnet werden, wenn er nicht Freude hat an gerechtem Tun, und niemand als großzügig, ohne Freude an großzügigem Handeln« (ebd., S. 21). Daraus folgt, dass Gefühle nicht direkt beeinflusst werden können, sondern nur indirekt über die Stufen Übung, Gewöhnung und Haltung.

Hinsichtlich der Konzeptualisierung moralischer Entscheidungen und Handlungen herrscht in der Theoriegeschichte das Modell einer Sequenz vor, die vom moralischen Urteil über die Gefühle zur Handlung führt. Dabei spielen die Gefühle, sofern sie, wie meist, eine egozentrische Tendenz aufweisen, eine eher hemmende Rolle, während dem gegenüber der kleinere Bereich altruistischer Sympathiegefühle handlungsmotivierend wirkt. Die Sequenz lässt sich schematisch so darstellen:

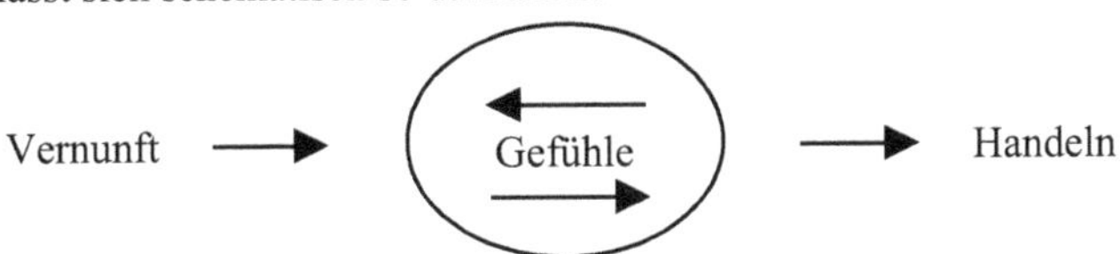

Dieses geläufige Modell scheint mir nun allerdings den Zusammenhang von Vernunft und Gefühl unzulässig zu verkürzen oder gar zu verfälschen. Ich möchte diese Beurteilung an zwei prominenten Beispielen, an Kants philosophischer Ethik und an Kohlbergs Psychologie des moralischen Urteils, verdeutlichen.

Für eine konsequente Vernunftethik wie die Kants bleibt die Umsetzung von vernünftigen Einsichten in Handlungen letztlich ein Rätsel. »Wenn ich durch den Verstand urteile«, so Kant (1775, S. 54), »daß die Handlung sittlich gut ist, so fehlt noch sehr viel, daß ich die Handlung tue, von der ich so geurteilt habe. Bewegt mich aber dieses Urteil, die Handlung zu tun, so ist das das moralische Gefühl [...] Urteilen kann der Verstand freilich, aber diesem Verstandesurteil eine Kraft geben, und daß es eine Triebfeder werde, den Willen zu bewegen, die Handlung auszuüben, das ist der Stein der Weisen.« Kant ging es um eine objektive Regel des Moralischen, die »sagt, was geschehen soll, wenn es auch niemals geschieht« (ebd., S. 12). Indem Kant die moralische Einsicht vollständig von allen Gefühlen zu reinigen versuchte, die er für unzuverlässig, auf Personen, nicht Prinzipien gerichtet, und deshalb für parteilich und irrational hielt, musste das Tun aus Einsicht für ihn zum Rätsel werden.

Das moralische Gefühl konnte für ihn jetzt nur noch eine Wirkung des moralischen Urteils sein, nicht aber dessen Voraussetzung oder innere Kraft. Er verstand es in einem doppelten Sinn: negativ als Wirkung eines »Schmerzes« durch Versagung der Triebbefriedigung, als »Demütigung der Neigungen« durch die Achtung vor dem vernünftigen Sittengesetz, und positiv als Wirkung der daraus resultierenden Selbstachtung, als Wohlgefallen, das mit dem eigenen Fortschreiten in Richtung auf moralische Vollkommenheit verbunden ist. Die Aufspaltung und Ausdifferenzierung von Erkennen und Handeln erschien ihm als das Ursprüngliche, und deshalb musste ihm die Einheit beider zum Mysterium des Übergangs zwischen den zwei heterogenen Reichen von Vernunft und Natur geraten. Die überschwengliche Metaphorik vom »Stein der Weisen«, der das unedle Metall des empirischen Charakters in das Gold des intelligiblen verwandeln sollte, verweist auf dieses Problem von Kants moralphilosophischer Konstruktion.

Tatsächlich ging Kant nicht von der Wirklichkeit des moralischen Handelns aus, sondern von der Höhe eines ethischen Beurteilungsprinzips, um sodann nach einer geeigneten »Triebfeder« für dessen Anwendung in der Praxis zu suchen. Das Moralische war für ihn nicht ein Medium der Koordination von Handlungen unterschiedlicher Subjekte, sondern die Bestimmtheit einer Handlung auf Grund einer »reinen« (nicht durch empirische Zwecke verunreinigten) Vernunftabsicht. Kant argumentierte also, so könnte man sagen, nicht in einer intersubjektivistischen, sondern in einer subjekt-zentrierten, intentionalistischen Perspektive. Das Problem dieser intentionalistischen Konzeption wird daran deutlich, dass der Kantische »Stein der Weisen«, so gefasst, gar nicht wünschenswert wäre. Ließe sich mit dem besseren Argument zugleich eine Triebfeder zur Handlung implementieren, dann wäre es um die Autonomie des moralischen Handelns geschehen. Die Verwirklichung möglicher moralischer Ansprüche würde zur technisch steuerbaren Leistung degenerieren.

Im Sukzessionsmodell Vernunft-Gefühl-Handlung wird die Bedeutung von Gefühlen nicht geleugnet, aber doch zu einem nachrangigen Begleitphänomen des moralischen Urteils herabgesetzt, das das entscheidende initiale Moment des moralischen Handelns darstellt[3]. Diese Struktur lässt sich auch an Lawrence Kohlbergs Psychologie der Moral verdeutlichen. Kohlbergs kognitiv-genetischer Ansatz der Moralentwicklung beruht auf der begrifflichen Konstruktion und empirischen Anwendung hypothetischer moralischer Dilemmata. Das berühmteste ist das »Heinz-Dilemma«, in der ein Ehemann vor der Wahl steht, entweder durch Einbruch in eine Apotheke für seine krebskranke Frau ein Medikament zu besorgen oder mit Respekt vor der Eigentumsordnung seine Frau sterben zu lassen. Ähnlich weltfremd und klischeehaft konstruiert sind die anderen Kohlbergschen Dilemmata (vgl. Kohlberg, 1995, S. 495ff.), zu deren Verteidigung allenfalls anzuführen ist, dass nicht die inhaltliche Option der Probanden, die sich an Heinz' Stelle setzten sollen, Auskunft über ihre jeweilige moralischen Entwicklungsstufe geben soll, sondern die Struktur der Begründung seines jeweiligen moralischen Urteils (präkonventionelle, konventionelle und postkonventionelle Begründungen).

Jedoch unterscheiden sich Kohlbergs hypothetische Dilemmata von alltäglichen moralischen Entscheidungssituationen durch ihre emotionale Leere. Sie sind ein intellektuelles Spiel und machen uns nicht wirklich betroffen. Der Komplexität moralischer Fragen werden sie keinesfalls gerecht[4]. Insbe-

---

[3] Selbst ein so rationalismuskritischer Philosoph wie Adorno fasste den zum Handeln notwendigen moralischen Impuls nur unter der eigentümlich vagen und formalen Kategorie des zum rationalen moralischen Urteil »Hinzutretenden«. Zur Rekonstruktion und Kritik dieses Begriffs vgl. Schmid Noerr 1995.

[4] Andreas Gruschka hat eindrücklich geschildert, wie eine Schulklasse (Jahrgangsstufe 12) den Unterrichtsstoff Kohlbergs Heinz-Dilemma zunehmend als »Glatteisübung«

sondere bleibt das subjektive Erleben moralischer Konflikte unberücksichtigt. Sofern dennoch Gefühle ins Spiel kommen, werden sie nur als Elemente der sozialen Wahrnehmung und der reziproken Rollenübernahme berücksichtigt. Nicht kognitiv begründete Gefühle werden entweder, sofern sie positiv über verpflichtende Normen hinausgehen, beiseite geschoben oder als Störfaktoren vernachlässigt.

Das Testinstrument des hypothetischen moralischen Dilemmas erfasst mit den kognitiven Strukturen der Universalisierung reziproker Fairnessregeln nur einen Teilbereich der Moral, insbesondere das Gerechtigkeitsurteil. Dabei ist Kohlberg sich des Problems, dass moralisches Urteilen und Handeln häufig nicht übereinstimmen, bewusst. Sein Ansatz soll auch noch auf die Frage nach den Ursachen dafür eine theoretisch begründete Antwort geben. Diese besteht in der Annahme, dass mit steigendem Niveau des moralischen Urteils auch die Konsistenz zwischen Denken und Handeln zunimmt. »Die Übereinstimmung zwischen Urteilen und Handeln steigt monoton mit der Moralstufe« (Kohlberg 1995, S. 440). Die höchste Stufe der postkonventionellen, selbst gewählten und bejahten universalethischen Prinzipien enthält in sich moralisches Engagement und Verantwortlichkeit als Verpflichtung zur Verwirklichung des als richtig Beurteilten. Bezüglich des Verhältnisses von Kognition und Handeln auf dieser Stufe ist Kohlberg also Platoniker.

Kohlbergs Konzept enthält nicht nur die vertikale Abfolge der verschiedenen Moralstufen, sondern auch die horizontale vom logischen Denken über die soziale Wahrnehmung zum moralischen Urteil und schließlich zum Handeln. Moralisch anspruchsvolles Handeln setzt demnach voraus, dass zuvor eine entsprechende Stufe des moralischen Urteils erreicht wurde, und dieses impliziert wiederum das Erreichen einer entsprechenden Stufe der sozialen Wahrnehmung und der logischen Operationen (vgl. ebd., S. 125f.). Dabei stellt sich allerdings die Frage, ob Kohlberg im Rahmen seines kognitivistischen Modells[5], das die Gefühlsdimension vernachlässigt, nicht notwendige kognitive Bedingungen des moralischen Handelns mit hinreichenden Bedingungen verwechselt.

---

erlebte. Die Schüler argumentierten quer zu allen Niveaus [d. h. den Kohlbergschen Entwicklungsstufen des Gerechtigkeitsurteils] und gerade darin realitätstüchtig.« (Gruschka 1996, S. 70)

5 Nur die Sprödigkeit von Kohlbergs Theorie gegenüber einer möglichen Popularisierung hat offenbar verhindert, sie als Konzept der »moralischen Intelligenz (MQ)« zu verkaufen.

3. Vernunft, Gefühl, Handlung – das emotivistische[6] Modell

Der moralische Kognitivismus ist in der Geschichte der Ethik vor allem seit der Entstehung der Moderne wiederholt in Frage gestellt worden. Thematisch entdeckt wurde das moralische Gefühl in der Aufklärung (vgl. Schmid Noerr 1999). Von Pascal in der Mitte des 17. Jahrhunderts über die schottischen Moralphilosophen und Rousseau im 18. Jahrhundert bis zu Schopenhauer und den Romantikern des 19. Jahrhunderts wurde der Vorrang der Gefühle vor der Vernunft auch im Bereich des Moralischen vertreten. Auch im letzten Drittel des 20. Jahrhunderts gab es, ausgehend von den USA, in Philosophie, Psychologie und Pädagogik wiederum eine »Rehabilitation der Emotionen«, durch die diese als eigenständiger psychischer Bereich erwiesen werden sollte, der nicht auf eine verstandesmäßige Interpretation physiologischer Reize reduzierbar sein sollte. Bezogen auf die Moral bedeutet das unter anderem, dass die Gefühle vom Kantischen Verdikt des Zufälligen und Unzuverlässigen befreit werden, da sie, noch vor aller vernünftigen Identität, als Kern der Persönlichkeit anzusehen sind.

Ein weiterer wichtiger Anstoß, den moralischen Kognitivismus in Frage zu stellen, ist inzwischen von der jüngsten Hirnforschung ausgegangen. Der Neurologe Antonio Damasio berichtet ausführlich von den diagnostischen Problemen, die ihn zu neuen Einsichten in die neuronale Funktion von Gefühlen geführt haben. Dabei handelt es sich vor allem um die Fallgeschichte eines überdurchschnittlich intelligenten Mannes, dem bei der operativen Entfernung eines Hirntumors unterhalb der Präfrontallappen im Neokortex auch dieses vom Tumor beschädigte Gewebe mit entfernt werden musste (Damasio 1994, 3. Kap). Dieser Bereich, der eng mit dem limbischen System verschaltet ist (in dem, der älteren Neurologie zufolge, die Gefühle verortet wurden), spielt, so eine von Damasios Forschungsergebnissen, eine entscheidend wichtige Rolle bei der Verarbeitung von Gefühlen. Der Patient hatte die Operation physisch gut überstanden, Wahrnehmungsfähigkeit, Lang- und Kurzzeitgedächtnis, Lernfähigkeit, Sprach- und Rechenfertigkeit und andere Be-

[6] »Emotivismus« soll hier nicht eine philosophische Position bezeichnen, nach der moralische Urteile eigentlich nur subjektive Gefühlsdispositionen beschreiben oder Gefühle ausdrücken. Vielmehr ist damit das gegenüber dem »kognitivistischen Modell« unterschiedliche Gewicht gemeint, das hier den Gefühlen bei Handlungsentscheidungen eingeräumt wird.

reiche der Verstandesintelligenz waren nicht beeinträchtigt. Dagegen verarmte nun sein emotionales Leben in extremer Weise. Zugleich war er unfähig, einfachste lebenspraktische Entscheidungen zu treffen und ein angemessenes Sozialverhalten zu zeigen. Vor der Operation war er familiär gut eingebunden und beruflich sehr erfolgreich gewesen, jetzt verlor er Beruf und Familie. Bei voller Verstandestätigkeit, aber ohne gefühlsmäßige Wertungen, konnte er den Übergang von vernünftigem Denken zu vernünftigem Handeln nicht mehr vollziehen.

Einer der von Damasio angewandten zahlreichen psychologischen Tests, die zeigen sollten, ob hier nicht doch, durch die Hirnoperation bedingt, ein verdeckter Intelligenzdefekt vorlag, ob also das asoziale Verhalten des Patienten auf einen Mangel an kognitiver Einsicht in die vernünftigen Handlungsprinzipien zurückzuführen sei, bestand nun in der Aufgabe des Kohlbergschen Heinz-Dilemmas. Der Patient erzielte hierbei jedoch einen überdurchschnittlich guten Wert seiner moralischen Urteilsfähigkeit. Dies stand freilich in krassem Gegensatz zur gestörten Entscheidungsfindung, die der Patient außerhalb des Labors, im Alltagshandeln zeigte. Damasio kommt schließlich zu dem Ergebnis, »dass die Gefühllosigkeit seines Denkens [den Patienten] daran hinderte, verschiedenen Handlungsmöglichkeiten unterschiedliche Werte zuzuordnen, so dass seine Entscheidungslandschaft völlig abflachte« (ebd., S. 85). Dieses Ergebnis widerspricht nun deutlich – ohne dass Damasio selbst darauf einginge – Kohlbergs Annahme der handlungsmotivierenden Kraft des elaborierten moralischen Urteils. Ohne Gefühle gibt es offenbar keine Bewertung einer Situation. Gefühle sind nicht kognitivistisch zu reduzieren (etwa auf Verstandesdeutungen körperlicher Erregungszustände), sondern sind eigenständige Verarbeitungsformen der sozialen Wahrnehmung, zugleich aber mit der Verstandestätigkeit derart verflochten, dass Gefühle ohne Vernunft (Intentionalität, Analysieren, Schlussfolgern) unmöglich sind wie Vernunft ohne Gefühle (Wertungen, Entscheidungsfindungen).

Damasio war einer der Gewährsleute für Daniel Goleman, der in jüngster Zeit das Konzept der »Emotionalen Intelligenz« populär gemacht hat. Dieses Konzept legt für Handlungsentscheidungen ein Ablaufschema nahe, das die gefühlsmäßige Reaktion auf eine wahrgenommene Situation an den Anfang setzt. Neurophysiologisch lässt sich das durch die »Stolperdrahtfunktion« des Mandelkerns begründen, jenes Teils des limbischen Systems, »der jede Sekunde der Erfahrung, jede Situation, jede Wahrnehmung kritisch prüft, der aber nur eine Frage im Sinn hat, die allerprimitivste: ›Ist das etwas, das ich nicht ausstehen kann, das mich kränkt, das ich fürchte?‹« (Goleman 1995, S.

34) Die entscheidende Entdeckung des Neurologen Joseph LeDoux, auf den Goleman sich in diesem Zusammenhang bezieht, besteht in der zweistufigen Verarbeitungsweise der sensorischen Signale durch den Mandelkern. Während nämlich der Hauptstrom dieser Signale von den Sinnesorganen über den Thalamus und die sensorischen Zentren im Neokortex zum Mandelkern verläuft, von wo aus, koordiniert durch die kortikalen Präfrontallappen, die motorischen Körperreaktionen ausgelöst werden, wies LeDoux eine kleinere, abkürzende Bahnung zwischen Thalamus und Mandelkern unter Umgehung des Neokortex nach.

Das bedeutet, dass emotionale Reaktionen zunächst auch anatomisch unabhängig von der Großhirnrinde und psychologisch unabhängig von bewussten Wahrnehmungen erfolgen können. Ontogenetisch schlagen sich befriedigende oder frustrierende Interaktionen noch vor der Entstehung der sprachlichen und bildhaften Symbolfunktion im emotionalen Gedächtnis als »nackte, wortlose Blaupausen für das Gefühlsleben« (Goleman 1995, S. 42) nieder. Die emotionale Basisreaktion auf Grund des binären Codes ›gut für mich – schlecht für mich‹ erfolgt schnell, aber ungenau. (Das ist das biologische Erbe einer phylogenetisch einmal höchst nützlichen Reaktionsweise, die allerdings unter soziokulturellen Bedingungen in erheblichem Maße unangemessen sein kann.) Inwieweit sie von dem zeitlich nachfolgenden Austausch zwischen Mandelkern und Neokortex noch modifiziert werden, hängt vor allem davon ab, wie die aktuelle Situation in das Schema frühester emotionaler Erinnerungen eingeordnet wird, die im Mandelkern gespeichert sind. Passt sie zu prägenden negativen Erfahrungen, dann verkündet der Mandelkern unabhängig vom Neokortex sozusagen den Ausnahmezustand, der zur unmittelbaren motorischen Reaktion führt.

Ansonsten stellen die kortikalen Präfrontallappen, deren Funktion vor allem in der Dämpfung dieser ersten Impulse besteht, die Feinabstimmung der emotionalen Reaktion her. Ihr Zusammenspiel mit dem limbischen System ist die neuronale Basis des moralischen Verhaltens[7]. »Bei den Tieren geht es um die Abwägung, wann sie angreifen und wann sie weglaufen sollen. Bei uns Menschen geht es darum, wann wir angreifen und wann wir weglaufen sol-

---

[7] Auch der Hirnforscher Gerhard Roth kommt zu dem Schluss, moralisches Verhalten entsprechend neurologisch zu verorten: »Der orbitofrontale Cortex lässt sich also durchaus als Sitz der ›höchsten moralischen Instanz‹ eines Individuums ansehen, insbesondere wenn man bedenkt, dass seine Funktion vor allem darin besteht, subcorticale affektiv-emotionale Zentren zu hemmen.« (Roth 2001, S. 256)

len, aber auch darum, wann wir beschwichtigen, überreden, um Sympathie werben, Obstruktion betreiben, Schuldgefühle provozieren, jammern, Tapferkeit vortäuschen oder Verachtung zeigen sollen, kurz, um das ganze Repertoire der emotionalen Schliche« (Goleman 1995, S. 45).
Daraus ergibt sich das folgende alternative Ablaufschema einer Entscheidungssituation:

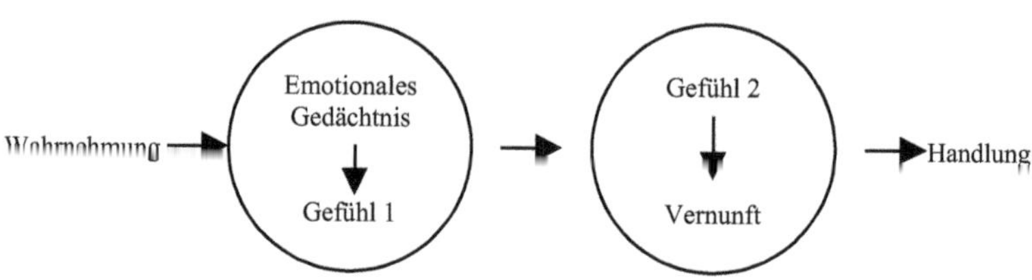

Ein Beispiel für eine solche Sequenz ist Sigmund Freuds rekonstruktive Begründung seines Pazifismus. »Warum«, fragt er am Schluss seines Briefes an Albert Einstein, »empören wir uns so sehr gegen den Krieg?« (Freud 1933, 284). Seine Antwort lautet: Je mehr die Individuen am Prozess der Kulturentwicklung teilhaben und entsprechende psychische Strukturen ausbilden, nämlich das Erstarken des Intellekts sowie die Einschränkung der Triebregungen, desto stärker wird die affektive Ablehnung des Krieges (›Gefühl 1‹) auf Grund einer »konstitutionellen Intoleranz«. »Und zwar scheint es, daß die ästhetischen Erniedrigungen des Krieges nicht viel weniger Anteil an unserer Auflehnung haben als seine Grausamkeiten« (Freud 1933, S. 286). Bemerkenswert ist hier, dass Freud der Verletzungen ästhetischer Gefühle fast dasselbe Gewicht einräumt wie der der moralischen Gefühle. »Wir sind Pazifisten, weil wir es aus organischen Gründen sein müssen.« (›Emotionales Gedächtnis‹) Und er fährt fort: »Wir haben es dann leicht, unsere Einstellung durch Argumente zu rechtfertigen« (Freud 1933, S. 285). Freud betont damit die psychische Nachträglichkeit der differenzierteren Gründe gegen den Krieg, die wiederum teils emotionaler, teils rationaler Art sind: Vernichtung von Leben, Entwürdigung, Zwang zum Morden, Zerstörung materieller Werte usw. (›Gefühl 2‹, ›Vernunft‹).

Dieses moralische Entscheidungsmodell, das gegenüber realen Abläufen sicherlich immer noch eine starke Vereinfachung darstellt, dürfte wirklichkeitsnäher sein als das erstgenannte ›platonische‹, ohne doch dieses von vorn herein als Möglichkeit auszuschließen. Die Reihung Vernunft – Gefühl –

Handlung erweist sich jetzt vielmehr als der ethische Idealfall, in dem eine moralische Überlegung oder Argumentation eine so überzeugende Geltung beansprucht, dass sie subjektive Betroffenheit und Handlungsbereitschaft in sich schließt. Freud war gegenüber einer solchen rationalistischen Vorstellung offenbar derart skeptisch, dass er pazifistische Hoffnungen nicht auf rationale Begründungen, sondern allein auf den überindividuellen Prozess der Kulturentwicklung setzte. Dabei spielen, seiner Ansicht nach, auch nicht-moralische, ästhetische Gefühle eine wichtige Rolle.

Solche Beimengungen zu moralischen Gefühlen sind in der Geschichte der Ethik häufig bemerkt – und kritisiert worden. So unterschied Kant zwischen moralischer Legalität (eines bloß äußerlich pflichtgemäßen Handelns) und Legitimität (eines moralisch motivierten Handelns), um allein letzterer den eigentlich moralischen Wert zuzusprechen. Ähnlich argumentierte Schopenhauer (1839, S. 723): »Mancher würde sich wundern, wenn er sähe, woraus sein Gewissen, das ihm ganz stattlich vorkommt, eigentlich zusammengesetzt ist: etwan aus 1/5 Menschenfurcht, 1/5 Deisidämonie [Aberglaube], 1/5 Vorurteil, 1/5 Eitelkeit und 1/5 Gewohnheit [...].« Schopenhauers Beschreibung ist noch ganz von Kants Verdikt durchdrungen. Berechtigt scheint sie als Kritik entweder bloß vorgeblicher Moral oder einer niedrigen Moralstufe im Sinne Kohlbergs.

Und doch könnte man sie, im Licht sowohl des Freudschen Modells als auch des Konzepts der emotionalen Intelligenz neu interpretieren, nämlich als Anwesenheit nicht-moralischer Gefühle, die bei der Auslösung einer moralischen Entscheidungssituation eine wichtige Rolle spielen können. Dabei scheinen regelmäßig auch dezidiert »unmoralische« Gefühle aufzutreten, also solche Gefühle, die das Involviertsein in eine moralische Norm durch andere, stärker egozentrische Formen des Involviertseins konterkarieren. Moralische Gefühle entzünden sich nicht zuletzt an ihrem Gegenpart. Davon leben auch die Künste, nicht nur die trivialen, für die die »Bösen« durchgängig interessanter als die »Guten« sind. Unter diesem Aspekt sollen im Folgenden an Hand literarischer Quellen einige moralische Entscheidungssituationen analysiert werden.

4. Moralische Entscheidungssituationen

Die folgenden vier Auszüge aus Texten von Tolstoi, Thomas Mann, Fontane und Rousseau dienen hier als künstlerisch genaue Darstellungen möglicher realer moralischer Entscheidungsprozesse. Hinsichtlich der moralischen Tendenz unterscheiden sich die Darstellungen: Bei Tolstoi geht es um eine moralische Handlung, bei Mann um eine unmoralische Handlung, bei Fontane um eine Handlung entsprechend einer hohl-abgelebten konventionellen Moral, bei Rousseau um eine unmoralische Handlung mit moralischer Langzeitwirkung.

Die zitierten Textauszüge sind um der Knappheit der Darstellung willen geringfügig intern gekürzt sowie durch Paraphrasierungen ergänzt. Die Bearbeitung der Texte, die sich bereits in der Form ihrer Wiedergabe niederschlägt, verlief in drei Schritten: (a) Zunächst wurden die offensichtlich Gefühle transportierenden sprachlichen Ausdrücke gekennzeichnet. Sie sind im Folgenden (sowohl in den Textauszügen als auch in den diskursiven Rekonstruktionen) kursiv gedruckt[8]. (b) Sodann wurde der Text nach Szenen gegliedert, innerhalb derer jeweils eine einheitliche Gefühlslage vorherrscht. Diese Szenen sind in den Textauszügen und in den diskursiven Rekonstruktionen durchnummeriert. (c) Zuletzt wurden die dominierenden Gefühlsmerkmale in einem graphischen Schema den verschiedenen Dimensionen des Entscheidungsprozesses (Gefühle, Vernunft, Handlung etc.) zugeordnet, wobei die aufeinander folgenden Szenen den durchnummerierten Spalten der Tabelle entsprechen.

Beispiel 1 aus: Lev Tolstoi, Wodurch die Menschen leben (S. 17-20)

(1) In einem kleinen Dorf lebt ein armer Schuhmacher. Er will im Nachbardorf einen Schafspelz kaufen, um für sich und seine Frau etwas Warmes gegen die Winterkälte zu haben. Doch das Geld reicht nicht aus, weil er selbst fällige Entlohnungen für frühere Arbeiten nicht bekommen kann. Enttäuscht trinkt er ein paar Gläser Schnaps und macht sich, bepackt mit einem Paar alter Filzstiefel, die er besohlen soll, wieder auf den Heimweg. Dabei sieht er in

---

[8] Dass manches hervorgehoben, anderes in Betracht Kommende nicht hervorgehoben wurde, mag gelegentlich willkürlich erscheinen, ist aber unvermeidlich. Denn Gefühle werden literarisch nicht nur explizit durch Gefühlsausdrücke transportiert, sondern auch implizit, etwa durch ein Tätigkeitswort oder nur durch ein Ausrufezeichen. Insofern markieren die Hervorhebungen nur annäherungsweise besonders auffällige Gefühlswerte.

der Dämmerung in einiger Entfernung an einer Kapelle etwas, das er zunächst für einen Stein, dann für ein Haustier hält.
(2) »Er kommt näher – nun kann man schon alles deutlich erkennen. *Was denn? Wahrhaftig*, es ist ein Mensch. er sitzt, ob tot oder lebendig, an die Kapellenwand gelehnt, ist nackt und rührt sich nicht. Den Schuhmacher *überläuft es*; er denkt sich: Da haben ihn welche niedergeschlagen, ausgezogen und liegengelassen. Geht man zu ihm hin, kommt man aus der Geschichte nicht mehr heraus.

Und der Schuhmacher ging weiter. Als er mit der Kapelle auf gleicher Höhe war, konnte er den Mann nicht mehr sehen – sie verdeckte ihn. Er stapfte an ihr vorbei, *blickte sich um* und sah – der Mann hatte sich von der Kapellenwand gelöst, bewegte sich und schien ihm nachzublicken. Dem Schuhmacher wurde *noch ängstlicher zumute*, er fragte sich: Geh ich nun zu ihm hin oder geh ich weiter? Geh ich hin – ich *fürchte, daß das nicht gut sein wird*: Wer weiß, was für einer das ist! Was Gutes wird's nicht gewesen sein, was ihn hergetrieben hat. Du gehst zu ihm hin, und er springt vielleicht auf und würgt dich, ohne daß du dich wehren kannst. Aber selbst wenn er dich nicht würgt – du gehst also hin und gibst dich mit ihm ab! Was willst du mit ihm, dem Nackten, anfangen? Vielleicht ihm das letzte abtreten, was du anhast? Der Herrgott *beschütze mich*!

Und der Schuhmacher *beschleunigte seine Schritte*. Er hatte die Kapelle schon ein ganzes Stückchen hinter sich gelassen, (3) als sein *Gewissen* sich regte. Und der Schuhmacher *stand* mitten auf der Straße *still*.

Was tust du denn nur, Semjon? ging es ihm durch den Kopf. Ein Mensch kommt in seinem Unglück um, und du wirst *kleinmütig* und schleichst dich an ihm vorbei! Bist du vielleicht so reich geworden, daß du fürchten mußt, beraubt zu werden? Ach, *Sjoma, das ist nicht recht*!

Und Semjon kehrte um und ging auf den Mann zu.

[...] (4) Semjon trat unmittelbar an ihn heran; und der Mann schien plötzlich zu sich zu kommen, er wandte den Kopf, schlug die Augen auf und sah Semjon an. Und dieser Blick ließ Semjon den Mann liebgewinnen. Er warf die Filzstiefel auf die Erde, löste den Gürtel, legte ihn auf die Filzstiefel und zog den Tuchrock aus.

›*Reden wir nicht erst lange!*‹ sagte er. ›Zieh dir das an! Mach schon!‹

[...] Semjon *warf* ihm den Tuchrock um die Schultern, aber der Mann konnte die Ärmel nicht finden. (5) Da *half* ihm Semjon in den Rock, schlug die Rockschöße zusammen und legte ihm den Gürtel um.

Er nahm auch die zerrissene Mütze ab, um sie dem Nackten aufzusetzen, da *fror* ihm aber an den Kopf, und Semjon sagte sich: Mein Kopf ist überall kahl, während ihm lange Locken in die Stirn hängen. – Er setzte die Mütze wieder auf. – Ich zieh ihm lieber die Filzstiefel an.

Er ließ ihn sich hinsetzen und zog ihm die Filzstiefel an.

Nachdem er ihn also bekleidet hatte, sagte er:

(6) ›*So, mein Lieber*! Und nun bewege dich, damit dir warm wird. Um alles Übrige brauchen wir uns jetzt *nicht zu kümmern*. Kannst du denn laufen?‹

Der Mann stand da, blickte Semjon gerührt an, brachte jedoch kein Wort über die Lippen.

›Warum sagst du denn nichts? Wir können hier schließlich nicht überwintern. Du mußt in ein Haus, brauchst ein Dach über dem Kopf! Hier, nimm meinen Stock und stütz dich darauf, wenn du dich schwach fühlst. *Los*, rühr dich schon!‹

[...] Semjon schreitet aus, der Fremde aber hält mit ihm Schritt und bleibt nicht zurück. (7) Ein Wind erhebt sich und drängt Semjon unter das Hemd – sein *Rausch verfliegt*, und er beginnt zu frieren. Er stapft dahin, schnauft durch die Nase, zieht das Weiberjäckchen möglichst fest zusammen und denkt: *Da hat man's*. Ich mache mich auf, um Felle zu kaufen, komme wieder ohne Rock und bringe auch noch einen Nackten mit! *Dafür wird mich Matrjona kaum loben!* Und während Semjon an Matrjona denkt, wird ihm *traurig* zumute. Sieht er aber den Fremden an und *erinnert sich*, wie der Mann an der Kapelle die Augen zu ihm aufschlug, dann *lacht ihm vor Freude das Herz.*«

Rekonstruktion (vgl. Tabelle 1):

(1) Semjon hat zunächst selbst eine *moralische Kränkung* erfahren, da er die ihm zustehenden Entlohnungen nicht erhielt. Der (wenn auch geringe) Alkoholkonsum versetzt ihn in eine leicht *benebelte* Stimmung.
(2) Sein *Erstaunen* über den nackten Mann schlägt um in *Angst* vor der Verwicklung in einen *Mordfall* (vielleicht Angst, in die Mühlen der Behörden zu geraten). Der rasche Blick zurück soll die *Erleichterung* des Entkommens bestätigen, führt allerdings zu der gesteigerten *Angst, selbst Opfer eines Angriffs zu werden.* Auch die *Angst vor den ihn selbst betreffenden Folgen* mildtätigen

Tabelle 1

	1	2	3	4	5	6	7
Wahrnehmung, Irritation		beobachtender Blick; Nicht-Wahrnehmung		Interaktiver Blick			
emotionale Disposition	leichter Rausch						Ernüchterung
emotionales Gedächtnis	Enttäuschung		Gewissen				Erinnerung an initialen interaktiven Blick
nicht-moralische Gefühle		dreifache Angst; Erleichterung		Sympathie	Sorge um sich		Frieren, Enttäuschung, Unbehagen; Freude
unmoralische Gefühle		Hilfeverweigerung aus Eigennutz					
moralische Gefühle		Norm der Hilfeleistung	Schuldgefühl	Mitleid	Mitleid		moralische Befriedigung
Vernunft		Antizipation möglicher Folgen für Ego	Relativierung der Folgen für Ego	Antizipation der Folgen für Alter	Vergleich Ego - Alter		
Handlung		Beschleunigung. der Schritte	Rückkehr	Gabe	Fürsorge	Mitnahme	

Handelns kommt auf, wobei diese letztere Angst auf ein bereits latent sich zu Wort meldendes *moralisches Gefühl* verweist. Alle drei Aspekte der Angst dienen als kognitive Gründe zur Abwehr dieses latenten *moralischen Gefühls*. Die Abwehr wird erleichtert durch das vorübergehende Aus-dem-Blick-Geraten des nackten Mannes. Und sie drückt sich zuletzt motorisch aus im *raschen Schritt*, mit dem er sich entfernt.

(3) *Gewissen, Schuldgefühl, Selbsttadel* lassen Semjon *innehalten* und *umkehren*. Er durchschaut den rationalisierenden Aspekt seiner Angst vor Beraubung, zumal er selbst überhaupt kein Geld bei sich hat.

(4) An die Stelle des zuvor beobachtenden Blicks tritt nun der wechselseitige Blickkontakt, wodurch bei Semjon unmittelbar ein Gefühl der *Sympathie* und des *Mitleids* entsteht, das ebenso unmittelbar in *praktische Hilfe*, die Gabe des Kaftans, einmündet. Der Anspruch, dies *ohne viel Worte* zu tun, überspielt die Scham und enthält zugleich den Anspruch Semjons an sich selbst, auf weitere Rationalisierungen zu verzichten.

(5) Die Mitleidshandlung der Gabe wird gesteigert zu der des *fürsorglichen* Anziehens des Tuchrocks. Dieser Impuls weitet sich auch noch auf die Mütze aus. Hier meldet sich allerdings mit dem Körpergefühl des Frierens am Kopf Semjons *Sorge um sich selbst* zurück. Statt dessen zieht er dem Fremden die Schuhe an. So kommen Mitleid und Selbsterhaltung zu einem vorläufigen Ausgleich.

(6) Eine weitere Steigerung erfährt das *sympathetische* und bereits *praktisch wirksame Mitleid* durch den Entschluss, den Fremden mit nach Hause zu nehmen.

(7) *Ernüchterung* kehrt ein, und damit ein neues *Unbehagen*. Die Kälte und dadurch das Nachlassen der Wirkung des Alkohols erneuern die schon anfangs aufgekommene *Angst* vor den ihn selbst betreffenden Folgen seines Mitleids. Diese Angst konkretisiert sich nun in der Antizipation der vorwurfsvollen Reaktion seiner Frau. Zugleich verstärkt die sinnliche Gegenwart des Fremden und die Erinnerung an dessen ersten dankbaren Blick die sekundäre *Freude* über die eigene gute Tat. Die Angst vor dem Einspruch seiner Frau und die freudige Genugtuung über die eigene Moralität ringen nun gleichsam um die Vorherrschaft.

Beispiel 2 aus: Thomas Mann, Der Tod in Venedig (S. 58-61)

(1) Der Schriftsteller Gustav Achenbach ist bei seinem Aufenthalt in Venedig dem Anblick des Knaben Tadzio *verfallen*. Er ist zunehmend *beunruhigt* von Anzeichen einer Seuche in der Stadt, die aber von den Behörden und den am

Fremdenverkehr Interessierten verleugnet wird. Schließlich erfährt er, dass die Cholera grassiert. Ein Ausländer klärt ihn über die Zusammenhänge auf und rät ihm abzureisen, bevor eine Sperre über die Stadt verhängt wird.
(2) »[...] die Korruption der Oberen zusammen mit der herrschenden *Unsicherheit* brachte eine gewisse *Entsittlichung* der unteren Schichten hervor, eine Ermutigung lichtscheuer und antisozialer Triebe, die sich in Unmäßigkeit, Schamlosigkeit und wachsender Kriminalität bekundete. [...]

(3) »In *fiebriger Erregung, triumphierend* im Besitze der Wahrheit, einen Geschmack von Ekel dabei auf der Zunge und ein phantastisches *Grauen im Herzen,* schritt der Einsame die Fliesen des Prachthofes auf und nieder. (4) Er erwog eine *reinigende* und *anständige* Handlung. Er konnte heute Abend nach dem Diner der perlengeschmückten Frau [der Mutter Tadzios] sich nähern und zu ihr sprechen, was er wörtlich entwarf: ›Gestatten Sie dem Fremden, Madame, Ihnen mit einem Rat, einer Warnung zu dienen, die der Eigennutz Ihnen vorenthält. Reisen Sie ab, sogleich, mit Tadzio und Ihren Töchtern! Venedig ist verseucht.‹ Er konnte dann dem Werkzeug einer *höhnischen* Gottheit zum Abschied die Hand aufs Haupt legen, sich wegwenden und *diesem Sumpfe entfliehen.* (5) Aber er *fühlte* zugleich, daß er *unendlich weit entfernt* war, einen solchen Schritt im Ernste zu wollen. Er würde ihn zurückführen, würde ihn sich selbst wiedergeben; aber wer außer sich ist, *verabscheut* nichts mehr, als wieder in sich zu gehen. [...] der Gedanke an Heimkehr, an Besonnenheit, Nüchternheit, Mühsal und Meisterschaft *widerte* ihn in solchem Maße, daß sein Gesicht sich zum Ausdruck physischer Übelkeit verzerrte. ›Man soll schweigen!‹, flüsterte er heftig. Und: ›Ich werde schweigen!‹ (6) Das Bewußtsein seiner Mitwissenschaft *berauschte* ihn, wie geringe Mengen Weines ein müdes Hirn berauschen. Das Bild der heimgesuchten und verwahrlosten Stadt, wüst seinem Geiste vorschwebend, entzündete in ihm *Hoffnungen*, unfaßbar, die Vernunft überschreitend und von ungeheuerlicher Süßigkeit. Was war ihm das zarte Glück, von dem er vorhin einen Augenblick geträumt, verglichen mit diesen Erwartungen? Was galt ihm noch Kunst und Tugend gegenüber den Vorteilen des Chaos? Er schwieg und blieb.

(7) [...] Er *scheute nicht mehr* die beobachtenden Blicke der Menschen; ob er sich ihrem Verdachte aussetzte, kümmerte ihn nicht. Auch flohen sie ja, reisten ab; zahlreiche Strandhütten standen leer, die Besetzung des Speisesaals wies größere Lücken auf, und in der Stadt sah man selten noch einen Fremden. Die Wahrheit schien durchgesickert, die Panik, trotz zähen Zusammenhaltens der Interessenten, nicht länger hintanzuhalten. Aber die Frau

im Perlenschmuck blieb mit den Ihren, sei es, weil die Gerüchte nicht zu ihr drangen oder weil sie zu stolz und furchtlos war, um ihnen zu weichen: Tadzio blieb; und jenem, in seiner *Umfangenheit*, war es zuweilen, als könne Flucht und Tod alles *störende* Leben in der Runde entfernen und er allein mit dem Schönen auf dieser Insel zurückbleiben, – ja, wenn vormittags am Meere sein Blick *schwer, unverantwortlich*, unverwandt auf dem *Begehrten* ruhte, wenn er bei sinkendem Tage durch Gassen, in denen verheimlichterweise das *ekle* Sterben umging, ihm *unwürdig* nachfolgte, so schien das Ungeheuerliche ihm *aussichtsreich* und hinfällig das Sittengesetz.«

Rekonstruktion (vgl. Tabelle 2):

(1) Die beiden Hauptstimmungen Achenbachs, die rauschhafte *Betörtheit* durch den schönen Knaben Tadzio und die von Grauen durchsetzte *Faszination* des geheimgehaltenen Übels in der Stadt ergänzen sich, ja vermischen sich miteinander.
(2) Das physische Übel der Seuche und das moralische Übel der wachsenden Entsittlichung werden in engen Zusammenhang gebracht.
(3) Die fiebrige *Erregung* Achenbachs deutet die Krise an: das Geheimnis ist gelüftet, die Unsicherheit beseitigt, er muss sich nun entscheiden. Er *triumphiert* über die Verleugner, aber *Ekel und Grauen* vor der Seuche nehmen von ihm Besitz. Mit der Chiffre der *Einsamkeit* meldet sich zugleich das Begehren, denn die Einsamkeit meint auch die Getrenntheit vom Begehrten.
(4) Dass der Gedanke, die Mutter Tadzios vor der Seuche zu warnen, als *reinigend* bezeichnet wird, bezieht sich auf dieses Begehren, das zugleich mit der ekelerregenden Krankheit assoziiert wird. Ebenso doppeldeutig ist dementsprechend der *Sumpf*, dem zu entfliehen die moralisch zu erwartende, anständige Handlung verspricht. Achenbach erlebt die erotische Anziehung als *Hohn* auf seine Würde, seine Vernunft, das Bewusstsein seiner Grenzen, seine bürgerliche Identität. Dem Knaben die Hand aufs Haupt zu legen wäre, als

Tabelle 2

	1	2	3	4	5	6	7
Wahrnehmung, Irritation	Beobachtung Tadzios; Anzeichen der Seuche	Wahrnehmung zunehmender Schamlosigkeit					Abreise der Gäste, Panik, Tod
emotionale Disposition	Betörtheit		fiebrige Erregung		Selbstentzweiung		
emotionales Gedächtnis			Einsamkeit				
nicht-moralische Gefühle	Beunruhigung		Triumph des Wissens, Ekel, Grauen	Selbstreinigung, unschuldige Nähe zu Tadzio.			Ekel vor dem Sterben anderer
unmoralische Gefühle	Faszination des geheimen Übels		Begehren		Abscheu und Ekel gegenüber Normativität	Mitwisserschaft; Hoffnung auf Erfüllung des Begehrens	Schamlosigkeit, unverantwortlicher Blick, Todeswünsche gegen andere, Hoffnung auf Erfüllung des Begehrens
moralische Gefühle				Norm der Hilfeleistung; Selbsterniedrigung durchs Begehren; Triumph über das Böse			eigene Würdelosigkeit, Verantwortlichkeit
Vernunft	Deutung der Anzeichen der Seuche					Abschätzung der chaotischen Folgen der Seuche	
Handlung	Befragung des Ausländers				Selbstaufforderung zum Schweigen	Schweigen, Bleiben	Beobachten, Nachschleichen

Geste der Segnung, die bis zur Unkenntlichkeit sublimierte Berührung des Begehrten.
(5) *Abscheu* und *Ekel* nehmen wiederum von ihm Besitz, nun aber nicht vor dem physischen oder moralischen Übel, sondern, im Gegensatz dazu, vor dem Anstand und der vernünftigen Identität mit sich selbst. (6) Damit wird aus dem triumphierenden Wissen die *moralisch anrüchige Mitwisserschaft*. Der moralische Gedanke verspräche ein gewisses Glücksgefühl, das sich aber mit dem *erhofften* Glück auf sinnlichen Besitz des Begehr-ten nicht messen kann. Dabei wird die Angst vor der Seuche durch die *Hoffnung* auf die chaotischen Folgen der Seuche beiseite gedrängt, versprechen diese doch äußere Vorteile bei der Hoffnung auf Erfüllung des Begehrens.
(7) Mit den abreisenden Gästen verschwindet auch ein Stück Sozialkontrolle zur Sicherung moralischer Konformität. Wo alles Leben *stört*, gleicht die *erhoffte* Vereinigung dem Tod. Dagegen sträubt sich, zunehmend vergeblich, ein Rest vernünftiger Identität, die vor der Seuche *Ekel* empfindet, das Verschweigen der Seuche *unverantwortlich* und das Begehren selbst unwürdig nennt.

Beispiel 3 aus: Theodor Fontane, Effi Briest (S. 266-276)

(1) Baron Instetten entdeckt Briefe seiner Frau Effi, die auf eine mehr als sechs Jahre zurück liegende Affäre zwischen dieser und Major Crampas hindeuten. Er beschließt, den Major zum Duell zu fordern, und bittet Geheimrat Wüllersdorf, ihm dabei zu sekundieren. Er erklärt Wüllersdorf die Situation:
»[Wüllersdorf:] ›[...] Fühlen Sie sich so verletzt, beleidigt, empört, daß einer weg muß, er oder Sie? Steht es so?‹

[Instetten:] ›Ich weiß es nicht.‹

›Sie müssen es wissen.‹

(2) Instetten war aufgesprungen, trat ans Fenster und tippte voll nervöser Erregung an die Scheiben. Dann wandte er sich rasch wieder, ging auf Wüllersdorf zu und sagte: ›Nein, so steht es nicht.‹

›Wie steht es dann?‹

›Es steht so, daß ich unendlich *unglücklich* bin. Ich bin *gekränkt, schändlich hintergangen*, aber trotzdem, ich bin *ohne jedes Gefühl von Haß oder gar von Durst nach Rache*. Und wenn ich mich frage, warum nicht? so kann ich zunächst nichts anderes finden als all die Jahre. Man spricht immer von unsühnbarer Schuld; vor Gott ist es gewiß falsch, aber vor den Menschen auch. Ich hätte nie geglaubt, daß die Zeit, rein als Zeit, so wirken könne. Und dann als zweites: ich *liebe* meine Frau, ja, seltsam zu sagen, ich liebe sie noch, und so *furchtbar* ich alles finde, was geschehen, ich bin so sehr im Bann ihrer Liebenswürdigkeit, eines ihr eigenen heiteren Charmes, daß ich mich, *mir selbst zum Trotz, in meinem letzten Herzenswinkel zum Verzeihen geneigt* fühle.‹

›[...] ja, wenn es so liegt, Instetten, so frage ich, wozu die ganze Geschichte?‹

(3) ›Weil es trotzdem sein muß. Ich habe mir's hin und her überlegt. Man ist nicht bloß ein einzelner Mensch, man gehört einem Ganzen an, und auf das Ganze haben wir beständig *Rücksicht* zu nehmen, wir sind durchaus *abhängig* von ihm. Ging' es, in Einsamkeit zu leben, so könnt' ich es gehen lassen; ich trüge dann die mir aufgepackte Last, das rechte Glück wäre hin, aber es müssen so viele leben ohne dieses ›rechte Glück‹, und ich würde es auch müssen und – auch können. [...] Aber im Zusammenleben mit den Menschen hat sich ein Etwas ausgebildet, das nun mal da ist und nach dessen Paragraphen wir uns gewöhnt haben, alles zu beurteilen, die anderen und uns selbst, und dagegen zu verstoßen, geht nicht; die Gesellschaft *verachtet* uns, und zuletzt tun wir es selbst und können es nicht aushalten und jagen uns die Kugel durch den Kopf. [...] jenes, wenn Sie so wollen, uns tyrannisierende Gesellschafts-Etwas, das fragt nicht nach Charme und nicht nach Liebe und nicht nach Verjährung. Ich habe keine Wahl. Ich muß.‹

›Ich weiß doch nicht, Instetten ...‹

(4) Instetten lächelte. ›Sie sollen selbst entscheiden, Wüllersdorf. Es ist jetzt zehn Uhr. Vor sechs Stunden, diese Konzession will ich Ihnen vorweg machen, hatt' ich das Spiel noch in der Hand, konnt' ich noch das eine und noch das andere, da war noch ein Ausweg. Jetzt nicht mehr, jetzt stecke ich in einer Sackgasse. Wenn Sie wollen, so *bin ich selber daran schuld*; ich hätte mich besser beherrschen und bewachen, alles in mir verbergen, alles im eigenen Herzen auskämpfen sollen. Aber *es kam mir* zu plötzlich, zu stark, und so kann ich mir kaum einen Vorwurf machen, meine Nerven nicht geschickter in Ordnung gehalten zu haben. Ich ging zu Ihnen und schrieb Ihnen einen Zettel, und damit war das Spiel aus meiner Hand. Von dem Augenblick an hatte mein Unglück und, was schwerer wiegt, der Fleck auf meiner Ehre einen halben Mitwisser, und nach den ersten Worten, die wir hier gewechselt, hat es einen ganzen. Und weil dieser Mitwisser da ist, kann ich nicht mehr zurück.‹«

Am übernächsten Tag findet das Duell statt, bei dem Instetten Major Crampas erschießt. Auf der Rückreise vom Ort des Duells überdenkt er das Vorgefallene nochmals:

»(5) [...] es waren dieselben Gedanken wie zwei Tage zuvor, nur daß sie jetzt den umgekehrten Gang gingen und mit der Überzeugtheit von seinem Recht und seiner Pflicht anfingen, um mit Zweifeln daran aufzuhören. ›Schuld, wenn sie überhaupt was ist, ist nicht an Ort und Stunde gebunden und kann nicht hinfällig werden von heute auf morgen. Schuld verlangt Sühne; das hat einen Sinn. Aber Verjährung ist etwas Halbes, etwas *Schwächliches*, zum mindesten was Prosaisches.‹ Und er *richtete sich an dieser Vorstellung* auf und wiederholte sich's, daß es gekommen sei, wie's habe kommen müssen. (6) Aber im selben Augenblicke, wo dies für ihn feststand, warf er's auch wieder um. ›Es muß eine Verjährung geben, Verjährung ist das einzig Vernünftige; ob es nebenher auch noch prosaisch ist, ist gleichgültig; das Vernünftige ist meist prosaisch. [...] Wenn ich mir seinen [Crampas‹] letzten Blick vergegenwärtige, resigniert und in seinem Elend doch noch ein Lächeln, so hieß der Blick: ›Instetten, Prinzipienreiterei ... Sie konnten es mir ersparen und sich selber auch.‹ Und er hatte vielleicht recht. Mir *klingt so was in der Seele*. Ja wenn ich voll *tödlichem Haß* gewesen wäre, wenn mir hier ein tiefes *Rachegefühl* gesessen hätte ... Rache ist nichts Schönes, aber was Menschliches und hat ein natürlich menschliches Recht. So aber war alles einer Vorstellung, einem Begriff zuliebe, war eine gemachte Geschichte, halbe Komödie. Und diese Komödie muß ich nun fortsetzen und muß Effi wegschicken und sie *ruinieren* und mich mit ... (7) Ich mußte die Briefe verbrennen und die Welt durfte nie davon erfahren. Und wenn sie dann kam, ahnungslos, so mußt ich ihr sagen: ›Da ist dein Platz‹, und mußte mich *innerlich von ihr scheiden*. Nicht vor der Welt. Es gibt so viele Leben, die keine sind, und so viele Ehen, die keine sind ..., dann *war das Glück dahin*, aber ich hätte das Auge mit seinem Frageblicke und mit seiner stummen leisen *Anklage* nicht vor mir.‹«

Rekonstruktion (vgl. Tabelle 3):

(1) Die Entdeckung der Briefe löst bei Instetten den Entschluss zum Duell nahezu automatisch aus, scheinbar ohne Vermittlung durch Gefühle und Überlegungen. Jedenfalls verneint Instetten, dass seine Forderung zum Duell

Tabelle 3

	1	2	3	4	5	6	7
Wahrnehmung, Irritation	Entdeckung der Briefe				Crampas' Blick		
emotionale Disposition		nervöse Erregung					
emotionales Gedächtnis		Liebe zu Effi				Crampas' Blick als Frage und Anklage	
nicht-moralische Gefühle		Unglück; Liebe zu Effi				Selbstzweifel	Selbstentzweiung, Wunsch nach äußerer Ordnung
unmoralische Gefühle							
moralische Gefühle	Normbewusstsein über Duell	Kränkung; Neigung zum Verzeihen	soziale Rücksicht, Angst vor Verachtung und Selbst-verachtung	Befleckte Ehre, soziale Verpflichtung zur Sühne	Verachtung für Schwäche, Befriedigung über Befolgung der Standesmoral	moralischer Zwang zur Verstoßung von Effi	Selbstanklage
Vernunft		Verjährung	Abhängigkeit von der Gesellschaft	Retrospektion einer alternativen Handlungsmöglichkeit		Verjährungsprinzip, Hohlheit der Standesmoral; Antizipation der Folgen	Retrospektion der alternativen Handlungsmöglichkeit
Handlung	Bitte an Wüllersdorf			Duell		Unterlassen des als vernünftig Erkannten	

aus Tötungsabsichten auf Grund moralischer Gefühle der Verletzung, Beleidigung und Empörung resultiere.
(2) Die Nötigung zur genaueren Bestimmung seiner *unglücklichen* Gefühlslage versetzt Instetten in große *Anspannung*, die sich in körperlicher Motorik löst. Er erklärt die Abwesenheit des normalerweise zu erwartenden Rachegefühls einerseits durch den zeitlichen Abstand zum Vorgefallenen, andererseits durch seine andauernde *Liebe* zu Effi, die sich in der *Neigung zum Verzeihen* äußert.
(3) *Abhängigkeit* von und *Rücksicht* auf moralische Werte und Normen, die Instetten »das uns tyrannisierende Gesellschafts-Etwas« nennt, sind diejeni-gen dominierenden Gefühlseinstellungen, die über die leiseren Stimmen von Verjährung, *Liebe* und *Verzeihung* dominieren. Diese Moral wird von Instetten als vollkommen ichfremd und zugleich als absolut zwingend erlebt. Ihre Sanktionsmittel sind *Verachtung* durch andere und *Selbstverachtung*.
(4) Die von Instetten beschriebene Moral ist wesentlich eine Funktion der sozialen Kommunikation, und nur in Abhängigkeit davon eine des Selbstverhältnisses. Der »*Fleck auf der Ehre*« muss zwingend erst dadurch gesühnt werden, dass er anderen – schon ein einziger Mitwisser genügt – bekannt ist. (5) Die Richtungsumkehr in der Reihe von Gedanken und Empfindungen zeigt, dass es sich bei der anfänglichen Konstellation nicht um eine klare Hierarchie der Wertungen handelte (zwar persönliche Liebe und Verzeihung, aber darüber dominierend das überpersönliche Gesetz), sondern um eine nicht ausgetragene *Ambivalenz*. Der Gedanke an Verjährung und *Verzeihung* wird jetzt mit *verachtenswerter Schwäche* gleichgesetzt, während der an das Standesgesetz als *Stärkung* wirkt, den insgeheim schon als *schwach* Erscheinenden »aufrichtet«.
(6) Die gegenläufige Überlegungs- und Gefühlsreihe führt nun zu einer Umwertung der »Schwäche« zum einzig *vernünftigen* Verhalten und des Standesgesetzes zur *lächerlichen* Befolgung eines gehaltlosen »Begriffs«. Diese Umwertung wird ausgelöst durch den *Blick* des sterbenden Crampas, also durch die Vergegenwärtigung der tödlichen Folgen des zuvor als vernünftig gerechtfertigten moralischen Zwangs. Diese Einsicht führt freilich nicht zu einer Änderung des als Verhaltensschema festgelegten Handlungsablaufs. Die Hohlheit der Standesehre ändert nichts an ihrer Macht, Instetten zu denjenigen Handlungen zu *zwingen*, die seine Frau und ihn selbst »*ruinieren*« werden.
(7) Noch einmal hält Instetten sich diejenige Handlungsalternative als eigentlich *wünschenswert* vor Augen, die mit dem ersten Wort an Wüllersdorf verbaut schien, die mit einer *inauthentischen* Eheführung erkauften Freiheit von der Last des *Schuldgefühls* und der Inauthentizität gehaltloser »Prinzipienreiterei«.

Beispiel 4 aus: Jean-Jacques Rousseau, Bekenntnisse (S. 102-110)

Vorbemerkung: Im Unterschied zu den vorangegangenen Textbeispielen ist Rousseaus Darstellungsform nicht linear-chronologisch. Nach einer ersten Beschreibung des Ablaufs (im Textbeispiel gekennzeichnet durch die Phasen 1–4) erfolgt eine zweite, die teils latente Motive der bereits beschriebenen Szenen nachträgt, teils weitere spätere Überlegungen dazu ins Spiel bringt (im Textbeispiel durch die Nummern 2* bis 4* gekennzeichnet und im graphischen Schema innerhalb der jeweiligen Spalte durch * markiert). Das jugendliche Subjekt der geschilderten Erlebnisse und Handlungen wird hier »Jean-Jacques« genannt, die späteren Empfindungen des erwachsenen Subjekts, das die *Bekenntnisse* verfasst, sind die »Rousseaus«.

(1) Jean-Jacques (dessen Mutter bei seiner Geburt gestorben war) tritt als Jüngling in den Dienst der kinderlosen, verwitweten, an Brustkrebs leidenden Gräfin von Vercillis. Seine Aufgabe besteht vor allem darin, nach ihrem Diktat Briefe zu schreiben. Er schildert sie als geistvoll, vernunftgeleitet, charakterstark bis zur Schroffheit.

»Es kam mir stets so vor, als habe sie ebenso *wenig Gefühl* für andere wie für sich, und wenn sie *Unglücklichen Gutes* erwies, so geschah es eher, um das Gute an sich zu tun, als aus wirklicher *Barmherzigkeit*. Auch ich bekam während der drei Monate, die ich bei ihr verbrachte etwas von dieser *Gefühllosigkeit* zu spüren. [...] Frau von Vercellis hat niemals ein Wort zu mir gesprochen, das *Teilnahme*, *Mitleid* oder *Wohlwollen* verriet. Sie fragte mich kalt, und ich antwortete zurückhaltend.«

Nach ihrem Tod zeigt sich, dass sie ihm, anders als anderen, dienstälteren Lakaien, nichts vermacht hat. Dennoch erhält er vom Haupterben, dem Neffen der Gräfin, dem Grafen della Rocca, einen geringeren Betrag ausbezahlt.

(2) Während der Auflösung des Haushalts eignet sich Jean-Jacques ein »schmales, schon altes, rosen- und silberfarbenes Band« an. [...] ich stahl es, und da ich es *nicht allzu ängstlich verbarg*, entdeckte man es bald bei mir. Man wollte wissen, woher ich es genommen? Ich *verwirrte* mich, *stotterte*, und schließlich brachte ich *errötend* heraus, Marion [die junge Köchin] habe es mir geschenkt. [...]

(3) Man rief sie herbei, und die Versammlung war zahlreich, sogar der Graf della Rocca nahm daran teil. Sie kam und man zeigte ihr das Band, ich beschuldigte sie *frech*, sie wurde *bestürzt*, schwieg und warf mir einen Blick zu, der den Teufel hätte entwaffnen müssen, dem mein *wildes Herz* jedoch widerstand. Sie leugnete endlich mit *Festigkeit*, aber ohne Leidenschaft, wen-

dete sich an mich, ermahnte mich, in mich zu gehen und nicht ein unschuldiges Mädchen zu *entehren*, welches mir niemals etwas *Böses* zugefügt hätte, und ich, ich wiederholte mit *höllischer Schamlosigkeit* meine Beschuldigung und behauptete ihr ins Gesicht, daß sie mir das Band gegeben habe. Das *arme* Mädchen *brach in Tränen aus* und sprach nur diese Worte zu mir: ›Ach, Rousseau, ich habe dich für einen *guten* Menschen gehalten. Du machst mich recht *unglücklich*, aber dennoch möchte ich jetzt nicht an deiner Stelle sein.‹«

Da die Wahrheit nicht zutage gebracht werden kann, entlässt der Graf kurzerhand beide aus den Diensten des Hauses mit der Bemerkung,

»das Gewissen des *Schuldigen* würde den Unschuldigen schon ausreichend *rächen.* (4) Seine Prophezeiung ging nicht zuschanden, sondern sie erfüllt sich noch täglich!

Ich weiß nicht, was aus dem Opfer meiner *Schändlichkeit* geworden ist, aller Wahrscheinlichkeit nach war es ihr durch diesen Vorfall nicht leicht gemacht, eine andere gute Stellung zu finden. Es haftete eine in jeder Beziehung ihre *Ehre* aufs *grausamste* verdächtigende Beschuldigung an ihr. Wenn der Diebstahl auch nur eine Kleinigkeit betraf, so blieb es doch immer ein Diebstahl, und was schlimmer war, er war begangen worden, um einen jungen Menschen zu verführen, und die *Verlogenheit* und *Verstocktheit* gar, die sie bei so vielen *Lastern* noch bewiesen hatte, ließen nichts Gutes mehr von ihr erwarten. Ich betrachtete das *Elend* und die *Verlassenheit* nicht einmal als die größte Fährnis, in die ich sie gebracht hatte. Wer weiß, wohin die *Verzweiflung* über ihre *verdächtigte Unschuld* sie in ihren Jahren hat führen können! Wenn die Reue, sie *unglücklich* gemacht zu haben, schon *unerträglich* ist, so begreife man, was ich bei dem Gedanken leide, sie vielleicht noch *schlechter* gemacht zu haben, als ich selber war.

Diese *grausame* Erinnerung quält mich bisweilen und bringt solches *Entsetzen* über mich, daß ich in schlaflosen Nächten das arme Mädchen an mich herantreten und mir mein *Verbrechen* vorhalten sehe, als ob es erst gestern geschehen sei. Solange ich ruhig lebe, ist die *Qual* geringer, wird mein Leben aber stürmisch, so raubt sie mir den *süßesten Trost* aller *unschuldig Verfolgten* und läßt mich empfinden, [...], daß [...] die *Reue* vom *Glück* eingelullt, vom *Unglück* aber angestachelt wird. [...] (2*) Niemals war alle *Bosheit* so ferne von mir, wie in jenem grausamen Augenblick, da ich das *unglückliche* Mädchen *beschuldigte*, und, so sonderbar es klingen mag, in Wahrheit war meine *Freundschaft* zu ihr daran schuld. Sie war in meinen Gedanken lebendiger, als irgend etwas anderes, und so schob ich denn meine Schuld auf den ersten Gegenstand, der mir einfiel. Ich beschuldigte sie, das getan zu haben, was ich tun wollte, nämlich mir das Band geschenkt zu haben, da es meine Absicht gewesen war, es ihr zu schenken. (3*) Als sie dann herbeigerufen wurde, zerriß mir ihr Anblick das *Herz*, aber die Gegenwart so vieler Menschen war *stärker* als meine *Reue*. Die *Strafe* fürchtete ich wenig, ich fürchtete nur die *Schande*, diese aber mehr als den Tod, mehr als das *Verbrechen*, mehr als alles auf der Welt. Ich hätte mich vergraben, mitten in die Erde hinabsinken mögen; die unbesiegliche *Scham* war stärker als alles, die *Scham* allein verlieh mir *Schamlosigkeit*, und je *verbrecherischer* ich handelte, desto beharrlicher machte mich die *Angst*, es einzugestehen; mich erfüllte nur das *Entsetzen*, erkannt und öffentlich als Dieb, Lügner und Verleumder gekennzeichnet zu werden; vollkommene *Verwirrung* raubte mir die Möglichkeit zu jedem anderen Gefühl. Hätte man mich *zu mir kommen* lassen, würde ich unweigerlich alles gestanden haben. Hätte mich Herr della Rocca beiseite genommen und zu mir gesagt: richte dieses *arme* Mädchen nicht zugrunde, sondern gestehe es mir, wenn du *schuldig* bist, so würde ich mich ihm augenblicklich *zu Füßen geworfen* haben, des bin ich sicher. Aber anstatt mir *Mut* zu machen, *schüchterte* man mich nur ein. [...] (4*) Für mich entsprang das *Gute* daraus, mich für mein ganzes übriges Leben von jeder das Verbrechen streifenden Handlung zu bewahren, so stark blieb die Erinnerung an den *furchtbaren* Eindruck, den mir die einzige gemacht hat, die ich je begangen, und ich glaube zu fühlen, daß meine *Abneigung* gegen jede Lüge zum großen Teil der *Reue* entspringt, einmal eine so schwarze gesprochen zu haben. Und wenn sie ein *Verbrechen* war, das überhaupt gesühnt werden kann, wie ich zu hoffen wage, so ist es gesühnt worden durch all das *Unglück*, welches auf dem Ende meines Lebens lastet, und durch vierzig Jahre der *Redlichkeit* und *Ehrenhaftigkeit* unter den allerschwierigsten Umständen.«

Rekonstruktion (vgl. Tabelle 4):

(1) Die Erwartung Jean-Jacques‹, die Gräfin von Vercillis würde ihm gegenüber mütterliche Gefühle entwickeln, wird *enttäuscht*. Die Gräfin handelt auf gefühllose Weise moralisch korrekt. Die vom Grafen della Rocca ausbezahlte

Tabelle 4

	1	2	3	4
Wahrnehmung, Irritation		das zur Aneignung reizende Band	öffentliche Konfrontation mit Marion; beider Entlassung	eigene Lebensnot
emotionale Disposition		Unbedachtheit	Verwirrung	Reue
emotionales Gedächtnis	Enttäuschungen durch Gräfin und Graf			* Neigung zu Wahrhaftigkeit, Redlichkeit
nicht-moralische Gefühle		* Hoffnung, Marion für sich einzunehmen	* soziale Scham, Angst vor Schande, Eingeschüchtertsein	
unmoralische Gefühle		* Schuldprojektion	trotzige Schamlosigkeit, Bosheit, Aggressivität	
moralische Gefühle		Scham bei Entdeckung	* Mitgefühl mit Marion	langandauernde Scham und Reue; eigenes Unglück als Verstärkung der Reue; * eigenes Unglück als Sühne
Vernunft			* Erwägung von Handlungsalternativen	Erwägung möglicher Folgen der Verleumdung für Marion
Handlung		Diebstahl; Stottern, Erröten, Beschuldigung Marions	Leugnung eigener Schuld, Verleumdung Marions	* ehrenhafte Lebensweise

Summe ist zu gering, um Jean-Jacques für diese Enttäuschung zu entschädigen. Daraus resultiert offenbar einer der beiden wichtigsten Motivationsaspekte des folgenden Diebstahls.

(2) Jean-Jacques bewahrt das Band ohne *besondere Angst vor Entdeckung* und damit unklug auf. Die Entdeckung ist mit den körperlichen Ausdrücken der *Scham* verbunden.

(3) In der Situation der Konfrontation sind Marions Gefühle die der *Bestürzung*, des *Unglücks* und der *Verzweiflung*, der Enttäuschung über das unmoralische Verhalten Jean-Jacques'. Dessen eigener emotionaler Zustand ist der einer *schamlosen Aggression*, die der Selbstentlastung dienen soll. Der Graf, der die Wahrheit über die Schuld nicht ergründen kann, entlastet sich auf Kosten der Unschuldigen mit einem Appell an das *Schuldgefühl* des objektiv Schuldigen.

(4) Die lang andauernde emotionale Nachwirkung der Verleumdung Marions sind bei Rousseau *Scham* und *Reue*. Da er von Marions tatsächlichen späteren Lebensweg keine Kenntnis hat, erwägt er immer wieder die verschiedenen katastrophalen Möglichkeiten von Folgen, die alle mit der Bewertung von Marions scheinbaren Motiven durch andere zu tun haben. Marion scheint in der Sicht der anderen *ehrlos, verlogen, verstockt, verführend* gehandelt zu haben, und aus dieser falschen Zuschreibung könnte unter der Not der Verhältnisse sogar ein tatsächlich ehrloses Verhalten geworden sein. Rousseaus Reuegefühle werden durch eigenes *aktuelles Unglück* wachgehalten und potenziert.

(2*) Als zweites, tieferes emotionales Motiv des verleumderischen Handelns (und auch schon des Diebstahls) wird nun *Freundschaft* genannt, das heißt die heimliche Absicht Jean-Jacques‹, Marion durch das Geschenk des Bandes *für sich einzunehmen*. Als dies unmöglich gemacht wird, reagiert er mit einer *Schuldprojektion*.

(3*) Die Gegenwart Marions lässt bei Jean-Jacques *Mitgefühl* mit ihr und *Schuldgefühl* entstehen. Der soziale Druck erzeugt aber ein Maß an *Scham* und *Angst vor öffentlicher Schande*, das zu einer emotionalen *Verwirrung* führt und alles Mitgefühl zunichte macht. Rousseau erwägt eine Handlungsalternative seitens des Grafen, durch die der Unterschied zwischen *sozialer* und *moralischer Scham* deutlich wird: Das unmoralische Verhalten resultierte aus sozialer *Einschüchterung*, das moralische hätte der Ermutigung bzw. des *Mutes* bedurft.

(4*) Die längerfristige Wirkung der verleumderischen Lüge ist, so Rousseau, seine lebenslange Neigung zu *Wahrhaftigkeit, Redlichkeit* und *Ehrenhaftigkeit*. Das *Unglück* seines späteren Lebens verstärkt nicht nur – wie in (4) beschrieben – die Reue, sondern fungiert nun als *Sühne* für das Verbrechen.

Übergreifender Kommentar zu den Rekonstruktionen

Die unterschiedlichen Rekonstruktionen moralischer Entscheidungssituationen bestätigen die theoretischen Überlegungen, dass Emotionen nicht, wie im kognitivistischen Modell, eine Art Transmissionsriemen der Umsetzung von Urteilen in Handlungen darstellen, sondern eine integrale Dimension moralischer Erfahrungen sind, von Prozessen, in denen sich Denken, Fühlen und Handeln wechselseitig beeinflussen.

Die szenischen Aufgliederungen zeigen unterschiedliche Entscheidungsabläufe, in denen moralische *Urteile* im engeren Sinn kaum eine Rolle spielen. Die Vernunft beschränkt sich vielmehr zumeist auf die Beurteilung der Situation und die Abschätzung möglicher Handlungsfolgen. Die Handlung selbst ist kein Ziel- und Endpunkt der Gefühle und Argumente, vielmehr eine Dimension des Ablaufs im ganzen. In allen Fällen lässt sie sich selbst wiederum in verschiedene Phasen aufteilen. Nicht anders verhält es sich mit den anderen Dimensionen, der Vernunft und der Gefühle. Daraus ergibt sich eine eigentümliche Pendelstruktur der Entscheidungsfindung: Diese bewegt sich mehrfach zwischen den Dimensionen hin und her. Ausgangspunkt ist immer eine irritierende Wahrnehmung, die mit starken Affekten verbunden ist und deshalb handlungsauffordernd wirkt. Diese Affekte werden vernünftig reflektiert und entsprechend verstärkt oder gedämpft. Sofern sie unmittelbar in Handlungen übergehen, wirken diese gleichsam als Test, auf Grund dessen die Emotionen erneut die Situation evaluieren. Dann beginnt der Zyklus aufs neue. Im Fall des Baron Instetten in *Effie Briest* wird diese Pendelstruktur dadurch besonders deutlich, dass sie vor und nach der in Frage stehenden Handlung (dem Duell) spiegelbildlich zweimal durchlaufen wird. – Schematisch ließe sich diese Struktur etwa nach dem folgenden Muster veranschaulichen:

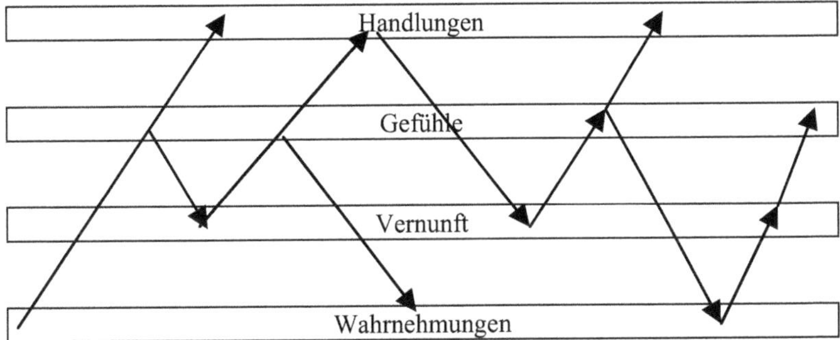

Die Maßstäbe der emotionalen Bewertungen in jeder einzelnen Phase sind aber keineswegs einheitlich, so dass das fühlende Subjekt mit sich gewöhnlich im Widerstreit liegt. Nicht-moralische und unmoralische Gefühle haben dabei keineswegs notwendig nur die Funktion der Ablenkung oder Verstellung moralischer Handlungsziele (die im Fall Achenbachs im *Tod in Venedig* zu einer ausdrücklich nicht-moralischen Entscheidung führen), sondern auch die eines Katalysators der Moral. Am deutlichsten ist dies im Fall Rousseaus, der gerade erst über die Erfahrung der unmoralischen Handlung zu einer konsistenten moralischen Haltung findet. In abgeschwächter Form zeigt dies auch der Schuster Semjon in *Wovon lebt der Mensch?*, an dessen nicht- und unmoralischen Gefühlen sich erst seine Gewissensentscheidung entzündet.

Die Frage, ob das Bewusstsein moralischer Regeln zu moralischen Gefühlen und damit zu Handlungen führt, oder ob umgekehrt moralische Gefühle die Basis moralischer Urteile sind und Handlungen sind, ist offenbar – so zeigen die Rekonstruktionen – in dieser Allgemeinheit unbeantwortbar beziehungsweise falsch gestellt. Vielmehr sind beides unterschiedliche Dimensionen des Reifens von Entscheidungen, in denen jeweils ganz unterschiedliche Positionen eingenommen werden können. So geht der Baron Instetten von einem festen moralischen Urteil aus, das für ihn auch bis zum Ende handlungsbestimmend bleibt, allerdings um den Preis einer emotionalen Zerrissenheit, die sich bei den Lesern der *Effie Briest* zur Kritik *dieser* Herrschaftsmoral im Namen einer humaneren Moral verdichten dürften. Und Rousseaus *Bekenntnisse* thematisieren eine dem manifesten Verhalten kontrastierende emotionale Tiefenschicht, in der sowohl für das unmittelbare Handeln als auch für die langfristige Haltungsänderung die Weichen gestellt werden. Dabei wird die Dialektik moralischer und unmoralischer Gefühle und Einstellungen besonders deutlich: Jean-Jacques handelt aus ich-schwacher Gesellschaftsmoral heraus unmoralisch, Rousseau aus unmoralischem Tun heraus moralisch.

5. Zur Frage der Bildung moralischer Gefühle

Die Frage, ob moralische Gefühle zum Gegenstand erzieherischer und bildnerischer Bemühungen gemacht werden können oder sollen, ist in gewisser Weise so alt wie die abendländische Ethik. »Sokrates, kannst du mir sagen«, so beginnt Platons Dialog *Menon*, »ob man Gutsein (areté) lehren kann? Oder kann man es nicht lehren, sondern einüben? Oder kann man weder durch Übung noch durch Lernen gut werden, sondern ist man es von Natur aus oder auf sonst irgendeine Weise?« (Platon, *Menon* 5). Areté umfasst hier beide (auch im Deutschen geläufigen) Bedeutungen von »gut«, bedeutet demnach so etwas wie eine zugleich funktionale und moralische Tauglichkeit, eine soziale Kompetenz, die die Person als ganze durchdringt und ihr Handeln in den verschiedensten Situationen orientiert. Dass sie auch die Bildung der Gefühle umfasst, wird an Platons Pädagogik deutlich, die die harmonische Anordnung der drei von ihm angenommenen Seelenteile, der Vernunft, des Mutes und des Begehrens, zum Ziel hat (vgl. Platon, *Der Staat*, IV. Buch). Freilich ist für Platon nur die Vernunft zur Tugend der Weisheit fähig, insofern nur sie erkennt, was der Seele zuträglich ist. Deshalb hat sie über Mut und Begehren und damit über das Seelenleben insgesamt zu herrschen.

Auch der neuhumanistische Bildungsbegriff, wie er vor zwei Jahrhunderten formuliert wurde, enthält als integralen Bereich die Idee einer Bildung der Gefühle. Dem sogenannten Bildungsbürgertum ging es um einen Begriff der Kultur, der gegenüber den rationalen Erkenntnissen und Nutzenerwägungen des Alltagslebens und der »Zivilisation« deutlich abgehoben sein sollte. Diese Bildungsvorstellung war gegen den Utilitarismus, das Effizienzdenken und die Berufsorientierung der Aufklärung gerichtet. Auf der Zivilisation (Institutionen, Gebräuche, Fertigkeiten) sollte die Kultur (Wissenschaft und Kunst) aufbauen und wiederum auf dieser die Bildung: »Wenn wir aber«, so Humboldt, »in unserer Sprache Bildung sagen, so meinen wir damit etwas zugleich Höheres und mehr Inneres, nämlich die Sinnesart, die sich aus der Erkenntnis und dem Gefühle des gesamten Geistigen und sittlichen Strebens harmonisch auf die Empfindung und den Charakter ergießt.« (Humboldt 1835, S. 401). Rationalität wird hier mit Gefühl vereinigt, und beide werden einem moralischen Harmonieideal unterstellt. Die uns geläufige Entgegensetzung von Vernunft und Gefühl ist also eher Teil einer nutzenorientierten Berufsausbildung als des Bildungsideals, das diese überhöhen sollte.

Dieses Bildungsideal ist schon am Ende des 19. Jahrhunderts in seiner Wirksamkeit zerfallen. Die sich ausdifferenzierenden Systeme von Wirtschaft, Technik und Wissenschaft und Politik haben es mehr und mehr depotenziert und zur bloßen Ideologie herabgesetzt. Angesichts der zunehmend beschleunigten Entwertung persönlicher Erfahrungen in der Gegenwart scheint sich, so Reinhard Hörster (1995, S. 43) »ein Ort kontinuierlicher individueller Identität, die ihren Relevanzbereich in der Bildung hätte, wie vom klassischen deutschen Idealismus postuliert, [...] so kaum noch ausformen« zu können. Angesichts der postmodernen Positivierung des Pluralismus der Lebensentwürfe und Problemwahrnehmungen treten materiale Kennzeichen des Bildungsbegriffs zugunsten von formalen Bestimmungen zurück. Zu diesen formalen Elementen gehören vor allem Kompetenzen des Lernens und der Teilnahme an Diskursen. Bildung wird zur vielseitig einsetzbaren »Schlüsselqualifikation«.

Unter diesen gegenwärtigen Vorzeichen ist es nicht verwunderlich, dass die pädagogische Wiederentdeckung der Gefühle beispielsweise in Gestalt von Daniel Golemans Konzept der »emotionalen Intelligenz« alles andere als frei von rationalen Nutzenerwägungen und Karrierehoffnungen und insofern längst aus dem Ruder des neuhumanistischen Bildungsgedankens gelaufen ist. Schon der an den herkömmlichen rationalen Intelligenzbegriff angelehnte Ausdruck »emotionale Intelligenz« signalisiert die Tendenz, die Gefühle in den Dienst der Erfolgsrationalität zu stellen.[9] Zwar fügt sich die allgemeine pädagogisch-therapeutische Absicht dieses Konzepts scheinbar zwanglos in das seit Platon geläufige Ideal der Herrschaft der Vernunft über die Gefühle ein: »Der Begriff der emotionalen Intelligenz«, so Goleman (1995, S. 33f.), »bezieht sich vor allem auf jene Momente gefühlsmäßigen Handelns, die wir später bereuen, wenn sich die Aufregung gelegt hat; die Frage ist dann, weshalb wir so unvernünftig haben handeln können.« Doch ist der praktische Leitgedanke der emotionalen Intelligenz offensichtlich das optimale Kaufen- und (Sich-)Verkaufen-Können. Konsultiert man ein Bücherverzeichnis unter dem Schlagwort »emotionale Intelligenz«, dann wird man rasch über das

9 Nach Golemans Popularisierungserfolg scheint es nur eine Frage der Zeit gewesen zu sein, bis auch eine »Sexuelle Intelligenz« kreiert wurde; vgl. Conrad/Milburn 2002.

Hauptanwendungsfeld aufgeklärt: *Mehr Erfolg durch Emotionale Intelligenz, Emotionale Intelligenz im Verkauf, 30 Minuten für beruflichen Erfolg mit emotionaler Intelligenz, Verkaufen ist wie Liebe, Karriere mit Gefühl, Winner Teams, Herzschlag der Sieger, Karriere mit Soft Skills, Mehr verkaufen mit emotionaler Intelligenz, Emotionale Intelligenz für Manager* und so weiter, lauten einschlägige Buchtitel. Von Schillers oder Humboldts Idee der Bildung um ihrer selbst willen scheint eine solche Funktionalisierung der Gefühle durch historische und systematische Abgründe getrennt.

Es dürfte nicht allzu schwer fallen, dieses Konstrukt der emotionalen Intelligenz ideologiekritisch zu verorten: Der autoritäre Charakter herkömmlichen Typs ist unter den Produktionsbedingungen der Informationsgesellschaft, in der eine effektivere Ausschöpfung der Ressource Intelligenz erforderlich ist, obsolet geworden. Vor allem aber ist das Wirtschaftsleben durch »immer kürzere und schneller ablaufende Interaktionen am Arbeitsplatz« gekennzeichnet, »die vertrauensvoll, kooperativ und innovativ sein sollten« (Cooper/Sawaf 1997, S. 39), wodurch emotional gesteuerte Entscheidungen immer wichtiger werden. – Auch methodologisch-wissenschaftstheoretisch lässt sich das Konstrukt der emotionalen Intelligenz in Zweifel ziehen (vgl. z. B. Weber und Westmeyer 1999). Jedoch ist testtheoretische Solidität auch nicht das einzige Kriterium für die Leistungsfähigkeit eines solchen Konzepts. Denn die Idee der emotionalen Vernunft ist, wie gesagt, viel älter und theoretisch breiter gefächert als es bei Goleman erscheint.

Gegenüber den fachpsychologischen Zurechtweisungen kann man Goleman zugute halten, dass er wieder und einmal mehr den Finger auf die Wunde gelegt hat, die die Zurichtung einer vereinseitigten instrumentellen Vernunft bei den Menschen geschlagen hat. In der Kälte der entsolidarisierten Konkurrenzgesellschaft regredieren diejenigen, die sich vom Mißerfolg bedroht fühlen, tendenziell auf einen emotionalen Analphabetismus. Vor diesem Hintergrund verweist Goleman zu Recht auf pädagogische Ansätze einer »Schulung der Gefühle«. Auch spart er den in der philosophischen Tradition zentralen Aspekt der Moralität von Gefühlen nicht aus. Aber im Unterschied zur herkömmlichen Ethik und mit Bezug auf psychoanalytische und neurologische Argumente kann er nicht mehr unmittelbar auf die rationalistische Annahme menschlicher Handlungsfreiheit zurückgreifen. Die Schulung der Gefühle zielt hier vor allem darauf ab, den schmalen Bereich innerer Freiheit von ungesteuerter Gefühlsdynamik zu erweitern und zu sichern. Deshalb ist bei Goleman mehr von der Empathie (als notwendiger, aber nicht hinreichender Bedingung von Moralität) und von den ontogenetischen Wurzeln der Empathie die Rede als von Moralität selbst und von moralischen Gefühlen.

Die Einübung der Fremdwahrnehmung emotionaler Zustände und Abläufe, wie sie gerade an literarischen Texten möglich sind, ist ein möglicher, geeigneter Ansatzpunkt für die Entwicklung und Förderung emotionaler Kompetenz. Literarische Texte sind handlungsentlastete Spielfelder, die Fremd- und Selbstwahrnehmungen in realen Situationen und zuletzt auch veränderte Handlungsmuster beeinflussen können. Solche Veränderungen sind freilich, der Einsicht des Aristoteles entsprechend, nur als langfristige zyklische Prozesse möglich, die über Einübung, Gewöhnung und Disposition auch zur Veränderung von Gefühlen und entsprechenden Handlungsmustern führen können. Demgegenüber sind die Beharrungskräfte der tiefer liegenden Verhaltensmuster gravierend. Eine erfolgreiche Bildung der Gefühle muss auf die (sei es genetisch angelegten, sei es frühkindlich erworbenen) Tiefenstrukturen einwirken, die unsere emotionale Bereitschaft zu denken und zu handeln präformieren. Moralisch gerechtfertigt (und von fragwürdiger Manipulation zu unterscheiden) ist eine solche Einwirkung in dem Maße, in dem sie die individuelle Autonomie und Handlungsfreiheit stärkt und erweitert.

Literatur

Aristoteles: Nikomachische Ethik, übersetzt von Franz Dirlmeier. Stuttgart (Reclam), 1983.

Conrad, S., Milburn, M. (2002): SQ. Sexuelle Intelligenz. München (Econ).

Damasio, A.R. (1994): Descartes' Irrtum. Fühlen, Denken und das menschliche Gehirn. München, Leipzig (List), 1995.

Fontane, T. (1895): Effi Briest. Stuttgart (Reclam), 1969.

Freud, S. (1933): Warum Krieg? In: Ders.: Studienausgabe Bd. IX, Frankfurt/M. (Fischer), 1982.

Goleman, D. (1995): Emotionale Intelligenz. München (Deutscher Taschenbuch Verlag),1997.

Gruschka, A. (1996): Wie mißt und wie simuliert man moralische Urteilskaft? Von den Konflikten auf dem Weg zum guten und schlechten Menschen: In: Pädagogische Korrespondenz, Heft 18. Wetzlar (Büchse der Pandora).

Heller, A. (1980): Theorie der Gefühle. Hamburg (VSA).

Hörster, R. (1995): Bildung. In: Krüger, H.H., Helsper, W. (Hg.): Einführung in Grundbegriffe und Grundfragen der Erziehungswissenschaft. Opladen (Leske & Budrich).

Humboldt, W. v. (1835): Über die Verschiedenheit des menschlichen Sprachbaues und ihren Einfluss auf die geistige Entwicklung des Menschengeschlechts. In: Ders.: Werke Bd. III, Darmstadt (Wissenschaftliche Buchgesellschaft),1963.

Kant, I. (1775): Eine Vorlesung über Ethik, hrsg. von Gerd Gerhardt. Frankfurt/M. (Fischer), 1990.

Kohlberg, L. (1995): Die Psychologie der Moralentwicklung. Frankfurt/M. (Suhrkamp).

Mann, Th. (1912): Der Tod in Venedig. Frankfurt/M. (Fischer Bücherei), 1963.

Montada, L. (1993): Moralische Gefühle. In: Nunner–Winkler, G., Edelstein, W. & Noam, G. (Hg.): Moral und Person. Frankfurt/M. (Suhrkamp).

Platon: Menon, übersetzt und hrsg. von Margarita Kranz. Stuttgart (Reclam), 1994.

Platon: Der Staat, übersetzt und hrsg. von Karl Vretska. Stuttgart (Reclam), 1994.

Roth, G. (2001): Fühlen, Denken, Handeln. Wie das Gehirn unser Verhalten steuert. Frankfurt/M. (Suhrkamp).

Rousseau, J.-J. (1782): Bekenntnisse. Berlin (Wiegandt und Grieben), 1907.

Schmid Noerr, G. (1995): Adornos Verhältnis zur Mitleidsethik Schopenhauers. In: Schweppenhäuser, G., Wischke, M. (Hg.): Impuls und Negativität. Ethik und Ästhetik bei Adorno. Hamburg, Berlin (Argument-Sonderband).

Schmid Noerr, G. (1999): Die Entstehung des moralischen Gefühls in der Moderne. In: Grün, K.–J., Jung, M., Lutz–Bachmann, M. & Schmid Noerr, G. (Hg.): Negativität des Weltlaufs. Zum Verhältnis von Ethik und Geschichtsphilosophie. Hildesheim, Zürich, New York (Olms).

Schopenhauer, A. (1841): Über die Grundlage der Moral. In: Ders.: Sämtliche Werke Bd. III. Frankfurt/M. (Suhrkamp), 1986.

Tolstoi, Lev N. (1881): Wodurch die Menschen leben, deutsch von Georg Schwarz. In: Tolstoi: Wieviel Erde braucht der Mensch? Gesammelte Werke Bd. 9, hrsg. von Dedek, G., Berlin (Rütten & Loening), 1986[3].

Weber, H., Westmeyer, H. (1999): Emotionale Intelligenz. Kritische Analyse eines populären Konstrukts. http://www.literaturkritik.de/txt/1999-02-04.html

Gerd E. Schäfer

Die Bedeutung emotionaler und kognitiver Dimensionen bei frühkindlichen Bildungsprozessen

1. Die Bildung der Emotionen ist eine Bildung der emotionalen Wahrnehmung – Emotionen sind kognitiv

Erkennen beginnt mit der Frage nach dem, was wahrgenommen wird. Was nicht wahrgenommen wird, kann auch nicht verarbeitet werden. Deshalb stelle ich eingangs die Frage, mit welchen Sinnen überhaupt wahrgenommen wird.

Am vertrautesten ist uns Erwachsenen erst einmal die Wahrnehmung mit den Fernsinnen. Das Sehen, das Hören und in gewisser Weise auch das Riechen. Fernsinne heißen sie, weil sie auf die Welt außerhalb des Leibes gerichtet sind. Ein zweiter Sinnesbereich bezieht sich auf unseren Körper. Es sind zum einen Wahrnehmungen der Raumlage dieses Körpers und seiner Bewegungen, zum zweiten Wahrnehmungen seiner Befindlichkeiten und schließlich Wahrnehmungen von Gegenständen, die eine Wirkung auf diesen Körper über Berührung, Druck, Temperatur oder Feuchtigkeitsgrade ausüben.

Es mag unüblich sein von emotionaler Wahrnehmung als einem dritten Sinnesbereich zu sprechen. Emotionen aber sind Botschaften über Beziehungen, die ein Subjekt zu sich, zu anderen Menschen und/oder Dingen unterhält. Also können wir die emotionale Wahrnehmung als Wahrnehmung von Beziehungsqualitäten wie Liebe, Hass, Langeweile, Erregung, Melancholie oder dergleichen mehr betrachten. Wahrnehmungen von sozialen Beziehungen gründen zu einem wesentlichen Teil auf emotionaler Wahrnehmung. Wir wissen aber auch, dass jede andere Beziehung, die ein Subjekt eingeht, eine emotionale Bewertung erhält. Im Verlauf des Heranwachsens haben wir jedoch gelernt, von dieser emotionalen Wahrnehmung abzusehen.

Die Sinneserfahrungen durchlaufen nach der Geburt eine epigenetische Entwicklung der Feinanpassung an ihre Umwelt, die sich auf die Architektur des Nervennetzes auswirkt. Dies gilt selbst für unsere Fernsinn- und Körpersinne. Grundsätzlich scheint eine lebenslange Differenzierung der sinnlichen Erfahrungen möglich zu sein, wie z. B. künstlerische, akrobatische oder feinmotorisch-musikalische Entwicklungen belegen. Als Teil der Wahrnehmung betrachtet sind Emotionen kognitiv.

2. Emotionale und kognitive Verarbeitung sind miteinander verzahnt

2.1 Es gibt kein einheitliches System, welches die Emotionen verarbeitet

> »›Emotion‹ ist bloß ein Etikett, eine praktische Sprachregelung, um über Aspekte des Gehirns und seines Geistes zu reden. In vielen psychologischen Lehrbüchern wird der Geist in funktionale Teile untergliedert, zum Beispiel Wahrnehmung, Gedächtnis und Emotion. Das ist sinnvoll, um die Information in größere Forschungsbereiche aufzugliedern, bezieht sich aber nicht auf reale Funktionen. So weist das Gehirn kein System auf, das sich mit Wahrnehmung befasst. Das Wort ›Wahrnehmung‹ bezeichnet ganz allgemein, was sich in einigen abgegrenzten neuralen Systemen abspielt ... Die einzelnen Systeme entwickelten sich, um unterschiedliche Probleme, vor denen ein Tier steht, zu lösen. So werden auch die verschiedenen Klassen von Emotionen von eigenen neuralen Systemen vermittelt, die sich aus je eigenen Gründen entwickelt haben. Um uns einer Gefahr zu erwehren, benutzen wir ein anderes System als etwa bei der Fortpflanzung, und die mit der Aktivierung dieser Systeme entstehenden Gefühle – Angst bzw. sexuelle Lust – haben keinen gemeinsamen Ursprung. So etwas wie ein ›motions‹-Vermögen gibt es nicht... Wenn wir die verschiedenen Phänomene verstehen wollen, für die wir den Ausdruck ›motion‹ benutzen, müssen wir uns auf bestimmte Klassen von Emotionen beschränken« (Ledoux 1998, S. 18f.).

Gemeinhin werden die emotionalen Prozesse in Verarbeitungsstrukturen des Mittelhirns lokalisiert, zusammengefasst als limbisches System. Ledoux legt nun eine umfassende Kritik des limbischen Systems vor und plädiert dafür, dass wir für verschiedene emotionale Funktionen auch verschiedene Verarbeitungsstrukturen annehmen müssen. Fachlich kann ich diesen Widerspruch nicht entscheiden, habe jedoch den Eindruck, dass er eher die feineren Unterscheidungen betrifft, Unterscheidungen, die einerseits gegen die Annahme eines einheitlichen emotionalen Verarbeitungssystems für alle Emotionen sprechen, andererseits interne Unterscheidungen der Verarbeitungsstrukturen nach funktionalen Zusammenhängen betreffen. Das muss die erziehungswissenschaftliche Interpretation nicht unmittelbar berühren, denn an dem grundsätzlichen Zusammenspiel zwischen präfrontal organisierten Entscheidungsprozessen, sensorisch-motorischen Verarbeitungen über corticale und subcorticale Bahnen, emotionalen-sensorischen Schalt- und Verarbeitungskernen im Mittelhirn, die wesentlich auch mit Gedächtnisfunktionen verknüpft sind, sowie integrierenden und vital-steuernden Funktionen des Kleinhirns, ändert sich dadurch nichts. Ich gehe also davon aus, dass wir die emotionalen Funktionen der Verarbeitung in wesentlichen Teilen des sogenannten limbischen Systems belassen können, für einzelne Gefühlsbereiche jedoch unterschiedliche Netzwerke innerhalb dieses Systems und in der Kommunikation mit weiteren Hirnbereichen annehmen müssen. Die Aussage, dass es kein einheitliches emotionales Verarbeitungssystem gibt, kann dann bestehen bleiben.

2.2 Denken und Emotion wirken zusammen

»Es gibt eine Region im menschlichen Gehirn, den ventromedialen, präfrontalen Cortex, dessen Schädigung in denkbar reiner Form sowohl Denken/Entscheidungsfindung als auch Gefühl/Empfinden mindert – vor allem im persönlichen und im sozialen Bereich. Metaphorisch könnte man sagen, dass sich Vernunft und Emotion in den ventromedialen präfrontalen Rindenabschnitten und in der Amygdala ›überschneiden‹« (Damasio 1995, S. 108).

Es gibt aber noch weitere Verarbeitungssysteme, die ebenfalls für ein Zusammenspiel von Denken, Emotionen und Körperempfindungen wesentlich sind, z. B. die somatosensiblen Rindenfelder, sodass man davon ausgehen muss, »dass es offenbar eine Reihe von Systemen im menschlichen Gehirn gibt, die einerseits für den zielorientierten Denkprozess zuständig sind, den wir Schlussfolgern oder Urteilen nennen, und andererseits für die Reaktionsselektion, die wir als Entscheidungsfindung bezeichnen – was vor allem für Ereignisse im persönlichen und sozialen Bereich gilt. Diese Systeme sind auch an Gefühl und Empfinden beteiligt und teilweise mit der Verarbeitung von Körpersignalen befasst« (ebd.).

Während die Emotionen sich relativ stark auf das bewusste Denken auswirken können, ist der umgekehrte Einfluss des Bewusstseins auf die Emotionen schwach. Emotionen können »... das ganze Bewusstsein überfluten.

Der Grund: die Verdrahtung des Gehirns wurde an dem entsprechenden Punkt unserer Evolutionsgeschichte so gestaltet, dass die Verbindungen von den emotionalen Systemen zu den kognitiven Systemen stärker sind als die Verbindungen in umgekehrter Richtung« (Ledoux 1998, S. 22).

2.3 Emotion und Gedächtnis sind eng miteinander verbunden

Zum einen können emotionale Erfahrungen in ähnlicher Weise im Langzeitgedächtnis niedergelegt werden, wie andere Erfahrungen auch. Sie bleiben eingebunden in die szenischen Zusammenhänge, in welchen sie erworben wurden; d. h. sie sind an den biografischen Kontext gebunden. Zu kontextübergreifenden Erfahrungsmustern werden sie, wenn sie in verschiedenen Lebenszusammenhängen wiederholt bestätigt wurden. So kommt es zu verschiedenen Erlebenstypen, die sich im Verlauf des Lebens wiederholen, verstärken, allmählich wieder abschleifen oder durch krisenhafte Ereignisse umstrukturiert werden können.

Zum zweiten scheint die emotionale Verarbeitung direkt mit der Langzeitspeicherung von erworbenen Erfahrungen verbunden zu sein. Ohne eine intensive Verbindung zum »emotionalen Denken« kommen keine langwirkenden Erfahrungen zustande. Die Beteiligung der emotionalen Verarbeitungsstrukturen am Langzeitgedächtnis scheint nachgewiesen. Interessant für den Zusammenhang mit tiefenpsychologischen Forschungsergebnissen erweisen sich die Überlegungen von Winson, der speziell die Funktion des Traumes für die menschliche Verarbeitung untersucht hat. Er kommt dabei zu dem Ergebnis, dass im Schlaf eine off-line Verarbeitung der Erfahrungen des Tages geleistet wird, die vor allem die emotionale Einbettung dieser Ereignisse in den biografischen Kontext leistet. Ohne diese Einarbeitung, die offenbar über einen Zeitraum von etwa drei Jahren geht, festigen sich anscheinend keine Langzeiterinnerungen. »Es wird angenommen, dass die Gedächtnisinhalte während der Dreijahresfrist wiederholt reaktiviert, geübt oder geprobt werden ...« (Winson 1986, S. 257). Dabei spielen Funktionen des limbischen Systems, insbesondere des Hippocampus eine entscheidende Rolle.

Aus der Perspektive neuronaler Verarbeitung sind die unterschiedlichen Funktionen des Denkens, wie Wahrnehmen, Empfinden, Fühlen und Urteilen nicht von einander zu trennen. Sie können nur eine unterschiedliche Gewichtung im Zusammenspiel der raumzeitlichen Muster der neuronalen Netze erfahren.

3. Kognition differenziert Emotionen

In besonderer Weise sind die emotionalen Wahrnehmungen auf eine epigenetische und auf eine lebenslange biografische Differenzierung angewiesen. Wir sind mit primären Emotionen – Furcht, Wut, Trauer, Freude – von Geburt an ausgestattet. Mit diesen Emotionen bewerten Neugeborene von Anfang an alle Ereignisse ihrer noch jungen Lebenserfahrung. Es gibt im Gehirn neuronale Bahnen, die es ermöglichen, dass diese emotionalen Bewertungen unmittelbar – d. h. ohne weitere Kontrolle von Zentren in der Großhirnrinde – in motorisches Handeln umgesetzt werden (vgl. Ledoux 1998, S. 175). In der weiteren Entwicklung werden neuronale Bahnen etabliert und verstärkt, welche die emotionale Bewertung an die Steuerungszentren der Großhirnrinde – speziell in den vorderen Stirnlappen – weiterleiten und so ermöglichen, dass die emotionalen Bewertungen durch Funktionen des Denkens, Entscheidens und Wählens beeinflusst werden, bevor sie in Handeln – also motorische Impulse – umgesetzt werden. Diese kontrollierenden Bahnen arbeiten jedoch langsamer, wenn auch differenzierter. Sie werden erst in der Pubertät endgültig neuronal fixiert. Sie hindern jedoch nicht, dass in lebenswichtigen Situationen die ursprünglichen direkten Bahnen – gleichsam als Notbahnen für schnelles Verhalten – benutzt werden können. Der Preis für solche schnellen emotionalen Notreaktionen ist, dass sie nur globale Standardreaktionen erlauben, die auf Standardsituationen hin programmiert sind, die in der menschlichen Evolution eine wichtige Rolle spielten, wie Kampf-/Fluchtverhalten. Die differenzierten emotionalen Reaktionen sind Reaktionen, die genauer als diese evolutionären Verhaltensstandards auf die psychosozialen Verhaltensweisen in der Umwelt des Individuums abgestimmt sind. Sie werden dadurch verfeinert und mit den Kontrollsystemen der Großhirnrinde verknüpft, dass sie in soziale Beziehungen eingebettet erfahren und als biografische Erfahrungen gespeichert werden. Der Grad der Differenzierung von emotionalen Erfahrungen (wie auch von Sinnes-)Erfahrungen hängt davon ab, welche biografischen Beziehungsformen tatsächlich erlebt und sozial eingebunden werden können.

»Wenn das menschliche Gehirn bei der Geburt seine Entwicklung beginnt, ist es mit Trieben und Instinkten ausgestattet, zu denen nicht nur das physiologische Werkzeug für die Regulierung des Stoffwechsels gehört, sondern auch grundlegende Instrumente zur Bewältigung von sozialer Kognition und sozialem Verhalten. Nach Abschluss der kindlichen Entwicklungsphase verfügt es über zusätzliche Schichten an Überlebensstrategien. Die neurophysiologische Grundlage dieser zusätzlichen Strategien ist mit denen des Instinktrepertoires verflochten, wobei es deren Anwendung nicht nur modifiziert, sondern auch in ihrer Reichweite vergrößert« (Damasio 1995, S. 177).

Durch die kognitiven Erfahrungen aus dem Lebensalltag differenzieren sich Emotionen als Instrument der Wahrnehmung und Bewertung von Beziehungen.

Zusammenfassung der Ergebnisse der Hirnforschung

(1) Emotionen werden im Zentralen Nervensystem von anderen Systemeinheiten verarbeitet als sensorische, motorische oder planende Funktionen.
(2) Für die sensorisch-motorischen Funktionen stehen spezifische Rindenfelder des Cortex zur Bearbeitung bereit.
(3) Planung, Entscheidung, schlussfolgerndes Denken scheinen Funktionen zu sein, die wesentlich im frontalen Stirnlappen angesiedelt sind.
(4) Emotionale Verarbeitungen hingegen gebrauchen Strukturen, die im Mittelhirn angesiedelt sind und üblicherweise als limbisches System zusammengefasst werden. Innerhalb dieses Systems und seiner Verbindungen zu anderen Funktionseinheiten des Zentralen Nervensystems gibt es, je nach emotionalem Bereich, unterschiedliche Netzwerke.
(5) Für die Wirkungsweise der Emotionen stehen zwei Hauptwege zur Verfügung: Eine direkte Verbindung der emotionalen Verarbeitungsstrukturen zu den motorischen Ausführungsstrukturen; sie funktioniert ohne weitere corticale Kontrolle, ist global, undifferenziert, aber schnell und eignet sich für schnelle Entscheidungsfindungen, insbesondere in Notsituationen. Die andere muss über zwischenmenschliche Beziehungen gebildet werden. Sie betrifft die Verbindungen der Strukturen des limbischen Systems zum präfrontalen Cortex. Es sind die Verbindungen, die dann wirken können, wenn man sich Zeit geben kann, über das emotionale Geschehen etwas nachzudenken.
(6) Man muss schließlich davon ausgehen, dass diese biografisch gebildeten individuellen emotionalen Erfahrungsmuster, welche die grundlegenden emotionalen Reaktionen verändern und differenzieren, langzeitlich gespeichert werden. Das Individuum kann daher in einer ähnlichen schnellen und automatisierten Weise über sie verfügen, wie über die durch die Evolution gegebenen basalen emotionalen Reaktionen. Als erworbene Muster sind sie aller-

dings störbarer und in einem gewissen Grad auch wieder zu verändern (vgl. Leuzinger-Bohleber/Pfeiffer/Röckerath 1998).

4. Emotionales und kognitives Zusammenspiel in den Entwicklungen in der frühen Kindheit

Die bisherigen Überlegungen haben deutlich gemacht, dass Emotion und Kognition in enger Weise zusammenwirken. Problemlösendes Denken setzt ein ausgeglichenes Zusammenwirken dieser beiden Bereiche voraus. Wenn Intelligenz etwas mit problemlösenden Denken zu tun hat, dann beruht Intelligenz auch auf einer solchen Synchronisation des kognitiven Denkens mit den emotionalen Bewertungen. Es scheint mir aus dieser Sicht nicht sinnvoll, von einer emotionalen Intelligenz zu sprechen. Allerdings dürfte intelligentes Verhalten nicht möglich sein, ohne eine biografische Differenzierung und Bildung der emotionalen Verarbeitungsbereiche.

In einem weiteren Abschnitt meiner Überlegungen möchte ich dieses Zusammenwirken in der Zeit der ersten beiden Lebensjahre als Bildung der Emotionen und des Denkens beschreibend nachvollziehen. Dabei wird deutlicher werden, dass Kognition durch Emotion differenziert wird. Ich gehe dabei von vier Bereichen aus, die bei der Organisation dieser Entwicklung eine wichtige Rolle spielen: der Bildung eines sinnlichen, eines szenischen, eines sozialen und eines imaginären Körpers.

4.1 Ordnung und Abgrenzung von Objekten – Die Bildung eines sinnlichen Körpers.

Wahrnehmen und Erkennen

Wir müssen davon ausgehen, dass Neugeborene zwar mit weitgehend funktionierenden Sinnen auf die Welt kommen, in der Vielfalt und Unstrukturiertheit der Sinneseindrücke aber erst die Ordnungen entdecken müssen, die es erlauben, diese Wahrnehmungen zu Objekten und Phänomenen zu sortieren. Mit den Wahrnehmungsmechanismen, welche die Evolution zur Verfügung stellt, verleiht das Kind den Dingen Konturen, welche sie in voneinander abgrenzbare und damit erkennbare Objekte und Subjekte verwandelt. Indem diese Wahrnehmungsmechanismen in einer bestimmten Umwelt eingesetzt werden, passen sie sich in einer epigenetischen Entwicklungsphase den besonderen Bedingungen der gegebenen Umwelt an. Die individuelle Wahrnehmungsarchitektur des Zentralen Nervensystems erfährt dadurch eine weitgehend irreversible Feineinstellung, die mit der jeweils vorhandenen Lebensumwelt korrespondiert (vgl. Singer 1990). Das Kind wird also zuallererst »lernen«, wie man Objekte – und dabei auch sich selbst als Subjekt – in ersten Konturen des Wahrnehmens und Selbstempfindens innerhalb eines bestimmten kulturellen Umfeldes entdeckt.

Gefühlserfahrungen
Zur Orientierung in dieser noch unerschlossenen Wahrnehmungswelt stehen den Neugeborenen Emotionen zur Verfügung. Diese äußern sich, nach Winnicott, noch ungebrochen, unstrukturiert und für den außenstehenden Erwachsenen »erbarmungslos«, was ausdrücken soll, dass der Säugling im Ausdruck seiner Gefühle auf die umgebende Wirklichkeit noch keine Rücksicht nimmt (vgl. Winnicott 1958). Greenspan (2001) und Dornes (2000) sprechen – in jeweils unterschiedlichen Begriffsnuancen – von »primären Affekten«. Damasio (1995) unterscheidet hinsichtlich der Verarbeitung von Gefühlen durch das zentrale Nervensystem ebenfalls zwischen primären und sekundären – d.h. in Beziehungen weiter differenzierten – Gefühlen. Ohne diese emotionale Bewertung könnten die Neugeborenen nicht »erkennen«, was die jeweils gegebene Situation für sie bedeutet.

4.2 Integration von Wahrnehmungseinheiten – Die Bildung eines szenischen Körpers

Wahrnehmen und Erkennen
Unter einem erkenntnistheoretischen Blickwinkel verbindet sich die Zeit zwischen dem dritten und dem sechsten Lebensmonat mit dem Zusammenspiel von Wahrnehmungen, Empfindungen und sich differenzierenden Gefühlen und der damit zusammenhängenden Möglichkeit, kohärente Erlebnis-, Erfahrungs- und Selbsteinheiten aus dem Fluss der Ereignisse heraus zu gliedern. Da sie als szenische Erinnerungsmuster im Episodengedächtnis gespeichert werden, wird es möglich, diese oder eine vergleichbare Erfahrungseinheit wieder zu erwarten. Wann aber eine Handlung beginnt oder zu Ende geht, kann das kleine Kind aus der Dynamik der Empfindungen und Gefühle herauslesen, welche durch die Wahrnehmung der Szene hervorgerufen werden. Das setzt voraus, dass die verschiedenen Wahrnehmungsmodalitäten zu-

sammenpassen, d. h., was gesehen, gehört, gefühlt und erlebt wird, sich zu einem (rhythmischen) Gesamtmuster fügt. Die Entwicklung eines szenischen Körpers[1] erfordert daher vom Säugling erstens eine Integration von Handlungszusammenhängen mit den Modalitäten von Wahrnehmungen, Empfindungen und Gefühlen. Zum zweiten bedarf es dazu einer Integration der möglichst dazu passenden Handlungen und Gefühle der Person der Mutter. Zum dritten müssen Innen- und Außensicht wechselseitig balanciert werden können. Stern (1998) beschreibt mit seinem Begriff der »Schemata-des-Zusammenseins« etwas Ähnliches, wie das, was ich mit »szenischem Körper« meine.

Gefühlserfahrungen

Gefühle, in das Erleben von Beziehung eingebettet, erfahren eine Abstufung, eine Verfeinerung. Das Interesse des Säuglings an den Personen, die mit diesen Gefühlen verbunden sind, also den vertrauten Personen seiner Umgebung, wächst. Diese Feinabstufung des Interesses und der Emotionen gelingt da am Besten, wo die Mutter ihre Handlungen auf die Möglichkeiten und Erwartungen des Kindes ausreichend abstimmt. Wo dies nicht der Fall ist, gibt es wenig Spielraum für die Entwicklung solcher Abstufungen. Es sind

---

[1] Mein Verständnis des Szenischen widerspricht nicht der Lorenzerschen Auffassung des Szenischen in seinem Begriff vom »szenischen Verstehen« (vgl. Lorenzer 1970, S. 104ff.), sondern setzt andere Schwerpunkte: Lorenzers Begriff der Szene ist, zum einen, mit dem Verstehen verknüpft und grenzt sich vom »psychologischen Verstehen« ab. Diesem gegenüber bezieht sich Lorenzers Verstehensbegriff nicht auf ein Individuum, sondern auf eine Interaktion zwischen Personen, die als Szene aufgefasst wird. Zum zweiten versteht Lorenzer Szene als ein Übertragungsphänomen: Eine szenische Interaktion aus der Vergangenheit wird in der augenblicklichen (therapeutischen) Situation unbewusst reinszeniert und bildet damit den Ausgangspunkt für das szenische Verstehen ihrer krankmachenden Strukturen in der Gegenwart. Dahinter verbirgt sich also – von Lorenzer nicht explizit ausformuliert – ein Gedächtnis, das in der Lage ist, szenische Interaktionen im Kopf zu behalten. Hier setzt mein Begriff der Szene an. Ich will deutlich machen, dass ein solches Denken in Szenen und eine dementsprechende szenische Repräsentation im Gedächtnis im ersten Lebensjahr eine wesentliche Form der Wirklichkeitsverarbeitung darstellt. Ich erweitere damit den Begriff der sensomotorischen Intelligenz bei Piaget (vgl. Piaget 1967), indem ich ihm all die emotionalen, ästhetischen oder interaktiven Faktoren hinzufüge, die zum Erleben einer Alltagsszene gehören und die zusätzlich zu den rein kognitiven Aspekten erfahren und in der Erinnerung gespeichert werden. Insofern ist mein Begriff der Szene mit dem des »Schemas des Zusammenseins« oder dem der »protonarrativen Hüllen« (vgl. Stern 1992, 1998) vergleichbar.

also die beginnenden Erlebnisse von Beziehungen und ihre spezifische Qualität, die eine Differenzierung von Interessen und Gefühlen herbeiführen.

4.3 Austausch und Synchronisation – Die Bildung eines sozialen Körpers

Wahrnehmen und Erkennen

Obwohl weder Symbole noch Sprache zur Verfügung stehen, beginnen Babys in der zweiten Hälfte des ersten Lebensjahres mit Mimik und Gestik präverbale Dialoge zu führen. Dialogische Momente sind wohl in den Mutter-Kind-Beziehungen von Anfang an vorhanden (vgl. Brazelton/Cramer 1991, Papousek 1994). Doch sie beruhen weitgehend auf der Entzifferung des Babyverhaltens durch die Mutter. Nun aber geht es auch darum, dass das Kind seinerseits mit seinen präverbalen Mitteln stärker von sich aus den Dialog mitgestaltet.

Diese Dialogfähigkeit ermöglicht die Abstimmung des Verhaltens zwischen Mutter und Kind. Sie zeigt sich in der gemeinsamen Ausrichtung der Aufmerksamkeit und an der gemeinsamen Ausrichtung der Intentionen von Mutter und Kind. Sie führt weiter zu dem, was als »social referencing« beschrieben wird. Das Kind, das in einer »Situation unsicher wird, schaut ... zur Mutter hin, um ihrem Gesicht abzulesen, was sie empfindet; es will im Grunde sehen, was es selbst empfinden sollte, sucht nach einer zweiten Beurteilung der Situation, die ihm aus seiner eigenen Unsicherheit heraushelfen könnte« (Brazelton/Cramer 1991, S, 189). Auf diese Weise wird die affektive Bedeutung eines Geschehens zwischen Mutter und Kind aufeinander abgestimmt.

Gefühlserfahrung

Das Erkennen und Vergleichen der typischen Muster in der Außen- und der eigenen Innenwelt setzt ein verfeinertes Erleben, sowie eine größere Sicherheit im Aushalten der eigenen Gefühlswelt voraus. Wo die Umwelt durch überschaubares Verhalten diese Sicherheit noch unterstützt, kann sie das Kind – auch über räumliche Trennungen von Mutter oder anderen vertrauten Personen hinweg – erhalten und sein emotionales Erleben weitgehend eigenständig balancieren. Das soziale Band, das die Aktionen des Kindes leitet, verlängert sich allmählich. Es ermöglicht zunächst die Distanz im gleichen Zimmer, später dann auch in verschiedenen – wenn die Türe offen ist. »Allein sein mit anderen«, hat Winnicott diese Fähigkeit genannt (vgl. Winnicott 1958). Das bedeutet, das Kind kann sich mit sich und seinen Dingen beschäftigen, ohne dass es dabei das Gefühl hat, dass seine Beziehungen zu den anderen ihm während dieser Zeit verloren gehen. Umgekehrt ermöglicht ihm diese Sicherheit auch, sich selbst in der Anwesenheit anderer so abzugrenzen, dass es sich mit etwas anderem einlassen, sich an etwas anderes verlieren kann und nicht damit beschäftigt sein muss, seine Beziehungen zu den wichtigen Personen seiner Umgebung ununterbrochen aufrecht zu erhalten.

Wo sich ein solcher interpersonaler Austausch einfindet, können auch die Grenzen zwischen dem frühkindlichen Subjekt und seiner umgebenden Welt, wie auch die Grenzen zwischen den Subjekten deutlicher wahrgenommen und akzeptiert werden. Diese Grenzerfahrungen sind nicht nur soziale oder kognitive, sondern auch emotionale Erfahrungen. Sie können sich mit Angst oder auch Enttäuschungen verbinden oder auch emotionale Rückzüge hervorrufen. Im günstigen Fall jedoch bieten sie einen lustvollen Ansporn zu neuen Eroberungen.

Die individuelle, emotional bewertete Erfahrung des interpersonellen Austausches, der Abgrenzung oder der Beziehung bleibt als »gelebte Erfahrung«, als »Erfahrung des Zusammenseins« (Stern 1998, S. 102ff.) in Erinnerung. Die vielfachen Übereinstimmungen von Mustern gelebter Erfahrung, über unterschiedliche Situationen hinweg, führen letztlich dazu, dass die in diesen Mustern bevorzugten Erlebnis- und Verhaltensweisen weiter ausgearbeitet, die dabei immer wieder ausgeblendeten, jedoch zunehmend zum Schweigen gebracht werden. Sie erhalten »keine Stimme«. D. h., sie gehen in die körperlichen, gestischen, stimmlichen und späteren verbalen Dialoge – auch versuchsweise – nicht mehr ein. Sie werden zu etwas, worüber das Kind in jeglicher Hinsicht schweigen muss.

4.4 Frühe Muster der Welt- und Selbsterfahrung – Die Bildung eines imaginären Körpers[2]

Wahrnehmen und Erkennen

Zwischen 12 und 18 Monaten können die »Muster des Zusammenseins« zunehmend aus ihrem situationsbezogenen Kontext herausgelöst werden. Erin-

[2] Entspricht in etwa Greenspans Stufen 4 und 5 (vgl. Greenspan 2001). Bei Stern (1992) gibt es hier keine Entsprechung. Er überspringt diesen Zwischenbereich und kommt gleich zum »verbalen Selbst«.

nerte Muster dienen als Leitfaden, um neue Situationen zu ordnen und einzuschätzen. Sie dienen von nun an aber zunehmend auch als Bausteine für Szenen kindlicher Spiele, in denen neue, imaginierte Muster simuliert werden. Imitation und Spiel ermöglichen einen Blick auf die Welt aus immer wieder veränderten Perspektiven. Distanz zu sich selbst und Empathie haben hier ihren Ursprung.

Die Bildung des imaginären Körpers ermöglicht dem Kind den Gebrauch von Vorstellung, Phantasie, Simulation. Dabei werden die bisher erworbenen Erfahrungsmuster nicht nur geordnet, sondern können auf einer Bühne des Probehandelns neu zusammengesetzt, ausprobiert und umgestaltet werden. Deshalb sind Spielen und Gestalten wichtige Bausteine eines imaginären Körpers.

Gefühlserfahrungen
Im Bereich des Gefühlserlebens und Gefühlsausdruckes prägen sich nun deutliche individuelle Profile aus. Kinder suchen die Felder ihrer bevorzugten Erlebnisweisen auf und entwickeln dort fortlaufend neue Erfahrungsbereiche weiter, während sie anderen »aus dem Weg gehen«, was wörtlich zu verstehen ist, sobald sie laufen können. Dies geht einher mit der sozialen Ausdifferenzierung der Empfindungs- und Gefühlsbereiche. Dabei können ganze Bereiche des Wahrnehmens, Empfindens, Erlebens ausdifferenziert oder aus dem Erfahrungsbereich ausgeblendet werden. Es mag sein, dass jemand hundert Weisen der Zuwendung oder Zuneigung entwickeln kann, aber keine Möglichkeiten der Ablehnung, der Abgrenzung oder der Äußerung von Aggression entwickelt, oder sich in diesem Bereich auf nur wenige, archaisch erscheinende Grundmuster beschränkt sieht. Solche einmal etablierten Schwerpunktsetzungen prägen das emotionale Erkenntnismuster dauerhaft und dies umso mehr, je mehr sie im Verlauf der weiteren Entwicklung bestätigt werden. Diese individualisierten emotionalen Erlebnismuster leiten auch die Spiele und Simulationen. Sie werden durch sie weiter modifiziert.

4.5 Wie tragen Emotionen zur Differenzierung von Kognition bei? – eine Zusammenfassung

Aus einer Perspektive der Begegnung eines Neugeborenen mit der Welt, die es noch nicht kennen kann, sieht eine Entwicklungsperspektive vielleicht so aus:

Den Ausgangspunkt bildet eine Fülle von neugeordneten Reizen, die so eingeschränkt werden muss, dass darin wahrnehmbare und handhabbare Muster erkennbar werden. Kognitive, ästhetische und emotionale Dimensionen bilden dabei eine Erfahrungseinheit.
(1) Zunächst erfolgt eine Abgrenzung von einzelnen Objekten aus einem unüberschaubaren Zusammenhang. Die Bedeutung dieser Objekte wird durch die Emotionen erschlossen.
(2) Dann verbinden sich solche Person- und Objekteinheiten zu szenischen Einheiten. Es sind Empfindungen und Gefühle, die diese Integration wahrnehmbar machen.
(3) Die Wahrnehmungs- und Erlebniseinheiten werden mit der sozialen Umgebung abgestimmt. Auch hier sind es die Emotionen, die dieser Abstimmung eine Orientierung geben.
(4) Sodann öffnet sich ein Spielraum für Imagination und Simulation mit Bildern und Szenen der vergangenen Erfahrungen. Emotion und Kognition regulieren dieses Spiel wechselseitig.
(5) Hinweis auf die Sprache: Damit ist ein Ausgangspunkt erreicht, die so gewonnenen Muster gelebter und gespielter Erfahrung allmählich auch in Sprache zu fassen. Dadurch wird vor allem zweierlei möglich: Neue Weisen des gedanklichen Ordnens von Erfahrungen und sozialer Austausch über diese Ordnungen und Erfahrungen.
Während bislang Emotion und Kognition fraglos, ja automatisch zusammenarbeiten, ergibt sich nun die Möglichkeit, beides voneinander zu trennen. Schließlich wird man über das eine oder das andere sprechen können.

5. Schluss

Nehme ich nun die Ergebnisse der neurobiologischen Kognitionsforschung und der Säuglingsforschung zusammen, so komme ich zu dem Schluss: Es hängt von der sozialen und kulturellen Umwelt ab, ob und inwieweit diese beiden Bereiche bei der Ordnung der Erfahrung zusammenwirken (dürfen). Emotionen sind ein wesentlicher Teil der geistigen Entwicklung des Kindes von Anfang an. Es ist die Um- und Mitwelt, die wesentlich mitbestimmt, ob sie es auch darüber hinaus bleiben dürfen.

Literatur

Brazelton, T.B., Cramer, G.B. (1991): Die frühe Bindung. Stuttgart.

Damasio, A.(1995): Descartes Irrtum. München.

Dornes, M. (2000): Die emotionale Welt des Kindes. Frankfurt/M.

Greenspan, S. (2001): Die bedrohte Intelligenz. München.

Ledoux, J. (1998): Das Netz der Gefühle. München, Wien.

Leutzinger-Bohleber, M., Pfeiffer, R. & Röckerath, K. (1998): Wo bleibt das Gedächtnis? Psychoanalyse und Embodied Cognitive Science im Dialog. In: Koukkou, M., Leutzinger-Bohleber, M. & Mertens, W. (Hg.): Erinnerung von Wirklichkeiten. Psychoanalyse und Neurowissenschaften im Dialog Bd. 1. Stuttgart.

Lorenzer, A. (1970): Sprachzerstörung und Rekonstruktion, Frankfurt/M.

Papousek, M. (1994): Vom ersten Schrei zum ersten Wort. Bern.

Piaget, J. (1967): Psychologie der Intelligenz. München, Zürich.

Singer, W. (1990): Die Entwicklung kognitiver Strukturen, ein selbstreferentieller Lernprozeß. In: Schmidt, S.J. (Hg.): Gedächtnis, Probleme und Perspektiven der interdisziplinären Gedächtnisforschung. Frankfurt/M.

Stern, D. (1998): Die Mutterschaftskonstellation. Stuttgart.

Stern, D. (1992): Die Lebenserfahrung des Säuglings. Stuttgart.

Winnicott, D.W. (1945): Die primitive Gefühlsentwicklung. In: Ders. (1958): Von der Kinderheilkunde zur Psychoanalyse, München.

Winnicott, D.W. (1958): Die Fähigkeit zum Alleinsein. In: Ders. (1974): Reifungsprozesse und fördernde Umwelt. München.

Winson, J. (1986): Auf dem Boden der Träume. Weinheim, Basel.

Margret Dörr

»Gefühlssymbole? « – Facetten des Symbolbegriffs im Kontext der Bildung der Gefühle

Seit der Antike ist der Begriff ›Symbol‹ bekannt und ist in unterschiedlichen Schattierungen sowohl dem alltäglichen Sprachgebrauch als auch in den verschiedenen Wissenschaftsbereichen geläufig. Gleichwohl ist die Frage, was als Symbol zu gelten habe, wodurch Symbole ihre Bedeutungen erhalten bzw. auf welche Weise die Ordnung der Bedeutungen zu handhaben sei, bisher nicht einheitlich erfasst.[1] Im ersten Abschnitt wird auf das Symbolverständnis von Ernst Cassirer Bezug genommen, gilt ihm doch das Symbol als Bindeglied zwischen dem Wahrnehmungssystem und dem Bewegungsapparat von Menschen. Im Prozess »vom sinnlichen Eindruck zum symbolischen Ausdruck« (Habermas 1997) wird es den Subjekten mittels der Brückenfunktion des Symbols möglich, eine Distanz vom unmittelbaren Druck der Natur zu gewinnen und diese konstruktiv zu bearbeiten. Für Cassirer ist das Symbol der Schlüssel zum Wesen des Menschen (1): Soziales Handeln wird durch seinen permanenten Bezug auf die symbolisch dargestellte, individuell anzueignende gemeinsame Welt aller Beteiligten überhaupt erst möglich.

Alfred Lorenzer fügt der Symbolperspektive Cassirers die Sicht auf die *innere Natur* des Menschen hinzu und ermöglicht darüber, die psychosoziale Menschwerdung als Bildungsgeschichte der Persönlichkeit zu erfassen (2): Interaktion ist »körperbestimmte Interaktion«. Erst die Verzahnung von Körperbedürfnis und Interaktion bildet den Zusammenhang einer Lebensgeschichte. In diesem Prozess hat das Symbol den Status eines zentralen Gelenkstücks zwischen individueller und sozialer Struktur: Bereits im embryonalen Stadium bilden sich sinnlich-organismische Interaktionsformen (2.1), die sich im Laufe der frühen Sozialisation zum einen zu sinnlichen Symbolen, als affektnahe ›Schaltstelle der Persönlichkeitsbildung‹ (2.2), zum ande-

[1] Burkhardt (1996) weist darauf hin, dass Bühler schon 1934 formulierte: »Der Symbolbegriff der Wissenschaften hat eine lange Vergangenheit und doch keine ordentlich thematische Geschichte.« Diese Einschätzung wird von ihm auch für den derzeitigen Stand in der Diskussion um den Symbolbegriff in Anspruch genommen (vgl. ebd., S. 461ff.).

ren zum generativen System von kulturell gültigen Handlungsmustern, der Sprache (2.3) weiterentwickeln, so dass in den Erläuterungen schließlich von einer Dynamik innerhalb dieser Trias der Interaktionsformen auszugehen ist (2.4). Gleichwohl bleiben in dieser Konzeption Fragen offen, die insbesondere das genuine Verhältnis von sinnlichen Symbolen (Gefühlen), Sprache und Bewusstsein betreffen (2.5).

Wenn es denn, wie Freud formuliert, zum Wesen eines Gefühls gehört, dass es gespürt wird, also dem Bewusstsein bekannt ist, er dabei aber das Bewusstsein an Worte bindet, dann erscheint es lohnenswert, mit Siegfried Zepf der Frage nachzugehen, wie die Struktur der Gefühle beschaffen sein muss, damit sie ein qualifiziertes vorsprachliches Erleben ermöglichen (3). Nach einführenden Begriffserläuterungen (3.1) wird dargestellt, wie er in seinem *Affektkonzept in der Theorie der Interaktionsformen* Gefühle in ihrer begriffsanalogen symbolischen Struktur zu entschlüsseln vermag (3.2). Neben struktureller Gemeinsamkeiten werden sowohl bedeutende Unterschiede zwischen Sprach- und Gefühlssymbolen formuliert als auch das Verhältnis von Interaktionsformen und Gefühlssymbolen ausgeleuchtet (3.3). Konsequent gelten ihm Interaktionsformen, Gefühle und Sprache als selbstproduzierte Erkenntnismittel der Praxis (3.4), auch wenn es dem Subjekt erst im Zuge der Spracheinführung möglich wird, sich die objektive Besonderheit von Interaktionsformen subjektiv ins Bewusstsein zu holen, wobei sich während dieses Vorganges zugleich der Gefühlsbereich inhaltlich differenziert (3.5).

1. Die formgebende Kraft des Symbols

Ernst Cassirer (1923) formuliert in seiner Philosophie der symbolischen Formen seine Kerngedanken und erarbeitet darüber einen Zugang zum Menschen, der seine Besonderheit erfasst und zugleich den Reichtum menschlicher Welt- und Selbstgestaltung erläutert: die Stellung des Menschen in der Welt zeichnet sich durch eine formgebende Kraft aus, die die sinnlichen Eindrücke der Welt in sinnhafte Gebilde verwandelt. Indem Cassirer die symbolischen Formen der menschlichen Welterschließung untersucht und das Eigentümliche seiner soziokulturellen Lebensformen im Vergleich mit animalischen Lebensformen heraushebt, begründet er die Sonderstellung des Menschen als symbolbildendes Wesen: »Der Mensch hat nicht mehr wie das Tier einen unmittelbaren Bezug zur Wirklichkeit« (Cassirer 1960, S. 39). Mit der objektivierenden Kraft der symbolischen Vermittlung wird nämlich die animalische Unmittelbarkeit einer auf den Organismus einwirkenden Natur geradezu gebrochen. Beim Menschen hat sich zwischen Wahrnehmungssystem und Bewegungsapparat das Bindeglied der symbolischen Formen geschoben, mit ihnen kann er die auf ihn einstürmenden inneren und äußeren Naturgewalten bewältigen. Diese symbolische Vermittlung ermöglicht dem Betroffenen eine Distanz vom unmittelbaren Druck der Natur, und sie erlaubt ihm nunmehr auf vermittelte Weise – mittels symbolischer Formen – mit seiner Umgebung in Kontakt zu treten (vgl. Habermas 2001, 73f.). Jene haben sich aus der konstruktiven Verarbeitung von Überraschungen und Enttäuschungen entwickelt:

> »daß unser Bewusstsein sich nicht damit begnügt, den Eindruck des Äußeren zu empfangen, sondern daß es jeden Eindruck mit einer freien Tätigkeit des Ausdrucks verknüpft und durchdringt. Eine Welt selbstgeschaffener Zeichen und Bilder tritt dem, was wir die objektive Wirklichkeit der Dinge nennen, gegenüber und behauptet sich gegen sie in selbständiger Fülle und ursprünglicher Kraft. (...) Dieser Prozeß stellt sich überall dort dar, wo das Bewußtsein sich nicht damit begnügt, einen sinnlichen Inhalt einfach zu haben, sondern wo es ihn aus sich heraus erzeugt. Die Kraft dieser Erzeugung ist es, die den bloßen Empfindungs- und Wahrnehmungsinhalt zum symbolischen Inhalt gestaltet. In diesem hat das Bild aufgehört, ein bloß von außen Empfangenes zu sein; es ist zu einem von innen her Gebildeten geworden, in dem ein Grundprinzip freien Bildens waltet.« (Cassirer 1956, in Görlich 1997, S. 28)

Der Akt der Symbolisierung macht es den Menschen möglich, ihre flüchtigen Sinneseindrücke in Sinn umzuwandeln und zwar derart, dass sie ihre Affektionen, *ihr Ergriffensein*, im Gedächtnis abrufbar speichern und dadurch in die Hand bekommen (*Begreifen*). Dergestalt wird die Affektspannung durch die Transformation des sinnlichen Eindrucks in einen symbolischen Ausdruck zugleich abgeleitet und stabilisiert. Cassirer plausibilisiert diese symbolische Verdichtung als Antwort auf die erregende Ambivalenz prägnanter Erfahrungen: »Situationen und Gegenstände, die zugleich abstoßen und anziehen, in Erschrecken versetzen und von Anspannung erlösen, die die Seele zwischen Terror und Attraktion hin- und herreißen, solche prägnanten Eindrücke von hoher Bedeutsamkeit, die die isolierende Aufmerksamkeit auf sich ziehen, können sich zum mythischen Bild verdichten, können semantisiert und dadurch gebannt, unter göttlichen Namen fixiert, wieder aufgerufen und so beherrschbar gemacht werden« (Habermas 1997, S. 20).

Es ist also nicht ein beliebiger objektiver Anschauungsinhalt, der sich in einem symbolischen Bedeutungsgehalt verdichtet, sondern die Anschauung ist vielmehr verbunden mit der affektiven Relevanz des menschlichen Erfahrungsgehaltes. Konsequenterweise charakterisiert Cassirer das Symbol daher als Schlüssel zum Wesen des Menschen: Der Mensch »lebt so sehr in sprachlichen Formen, in Kunstwerken, in mythischen Symbolen oder religiösen Riten, dass er nichts erfahren oder erblicken kann – außer durch Zwischenschaltung dieser künstlichen Medien.« (Cassirer 1960, S. 39) Nur auf dem Umweg über symbolisch erzeugte Objektivationen, als kulturell tradierte Interpretationsmuster, kann der Mensch auf sich selber und die Welt blicken.

Dabei bleibt der Mensch aber keineswegs in einer Bilderwelt gefangen: »Die Sprache und die Kunst, der Mythos und die theoretische Erkenntnis, sie alle arbeiten ... an diesem Prozeß der geistigen Distanzierung mit: sie sind die großen Etappen auf dem Wege, der von dem Greif- und Wirkraum, in dem das Tier lebt und in den es gebannt bleibt, zum Anschauungs- und Denkraum, zum geistigen Horizont hinführt« (ebd.).

Das Medium geistiger Ausdrucksformen erstreckt sich von der bildlichen Darstellung über den verbalen Ausdruck zum orientierenden Wissen, welches wiederum zur Praxis anleitet. Es können Wortsymbole sein, aber jene sind keineswegs an den Lautkörper sprachlicher oder schriftlicher Gebilde gebunden. Ebenso vermögen auch nichtsprachliche Objekte wie Tiere, Pflanzen, Steine, Menschen, Körperteile oder auch nichtmaterielle Existenzen – Geister, Tod, soziale Riten, Sozialbeziehungen etc. – symbolische Funktionen zu übernehmen.

Der sinnschöpferische Akt der Symbolisierung findet in dem Spannungsfeld zwischen Mythos und Aufklärung, Ausdruck und Begriff statt: Sprache und Mythos gehen gleichursprünglich aus demselben Grundakt der geistigen Bearbeitung, der Konzentration und Steigerung der einfachen Sinnesanschauung hervor. Im Verlauf der Ausdifferenzierung zu Bild- und Sprachwelten folgen sie jedoch entgegengesetzten Richtungen: Während der Ausdruck starke Sinneseindrücke in den affektstabilisierenden Sinn einzelner mythischer Bilder transformiert und hierin sich einzelne prägnante Eindrücke verdichten, die dabei ihrer Entstehungssituation verhaftet bleiben, artikulieren die Begriffe eine Sicht auf die Welt im ganzen, erschließen sich durch sie die zeitlichen Dimensionen von Vergangenheit und Zukunft. Die logische Kraft liegt in der Sprache, die zum Vehikel des Denkens wird. Nur in ihrem Medium können zusammenhängende kategorial gegliederte Erfahrungsbereiche erschlossen und somit generalisiert werden (vgl. Habermas 1997, S. 19f.).

Die Entwicklung des gesellschaftlichen Organismus geht der Entwicklung und Besonderung der nachwachsenden Generation und ihrer Denkmuster logisch und faktisch voraus. Ohne die kooperativen Prozesse, in denen Menschen ihre kulturellen, sozialen und materiellen Existenzbedingungen (re)produzieren, kann es weder individuelle Existenz noch Individualität geben.

Sozialisation, also auch Symbolsozialisation, ist daher nicht von der Frage zu trennen, wie Individuen im Prozess ihres Symbolverstehens in unterschiedlicher und subjektiver Weise auf den gesellschaftlichen Symbolvorrat zurückgreifen können, um eigene Orientierungen zu entwickeln und ihre Zugehörigkeit zu sozialen Gruppen zum Ausdruck zu bringen. Insofern erscheint es gewinnbringend, sich mit dem Wesen und den Erscheinungsformen der Symbolisierung nicht allein in ihrer objektiven, sondern ebenso in ihrer subjektiven Dimension zu befassen. Liest man Individuation, die soziale Menschwerdung, als Bildungsgeschichte der Persönlichkeit – Bildung wird in einem allgemeinen Sinn als Etablierung einer »Subjekt - Welt - Relation« bezeichnet (vgl. Tenorth 1997, S. 973) –, dann stehen auch die psychischen und interaktionellen Bedingungen der körperlich-seelischen Einschreibungen und Ausformungen symbolischer Prozesse zur Debatte.

2. Die soziale Menschwerdung als Bildungsgeschichte der Persönlichkeit

Diese spezifische Perspektive auf den Symbolbegriff, mit der die *innere Natur* des Menschen – in ihrer Dialektik der »Sozialität der Natur und der Natürlichkeit des Sozialen« – im Vordergrund des Nachdenkens steht, entwickelt vor allem Alfred Lorenzer (1970) mit seiner Bezugnahme auf Ernst Cassirer und dessen Schülerin Susanne K. Langer. Er erarbeitet ein Fundament für ein Verständnis der Psychoanalyse als »Hermeneutik des Leibes« (1988), indem er die Strukturbildung der Persönlichkeit als schrittweise sich vollziehende Abfolge der Bildung zunächst sinnlich-organismischer, dann sinnlich-symbolischer und zuletzt sprachsymbolischer Interaktionsformen begreift.

Um hierbei vor allem auch der psychoanalytischen Kernannahme der qualitativen Differenz zwischen Unbewusstem und Bewusstem (Primär- und Sekundärprozess) gerecht zu werden, geht Lorenzer in seiner Auffassung der Symbolbildung von der Annahme zweier Zentren aus: zum einen charakterisiert er das Ich als durchgängige Bildungsinstanz der Symbolbildung, zum zweiten betrachtet er das Es als Zentrum für die Energiebesetzungen, mit denen die Repräsentanzen jeweils ausgestattet sind: »Für die Symbolbildung sind grundsätzlich zwei Zentren zugleich anzunehmen; je nach der Art der Frage erscheint eine andere Zentrierung im Blickfeld. Erhebt sich die Frage nach den Bildungsprozessen, so stellt sich notwendig das Ich auch bei der Psychoanalyse in den Mittelpunkt. Wird dagegen das anders geartete dynamisch-energetische Konzept bei der Untersuchung maßgebend, so rückt eo ipso das Es in den Blick.« (Lorenzer 1970, S. 70f.)

2.1 Interaktion ist »körperbestimmte Interaktion«

Ausgangspunkt einer jeglichen Entwicklung ist für Lorenzer das fundamentale, vom ersten Augenblick des Lebens gedachte, Wechselverhältnis zwischen Mutter und Kind. Bereits im organismischen Stadium embryonaler Reiz-Reaktions-Verhältnisse werden erste Ansätze des Wechselspiels eingeübt. Mit der Geburt wird die intrauterine kontinuierliche Bedarfsstillung ersetzt durch die Praxis eingeübter Interaktionsformen. Die Form dieses Zusammenspiels ist also zunächst physiologisch, dann körper-gestisch und wird in den jeweiligen Situationen von konkreten Bezugspersonen mit besonderen Mitteln erfüllt, gleichsam praktisch interpretiert. Aus dem natürlichen Bedarf wird so unter den spezifischen gesellschaftlichen und milieuspezifischen Bedingungen eine individuelle Bedürfnisstruktur geformt (Lorenzer 1977). Die Resultate dieser intimen Einübungspraxis schließen sich im Verlauf der frühkindlichen Entwicklung zu einem Gefüge von sozialen Verhaltensformeln, den sinnlich-organismischen Interaktionsformen zusammen.

Jede Interaktion, sei sie bewusst oder unbewusst erlebt und verarbeitet, hinterlässt Spuren, die wiederum die zukünftige Interaktion mit gestaltet. Diese »Spuren« nennt Lorenzer »Interaktionsformen«. Als eine sich nach Lust-Unlust-Werten qualifizierende Schematisierung der Wirklichkeit stellen sie die tiefste Schicht des Subjekts dar, in der innere und äußere Wirklichkeit ineinander verwoben ist. Mit dieser Konzeption greift Lorenzer explizit die Einsichten und Forschungsergebnisse zur sensomotorischen Intelligenz von Jean Piaget auf (vgl. Lorenzer 1991, S. 22). Mit seiner Doppelthese: – »1. Die primäre unbewußte Erlebnisbasis wird als sensomotorisches Praxisspiel aufgebaut. 2. Die sensomotorische Praxisstruktur geht aus dem Wechselspiel zwischen organismischer Anlage und Umwelt hervor, kulturspezifisch und individuell-konkret« (ebd., S. 23) – schreibt er die Freudsche Prämisse vom

Unbewussten, als primärer Sinnstruktur des Menschen, die zeitlebens als Basisformation bestehen bleibt, fort.

Dieses Konzept der Interaktionsformen ist explizit als sozialisationstheoretische Reformulierung des Freudschen Triebbegriffs zu lesen. Hatte schon Freud den Triebbegriff als Grenzbegriff von Körperlichem und Seelischem bezeichnet, so kann Lorenzer mit seinem Terminus zentrierter auf den sozialen Prozess dieser Vermittlung aufmerksam machen.

2.2 Sinnliche Symbole – ›Schaltstelle der Persönlichkeitsbildung‹

Nach der primären Phase der Mutter-Kind-Dyade tritt das Kind in die nächste Entwicklungsstufe ein, die des Spiels mit Gegenständen, in der es vornehmlich um die Herstellung von sinnlich-symbolischen Interaktionsformen geht. Dabei handelt es sich um das Sinngefüge von Praxisfiguren, die Lorenzer, in Anlehnung an die Philosophin Susanne K. Langer »präsentative Symbole« (oder Protosymbole) nennt: Symbolbildung, oder anders formuliert, die Herstellung von Bedeutungsträgern, beginnt vorsprachlich, im Wechselspiel zwischen sinnlich-organismischem und sinnlich-symbolischem Erleben. Mit Bezug auf das bekannte »Garnrollenspiel« des kleinen Enkels von Freud zeigt Lorenzer auf, dass das Kind im Schutze einer hinreichend guten Umwelt den Spielraum erhält, eigene Ausdrucksmittel zur Repräsentation der emotional-konflikthaft bestimmten Erlebniswirklichkeit zu entwickeln, die dem Entwicklungsstand des »*Leibseelischen*« entsprechen. Diese können im gegebenen sozialen Raum je nach Bedürfnis, Wunschphantasie und Willen des Kindes eingesetzt, ge- und verformt werden.

Folglich charakterisiert Lorenzer die Herstellung sinnlich-symbolischer Interaktionsformen als eine »Schaltstelle der Persönlichkeitsbildung« zum Zweck der Selbstverfügung und sieht den Prozess der Verknüpfung von Beziehungsfiguren aus dem Mutter-Kind-Wechselspiel und einem Gegenstandsspiel dadurch ausgelöst, dass eine schmerzhafte, problematische Erfahrung vom Kind *aktiv* überwunden werden muss. Das Kind gewinnt mit seinen spontanen Kreationen zugleich ein wichtiges psychisches Vermögen, es gestaltet erstmals selbständig Beziehungsentwürfe und vermag darüber vormals passiv erlebte Situationen aktiv zu bewältigen. Im Spiel erprobt das Kind zudem ein hohes Maß an Eigenverfügung auch über kulturelle Gegenstände und kann darüber zugleich Anschluss an überfamilial-kollektive Formen der Weltaneignung herstellen (vgl. Klein 2003).

Die Ebene der sinnlich-symbolischen Interaktionsformen stellt als Basisschicht gleichsam die *erste Ich-Struktur* dar, in der die Interaktionsformen zum Zweck der Selbstverfügung der Individuen organisiert werden. Damit ist die Bedeutung jener Stufe im Bildungsprozess markiert, in dem erste, leibseelisch bedeutsame, und das heißt vor allem emotional begründete, Symbole entstehen, auch wenn sie noch nicht die Reflexivität und logisch-ordnende Ranghöhe der Sprache besitzen (vgl. Görlich 1997).

Präsentative Symbole sind folglich affektnäher, sie können eine Vielfalt von Eindrücken und Empfindungen gültig zum Ausdruck bringen, aber sie lassen sich nicht in ihre Einzelteile zerlegen, ohne ihren Symbolcharakter zu verlieren. Freilich sind präsentative symbolische Leistungen nicht etwa primitivere geistige Formen, die es zu überwinden gilt, sondern sie sind als »logisches Bild der Emotionen« (Langer), als gleichrangige Bekundungen eines ganzheitlich aufzufassenden menschlichen Erkenntnisvermögens zu werten[2]. Deren Vorteil ist es, nicht allein auf sinnlich-organismischer Ebene zu fungieren und doch auch *noch nicht* von Sprache kontaminiert zu sein.

2.3 Sprache – ein generatives System kultureller Objektivationen

Im dritten Schritt beschreibt Lorenzer die Einführung der wichtigsten Symbolform: Die Sprache, die sich auch als Praxis des »Übersetzens« szenischer Erfahrungen in sprachliche Formen charakterisieren lässt:

> »Indem die Mutter das Wort ›Mama‹ ausspricht, benennt sie eben diese Situation. Und indem das Kind diesen Lautkomplex nachspricht, macht es sich die Benennung eben dieser Situation zu eigen. Das Kind beginnt Sprachsymbole zu bilden, die aus einer Beziehung und einem Bezeichneten bestehen, aus dem Wort und dem damit benannten sensomotorischen Erfahrungsakt. Solche Verknüpfung kennzeichnet diesen ersten wie auch die nachfolgenden fundamentalen Akte des Spracherwerbs. Das sich im zunehmenden Sprach-

2 Die Fähigkeit des Menschen zu Abstraktionen und Differenzierungen, die sowohl innerhalb einzelner symbolischer Formen als auch zwischen ihnen fortschreiten können, bedeuten für die Subjekte in ihrer Lebenswelt einen Zuwachs an Freiheit. So transportieren und eröffnen z.B. ästhetische Bedeutungsträger Anschauungen in sinnlicher Weise und tragen zur Vermittlung von individuellem Erleben und kollektiver Bedeutung bei, da sie in ihrer kulturellen Ausprägung überindividuelle Gestaltfiguren der jeweiligen gesellschaftlichen Kultur enthalten.

erwerb Schritt für Schritt erschließende Sprachsystem wird über viele Einzelschritte in konkreten Interaktionen mit den entsprechenden sensomotorischen Erfahrungsfiguren verknüpft. Es erhält so den Status eines subjektiven Symbolsystems, wobei die einzelnen Symbole konkret erlebnisfest aus zwei Anteilen bestehen: dem Lautkomplex einerseits und der sensomotorischen Praxisfigur andererseits. Beide zusammen bilden das Symbol. Das sinnlich-unmittelbare Praxiserlebnis steht für das Wort, und das Wort steht für die leiblich emotionale Erlebnisfigur.« (Lorenzer 1991, S. 25)

So basiert das Verstehen auf einem Verständigtsein aufgrund gemeinsamer Praxisfiguren, und erst die zunehmende Verknüpfung der erlernten Lautgestalten zu einem generativen Sprachsystem ermöglicht einen Umgang mit der Wirklichkeit unabhängig von ihrer unmittelbaren situativen Präsenz. Gleichwohl bildet sich das semantische System der Sprache eines Subjekts keineswegs nur über dessen Lebenspraxis, ist doch Sprache ihrerseits ein kulturell traditiertes System objektiv gültiger Handlungsmuster. So behalten die Sprachfiguren als Bewusstseinsfiguren des Individuums einerseits ihre allgemeine denotativen Bedeutungen, in der die Erkenntnisse, die Handlungsanweisungen und Handlungsnormen als Resultate der gesellschaftlichen Erkenntnistätigkeit festgehalten sind und verweisen damit auf die objektiven Zusammenhänge, in denen die durch Worte bezeichneten Gegenstände stehen.

Aber andererseits erlangen die Sprachfiguren – entsprechend der je individuellen Lebenspraxis – ihre besonderen Konnotationen, welche die intimen Erfahrungen des Subjekts wiedergeben, die im Umgang mit Bezugspersonen und Gegenständen gemacht wurden: Die allgemeinen, jedermann prinzipiell zugänglichen Bedeutungen existieren in einer Einheit mit den besonderen, die sich der intimen Lebensgeschichte des Subjekts verdanken:

»Es sind die sinnlich erfahrenen szenischen Arrangements, die in ihrer Eigenart den Lautkomplexen eine Bedeutung unterschieben. Ohne die Verknüpfung mit diesen Erlebnisszenen blieben die Lautkomplexe leer. Freilich gilt umgekehrt aber auch: Die Erlebnisszenen blieben ohne die Lautkomplexe stumm, wobei nicht verkannt werden darf, daß die Lautkomplexe ja keineswegs beliebige Lautungen, sondern sprachlich festgelegte Zeichen sind. (...) Es gibt nicht nur die Sprache, die als ein vielgestaltiges System an das Kind herangebracht wird, sondern zum Zeitpunkt der Spracheinführung besteht bereits jenes reiche, vielfältige abgestufte Repertoire an szenischen Erlebnissen, an

Erinnerungsspuren, die kennzeichnenderweise miteinander verwoben sind zu jenem eigenständigen Sinn- und Wirkungssystem unbewußter Praxisfiguren« (Lorenzer 2002, S. 167f.).

Die Sprachsymbolik erlaubt es nun dem Subjekt, unabhängig vom realen Interagieren in den Prozess der Verständigung und kommunikativen Kooperation mit anderen Subjekten einzutreten. Mittels der Sprachsymbolik kann es von sich selbst und seinen, ihrem konnotativen Bedeutungsraum angehörigen, Objektbeziehungen abstrahieren.

2.4 Zur Dynamik der Trias der praktisch organismischen-, sinnlichen- und sprachlichen Interaktionformen

Diese den Prozess der Sozialisation konstituierende ›Trias‹ stellt keine reibungslose Verknüpfung dar. Keine mütterliche Sorge kann je die Not des Kindes ausgleichen, das aus dem »parasitären Gleichgewicht des intrauterinen Lebens« (Lacan) mit der Mutter herausstürzt. Identitätsbildung geht nicht in der kulturellen symbolischen Ordnung auf. Sie erfordert notwendig neben der Einigung die Abgrenzung, Differenzierung und Versagung. Angesichts eines unendlichen Begehrens treffen in der Verbindung von sprachsymbolischen Figuren, das heißt der bewussten Lebensordnung, mit den unbewusst einsozialisierten sensomotorischen Praxisfiguren zwei Verhaltens- bzw. Handlungsmodelle aufeinander, die in sich zwar systematisch abgestimmt sind, aber doch soviel Differenz zeigen, dass Freud von einem lebenslangen Konflikt zwischen Es und Ich (einschließlich Über-Ich) ausging: »Den konfliktfrei glücklichen Fall jedenfalls bilden diejenigen Sprachfiguren, die einigermaßen spannungsfrei mit den unbewußten sensomotorischen Praxisfiguren verknüpft werden konnten und verknüpft bleiben, auch wenn sie über Distanzen hinweg den Zusammenhang mit der Schicht des Unbewußten wahren. Sie allein verdienen die Bezeichnung ›Sprach-Symbole‹«.(Lorenzer 1991, S. 26)

Die Einheit vom Allgemeinen und Besonderen verweist auf die grundsätzliche Spannung zwischen sprachlicher Reflexivität und emotionaler Lebenspraxis, deren konflikthafte Konsequenzen Lorenzer (1976) in seiner Metatheorie der Psychoanalyse – als »Sprachzerstörung« – differenziert entwickelt. Aber auch wenn für ihn die (Selbst)Aufklärung aus undurchschauten Lebenszusammenhängen an die sprachsymbolische Einsicht in die vielfältigen seelischen Prozesse gebunden bleibt, so sind dennoch seine Reflexionen von einer konsequenten dialektischen Perspektive auf den verbalen *und* nonverbal-handlungsmäßigen Bereich durchdrungen.[3] All die Alltagserfahrungen, in denen sinnliches Erleben in Gesten tradiert wird und/oder in Gebrauchsgegenständen geformt zum Ausdruck kommen, sprengen ihrerseits den denotativen Rahmen des Sprachgebrauchs szenisch auf und überschreiten die von Sprache reglementierten Lebenserfahrungen (vgl. Lorenzer 1991, S. 29). Beide Symbolstrukturen verweisen aufeinander, sind in alltäglichen, in metakommunikativen und reflexiven Handlungsvollzügen miteinander verschränkt.

Keine symbolische Form verliert ihr Eigenrecht zugunsten höherer symbolischer Formen. Wir leben gleichursprünglich in verschiedenen symbolischen Welten. Beiden symbolischen Formen ist gemeinsam, dass eine Erlebnisform für eine andere steht: »und zwar zu dem Zweck, eine spielerische Verfügung über die Situation zu erlangen. Das gilt sowohl für das Durchdenken einer Situation im Probehandeln mittels des Sprachanteils der sprachsymbolischen Interaktionsformen als auch für jenes Spiel mit Gegenständen, das wir als Garnrollen-Beispiel paradigmatisch vorgeführt bekamen. (...) Und außerdem überschreitet das Sich-ins-Gedächtnis-Rufen ja schon die Grenze zwischen diskursiver und präsentativer Symbolik – es arbeitet vorzugsweise mit ›Erinnerungsbildern‹, als szenisch-poetischen Vorstellungsbildern, Phantasien.« (Lorenzer 1981, S. 161)

Lorenzer hat denn auch zu Recht dem Bereich der vielfältigen ästhetischen Symbole eine wichtige Brückenfunktion in der sozialen Verständigungspraxis zugewiesen. Eröffnet sich doch mit ihnen ein Bereich, in dem

---

[3] Indem Lorenzer das szenische Verstehen als Königswegs der psychoanalytischen Erkenntnisgenerierung entfaltet, gewinnt die Handlungsformation des Subjekts und damit die sinnlich-symbolische Dimension lebenspraktischer Äußerungen, einen hohen Stellenwert. Hiermit fügt er der in der Psychoanalyse explizit und/oder implizit anerkannten Vorrangstellung der Sprache einen Stachel zu, denn: »Das Unbewußte als Ort der Sehnsucht heißt zugleich: es geht um ein Verlangen, das unbewußt ist, weil es sozial nicht zugelassen wird, nicht bewußt werden darf, da es dem geltenden Bewußtsein, den herrschenden Normen und Werten widerspricht oder aber diese übersteigt. Der Widerspruch mag in dem gründen, was Freud das neurotische Elend genannt hat, in Sehnsüchten also, deren Wurzeln in der lebensgeschichtlichen Vergangenheit des einzelnen Menschen liegen. Das Unbewußte enthält aber stets auch jene Sehnsüchte, die Ernst Bloch das Noch-Nicht-Bewusste genannt hat, Sehnsüchte also, die in die Zukunft weisen, in das geschichtlich noch nicht Realisierte.« (Lorenzer 1991, S. 29)

bisher »*unsagbare Erlebnisse*«, unbewusste Lebensentwürfe zum Ausdruck und zur Darstellung gebracht werden. Ästhetischen Symbolen kommen daher eine entscheidende Vermittlerfunktion für die Bildung kollektiver Erfahrungen zu und zwar »in Abstimmung der unbewußten Praxisfiguren, jener individuellen Erlebnisbasis, auf der die emotionale Resonanz auf das Erleben anderer Menschen innerhalb des gemeinsamen Lebensraums gründet, und als Bildung einer Gemeinsamkeit unterhalb der ideologisch zugerichteten Lebensordnung.« (Lorenzer 1991, S. 30)[4]

Aber ebenso können beide Symbolformen *zerfallen*, denn im Fall gesellschaftlich erzeugter Konflikte können sie ihre Anbindung an die lebenspraktisch hergestellten leiblichen, d.h. die sinnlich-organismischen Praxisfiguren verlieren. Während der »Sprach-Zerfall« als Aufspaltung von darstellungslos gewordenen Interaktionsformen (Klischees) und ausdruckslosen, erstarrten Zeichen beschrieben wird, zeigt sich der Zerfall der sinnlichen Symbole als schablonierte Darstellungsform, »als Fixierung an das bloß gegenwärtig Geltende« (ebd.). Eine wahrlich bildende Funktion haben Symbole nämlich nur so lange, »als sie nicht zu konventionelle Partikel des Ambiente« werden (Mollenhauer 1991, S. 106). So bleiben die symbolischen Bildungsprozesse einem dauernden Risiko des Absturzes ausgesetzt, worauf auch Klaus Mollenhauer im Kontext pädagogischen Nachdenkens eindringlich aufmerksam macht, wenn er auf die symbolische Praxis im Nationalsozialismus, auf die Gewalt politischer Mythen hinweist.[5]

---

[4] In den ästhetischen Symbolen kristallisieren sich Erfahrungen eines zu antizipierenden Horizonts, sie ermöglichen Freilegung und Freisetzung der noch nicht entdeckten, unbewussten Phantasien für den einzelnen wie für die kulturelle Gemeinschaft. Kunstproduktion ist subversiv getrieben von der Lust kreativer Menschen, alte Sehweisen umzustürzen und neue zu entdecken. Sie ist ein Erobern und Überwinden, weil Denken immer schon »Überschreiten des Gegebenen« (Bloch) ist: Kunst fungiert als sekundäre Sozialisationsagentur.

[5] So warnt Mollenhauer, dass auch sein Bestimmungsversuch der »Funktion des Symbols in der Erziehung« die Möglichkeit zum politischen Missbrauchs enthalte, der ja »fast alle im Prinzip zustimmungsfähigen Komponenten eines Vorgangs, den man ›Bildung im Medium des Symbols‹ nennen könnte, in Anspruch nimmt und gerade durch diese Inanspruchnahme zeigt, dass jede nicht sorgfältig rational und politisch vorgenommene Funktionsbestimmung, insbesondere im Hinblick auf die Bildungsgrenzen, die dem Symbol gesetzt werden müssen, in Destruktivität umschlagen kann« (Mollenhauer 1991, S. 104).

2.5. Offene Fragen

Lorenzer legt in seinen Ausführungen nahe, dass die Entwicklung der sinnlich-symbolischen Interaktionsformen lebensgeschichtlich eine Vorstufe zur sprachlichen Symbolentwicklung markiert. So schreibt er den nicht verbalen Symbolen eine Priorität in der Art zu, dass jene »den Emotionen, also dem Unbewußten, näher stehen als die Sprachfiguren« da sie »in einer tieferen Schicht verankert [sind] als die sprachvermittelten Bedeutungen« (Lorenzer 1981, S. 157). Seine Erläuterung zur Vorgängigkeit der Produktion von sinnlichen Symbolen ist aber insofern zweifelhaft, als sich zum einen das mit der Garnrolle spielende Kind in einem Alter von 1 _ Jahren befindet und zusätzlich die Schilderung anschaulich darlegt, dass diese szenische Inszenierung von Wortlauten begleitet wird. Piaget (1959) hat u.a. in seinem Konzept der »verschobenen Nachahmung« den entscheidenden Kern der veränderten Weltsicht von Kindern dieses Alters allgemein anerkannt illustriert: Kinder erkennen sich in diesem Alter im Spiegel (sie beginnen, sich zum Objekt der Reflexion zu machen) und erwerben sowohl die Fähigkeit zum symbolischen Spiel als auch zur Sprachentwicklung.

Insofern scheint das *Garnrollenspiel* als Anschauung für die Besonderheiten der Produktion sinnlich-symbolischer Interaktionsformen – als Vorstufe zur sprachsymbolischen Interaktionsform – nicht hinreichend erhellend. Für das vorliegenden Beispiel läßt sich nämlich festhalten, dass hier beide Gestaltungsformen – anfänglich gesamt-szenisch in Beziehungen eingebunden –, sozialisationstheoretisch-genetisch zeitgleich erfolgen, und sich beide – in ihren je eigenen Logiken – im Laufe des Lebens differenzieren (vgl. Schmid Noerr 2000). Damit steht aber erneut die Frage im Raum, wie die von Lorenzer konstatierte engere Verbindung der sinnlichen Symbole zu den Affekten zu begründen ist, einschließlich ihres Verhältnisses von Primär- und Sekundärprozess.

Ein zweiter nicht leicht lösbarer Widerspruch zeigt sich in Lorenzers Ausführungen: Wenn nämlich nun beide Medien – sowohl die Sprachfiguren als auch die sinnlichen Symbole – es erlauben, eine Verfügung über die Situation zu erlangen, wird die alte psychoanalytische Auffassung der Sprachgebundenheit des Bewusstseins relativiert: In enger Anlehnung an Freud: »die bewußte Vorstellung umfaßt die Sachvorstellung plus der zugehörigen Wortvorstellung« (Freud 1915b, S. 160) sieht ja auch Lorenzer das Symbol dadurch ausgezeichnet, dass es über Wortvorstellungen eine Verbindung zwischen Bewusstsein und Körperengramm schafft. Darin liegt für ihn die emanzipatorische Potenz des Symbols. Bei der von ihm 1981 nachträglich eingeführten Kategorie der »sinnlich-symbolischen Interaktionsform« repräsentiert nun das Spiel den affektiven Konflikt: das Kind vermag mit dem Spiel die für sich genommene unerträglich Szene (Weggehen der Mutter – Wegwerfen der Garnrolle etc.) noch einmal risikolos durchzuspielen und über diese aktive Umformung Selbstverfügung zu erlangen. Folglich besitzt diese Ebene der sinnlich-unmittelbaren Symbole ebenfalls emanzipatorische Kraft.

Würde aber die Freudsche Annahme über das Bewusstsein in aller Schärfe beibehalten, könnte es dem Subjekt gerade nicht gelingen, mit Hilfe von Gegenständen und Bildern über erlittene Situationen eigene Verfügung zu erlangen. Indem Lorenzer dicht bei dem von ihm gewählten Spiel mit der Garnrolle bleibt, bezieht er implizit eine andere Ebene mit ein: die der sinnlichen Wahrnehmung. Es lohnt sich, diese Perspektive weiter zu verfolgen: In der Betrachtung der vorgestellten Szene zeigt sich nämlich, dass das Spiel des Kindes ein Bewusstsein zu schaffen vermag, *weil* es mit sinnlicher Wahrnehmung (haptisch und visuell) des symbolischen (symbolisierenden) Gegenstands verbunden ist: Bewusstsein umfasst neben der sprachlichen *Vorstellung* auch die aktuell sinnliche *Wahrnehmung*.

Damit läßt sich die bei Lorenzer implizit vorliegende Aporie in folgender Weise auflösen: Das reflexive Bewusstsein ist sprachlich organisiert, weil ein situations*un*abhängiges Vorstellen an die Abstraktionsstufen von Sprache gebunden ist. Aber die andere, die präreflexive Seite des Bewusstseins der situationsabhängigen sinnlichen Wahrnehmung darf in ihrer Bedeutung nicht unterschätzt werden (vgl. Dörr 1996). Die sinnlich-symbolischen Interaktionsformen erlauben ebenso wie die sprachsymbolischen Interaktionsformen ein Probehandeln, weil sie – im Spiel mit Objekten – über die Ebene aktueller sinnlicher Wahrnehmung (neue) Erkenntnisse über die Welt herstellen.

3. Zur Struktur der Gefühlssymbole

Siegfried Zepf (1997; 2000) greift die Frage nach dem Verhältnis von Bewusstsein und Erleben in der präverbalen Phase der kindlichen Entwicklung auf. Indem er die oben dargestellten Inhalte der Kategorie »sinnlich-organismische Interaktionsform« in ihren Abläufen rekonstruiert, formuliert er für diese Entwicklungsphase eine neue Lesart der – für das Bewusstsein vorausgesetzten – »Verbindung von Sach- und Wortvorstellungen«. Dazu leuchtet er in konstruktiver Anknüpfung an aber auch in Abgrenzung zu Lorenzers

Theorie der Interaktionsformen, den bisher in der psychoanalytischen Theorie unterbelichteten Bereich der Gefühle aus.

Zwar gäbe es – so konstatiert er – in der akademischen Psychologie weitgehend elaborierte wenn auch sich widersprechende Gefühlskonzepte, aber vor allem in der psychoanalytischen Theorie blieben sowohl die einzelnen Gefühle als auch die Beziehungen der Gefühle zueinander eine weitgehende Leerstelle. Und dies trotz der Freudschen Grundprämisse, dass die Entwicklung angetrieben wird von dem Ziel, Lust zu erreichen und Unlust möglichst zu verhindern (vgl. Zepf 1997, S. 11).

In der Emotionspsychologie wird davon ausgegangen, dass eine Integration verschiedener Gefühlskomponenten für das Erleben von Gefühlen konstitutiv sei. Genannt werden körperliche, vegetative und muskuläre Komponenten und deren Wahrnehmung, sowie die motivationale und kognitive Komponente (vgl. ebd., S. 9).[6] Dennoch ist die Frage nach dem relativen Stellenwert, den diese Bestandteile im Erleben der Gefühle haben, nach wie vor offen. So gilt es zwar als unstrittig, dass »Fühlen heißt, in etwas involviert zu sein« (Heller 1980, S. 19), jedoch ist der Status dieses Bestimmungsmerkmals nicht triftig ausgewiesen.

Auch die derzeit in Mode gekommene psychoanalytisch inspirierte Säuglingsforschung konnte bislang weder die Bedingungen benennen »unter denen der Schluß von einem bestimmten Ausdrucksverhalten auf das Erleben bestimmter Gefühle möglich« wird, noch die Voraussetzungen explizieren, »unter denen ein kindliches Erleben überhaupt denkbar ist« (Zepf 1997, S. 11).

Zepf fragt nun nach den Voraussetzungen, welche die Annahme eines qualifizierten Erleben auf vorsprachlichem Entwicklungsstand erlauben. Dazu hält er an der Freudschen Triebkonzeption fest und dechiffriert mit Lorenzer den Trieb als »Niederschlag realerfahrener körperbestimmter Interaktion« (Lorenzer 1977, S. 17). Auf dieser Grundlage formuliert er sein Affektkonzept und zwar in der Theorie der Interaktionsformen von Lorenzer, unter dem Fokus, welche Aspekte des Triebes/der Interaktionsformen sich in den Affekten und in den Vorstellungen zur Darstellung bringen.

---

6 Aber bis »heute ist es nicht gelungen, eine der psychologischen Theorien, in denen versucht wurde, das Zusammenwirken dieser verschiedenen Komponenten auf den Status eines begrifflichen Zusammenhanges anzuheben, ausreichend zu validieren« (Zepf 1997, S. 11).

Angetrieben von der Frage nach dem Zusammenhang von »Gefühlen, Sprache und Erleben« (1997) sucht Zepf nach den Bedingungen die einzulösen sind, wenn man den Gefühlen einen symbolischen Status zuweisen will. Dass Gefühle auch ohne Sprache erlebt werden können, darauf wies ja schon Freud unmissverständlich hin: »Die Unterscheidung von Bw und Vbw hat für die Empfindungen keinen Sinn, das Vbw fällt hier aus, Empfindungen sind entweder bewußt oder unbewußt. Auch wenn sie an Wortvorstellungen gebunden werden, danken sie nicht diesen ihr Bewußtwerden, sondern sie werden es direkt.« (Freud 1923, S. 291)

Gefühle werden demnach nicht erst durch eine Verbindung von Worten und Interaktionsformen bewusst. Insofern hält Zepf zwar sowohl die oben genannte Freudsche- als auch Lorenzers Prämisse aufrecht, kritisiert aber deren Konzeptionen – der »Verbindung von Sach- und Wortvorstellungen« – wegen ihres »bedingt-reflektorischen« statt »sinnhaft-signifikanten« Zusammenhangs von Sprache und Praxis (vgl. Zepf 1997, S. 20ff).

Im Weiteren geht er davon aus, dass den vorsprachlichen Affekten eine Struktur eigen ist, die analog zu den sprachlich-begrifflichen Symbolen ist.[7] Denn ebensowenig wie Symbole als Stellvertretung für Gegenstände fungieren, »sondern Vehikel für die Vorstellungen von Gegenständen sind« (Langer 1942, in Zepf 1997, S. 62), so wenig sind auch Affekte als Anzeichen auf anderes zu betrachten, sondern als ein Phänomen, das selber Bedeutung hat.

3.1 Begriffserläuterungen

Diese Überlegungen basieren auf einen besonderen Symbolbegriff. Zepf unterstellt mit Lorenzer, dass ein Symbol auf eine »engrammatisch fixierte Beziehungsstruktur« gründet, argumentiert dann aber dezidiert innerhalb eines ›sprachtheoretischen Bezugsrahmens‹ und bestimmt das Symbol »allgemein als ein Gebilde, das sich in Zeichen und in eine Struktur gliedert, die das Resultat eines Abstraktionsprozesses ist und eine Intension und eine Extension aufweist.« (Zepf 1997, S. 34)

Jeder Begriff wird durch ein Zeichen bedeutet, d. h. für die Sprache: das Wort ist der Bedeutungsträger [Prädikator] für den Begriff. In dessen Umfang liegen die Interaktionsformen und die Vorstellungen der phantasierten oder

[7] Zwar sei diese Prämisse in der Psychologie keineswegs neu, dennoch wurden in den bisherigen Überlegungen nicht den Gefühlen sondern mehrheitlich nur ihrem Ausdruck ein symbolischer Status zugeschrieben (vgl. Zepf 1997, S. 38).

der realen Objekte der gegenständlichen Außenwelt und ihre Eigenschaften [Extension bzw. extensionale Bestimmung]. Zugleich hat jeder Begriff eine durch Abstraktion gewonnene inhaltliche Bestimmung [Intension]. Damit stellt der Begriffsinhalt gleichsam einen Komplex von Merkmalen dar, die den miteinander verglichenen Objekten gemeinsam ist und im Vorgang der Abstraktion unter diesem Begriff subsumiert werden.[8]

Zepf geht es nun darum, innerhalb dieser Logik die Gefühle als Symbole, also als Produkt eines Abstraktionsprozesses auszuweisen, was erfordert, sowohl die gefühlsspezifischen Prädikatoren, als auch die besondere Struktur zu bestimmen. Dabei verwendet er den Gefühlsbegriff als Oberbegriff für Affekte und Emotionen, und weist den Affektbegriff als den ontogenetisch früheren aus: Während ein bestimmter *Affekt* nicht durch eine bestimmte konkrete Situation ausgelöst wird, sondern durch eine Reizklasse, also eine bestimmte Struktur, die verschiedenen Situationen gemeinsam ist, entwickeln sich *Emotionen* im Zuge der Sprachentwicklung aus den Affekten und sind inhaltlich an die bestimmte Situation gebunden, in der sie entstehen.

Ferner gebraucht Zepf den Begriff »Bedeutung« in dreifacher Weise. *Erstens* als Bedeutung der Zeichen für die Beziehung zwischen Zeichen und begrifflicher Struktur. Hiermit schließt er an Ullmann (1957) an, der zwischen »Name« und begriffliche Vorstellung »Sinn« unterscheidet. In diesem Zusammenhang stehen dann auch die Termini »Konnotation« und »Denotation«: beide Begriffe werden für die Beziehung zwischen sprachlichem Zeichen und Vorstellungen verwendet. So konstituiert z. B. das Wort »Hund« zum einen die denotative Bedeutung des sprachlichen Zeichens, also die allgemeine Vorstellung des Objektes Hund, eben nicht Katze. Zum anderen gehört zum Umfang dieses Begriffs »Hund« auch die (subjektiv) vorgestellte Beziehung, also die Interaktionsformen eines Subjekts mit diesem Objekt. Diese bringen den subjektiv besonderen konnotativen Bedeutunghof hervor. Insofern gliedert sich die extensionale Bestimmung eines Begriffs in einen denotativen und einen konnotativen Bedeutungsraum von sprachlichen Zeichen, wobei der konnotative Aspekt immer ein Teil des denotativen ist.

Eine weitere wichtige Unterscheidung ist die zwischen Denotation und Konnotation einerseits und »Referent« andererseits. Referenten sind die Objekte auf die sich die Begriffe beziehen, sie liegen also außerhalb der Begriffe

[8] Nur wenn über den Inhalt des Begriffs »Computer«, also dessen abstrahierte Intension, verfügt werden kann, kann ein sinnlich repräsentiertes Ding als Computer bewusst werden.

und werden lediglich in den Begriffen abgebildet. Die Notwendigkeit dieser Differenzierung wird einsichtig, wenn daran erinnert wird, dass es Begriffe gibt – z.B. Einhorn –, die sich zwar durch eine mögliche denotative und konnotative Bestimmung auszeichnen, allerdings selbst auf keinen objektiven Gegenstand verweisen, also keinen Referenten haben. Während der Terminus »Referent« üblicherweise für Objekte oder einen Sachverhalt in der äußeren Welt reserviert ist, wird er von Zepf auch für mentale Erzeugnisse verwendet (vgl. Zepf 1997, 34f.).

Zum *zweiten* wird »›Bedeutung‹ als *Bedeutung des Begriffs* für die Beziehung Begriff und Referent, für die Beziehung Symbol und Symbolisiertes, und zum dritten für die Beziehung verwendet, in der das Symbolisierte zum Subjekt steht, d.h. für die Bedeutung des Referenten eines Zeichens für das Subjekt.« (ebd., S. 35) Diese dritte Bedeutungsbestimmung steht im Zusammenhang der *gefühlten* Bedeutung, die ein Sachverhalt oder ein Gegenstand für ein Subjekt hat.

Des Weiteren gilt es darauf hinzuweisen, dass Zepf die Begriffe »Prädikator« und »Zeichen« zwar synonym benutzt aber explizit darauf verweist, dass er Zeichen nicht als Signale, als Anzeichen verstanden wissen will, sondern als Repräsentationszeichen. Dabei differenziert er zwischen »Zeichen-(Prädikator)gestalt«, die generell eine Abstraktionsklasse darstellt und »Zeichen(Prädikator)exemplar«[9], welche die Elemente dieser Abstraktionsklasse verkörpern. »Als ein Schema, in dem sich die Struktur äquivalenter Zeichenexemplare darstellt, erlaubt die Zeichengestalt, einzelne Zeichenexemplare als bedeutungsvolle Informationsträger zu erkennen und zu produzieren. Im Falle der Sprache figurieren die Wortvorstellungen als Zeichengestalten.« [10] (Zepf 1997, S. 36)

Im Vorgriff ist noch ein weiterer zentraler Terminus einzuleiten. Zepf führt den Begriff »autonome Imagery« zur Bezeichnung des körperlichen Prädikators für Gefühle ein. Hiermit sind die Vorstellungen (Imagery) intero-

---

[9] Mit dieser Unterscheidung knüpft er an Peirce (1931) an, der diese Aspekte als »type« und »token« in die Semantik eingeführt hat.

[10] »Ihre materielle Grundlage sind die ›Lautengramme‹ (Lorenzer 1972, S. 105), die zentralnervösen Zusammenschaltungen der sensomotorischen Impulse der gehörten, gesprochenen und geschriebenen Worte. Da die Beziehung zwischen den Lautengrammen und den Interaktionsengrammen, dem materiellen Substrat der Interaktionsformen, die in den Extensionen der Begriffe enthalten sind, ebenfalls engrammatisch fixiert ist, erlauben die sprachlichen Zeichen und die Begriffe sich gegenseitig hervorzurufen« (Zepf 1997, S. 36).

zeptiv und propriozeptiv wahrgenommener körperlicher Abläufe gemeint, die ja unwillkürlich, also autonom ablaufen. Damit greift er einen Begriff von Mandler (1975) auf, der in seiner Gefühlskonzeption mit dieser Bezeichnung auf die *Wahrnehmung* und *Repräsentanz körperlicher Erregungszustände* Bezug nimmt und somit den Vorstellungsbegriff über die visuellen oder auditiven Systeme hinaus auch für körperliche Veränderungen postuliert.

3.2 Gefühlssymbole sind wie Begriffe strukturiert

Die schon oben angedeutete Prämisse von Zepf lautet folglich: Gefühlssymbole (Affektsymbole) sind wie Begriffe strukturiert, aber statt eines sprachlichen haben sie einen körperlichen Prädikator (vgl. Zepf 1997, S. 103). Will man nun an der Überzeugung festhalten, dass Symbole, also auch Gefühlssymbole, aus der Lebenspraxis geborene, selbstproduzierte Erkenntnismittel der Praxis sind (vgl. oben), dann ist sowohl zu klären, wie die Struktur der Gefühlssymbole beschaffen ist und welchen Status die körperlichen Empfindungen darin einnehmen als auch was in den Gefühlssymbolen symbolisiert wird.

Während Sprachsymbole einen sprachlichen Prädikator (Worte) haben, übernehmen im Falle der Affektsymbole die Körperprozesse diese Prädikatorenfunktion. »So wie ausgedehnte Erfahrungen in diesen Bereichen (den auditiven und visuellen, M. D.) zu der Wahrnehmung von Objekten und Ereignissen in Abwesenheit externer Stimulation führen kann, so kann zurückliegende Erfahrung zu der Wahrnehmung autonomer Entladung in Abwesenheit aktueller Entladung führen« (Mandler 1975, in Zepf 1997, S. 53). Es sind die *ausgedehnten*, also die sich wiederholenden Wahrnehmungen der von den Körperprozessen ausgehenden Empfindungen, die zu Vorstellungen des Empfundenen führen: Es bilden sich auf der Repräsentanzebene, abhängig von der je besonderen Lebenspraxis, zentralnervös eingetragene »autonome Imageries«. Demnach werden die Interaktionsengramme – die neurophysiologischen Niederschläge der Interaktionsformen in den Subjekten – über das Zusammenspiel endokrinologischer, biochemischer und sonstiger Körperprozesse in *spezifischer Weise* strukturiert. »Interaktionsengramme sind das körperliche Resultat einer stufenweisen Bildung von Invarianzen, in deren Verlauf durch die Lebenspraxis diejenigen aus den körperlichen Prozessen abstrahiert und engrammatisch fixiert werden, die bei einem bestimmten Interagieren notwendig berücksichtigt werden müssen« (Zepf 2000, S. 641).

Folglich ist von einer begrenzten Zahl zentralnervös eingetragener Prädikatoren für Affekte auszugehen.[11] »Das materielle Substrat dieser körperlichen Zeichengestalten (Prädikatorengestalten, M. D.) bilden die zentralnervösen Muster, in denen sich die Intensitäten der vegetativen und propriozeptiven Impulse neokortikal abbilden. In beiden Zeichensystemen (Sprache und Gefühle, M. D.) wird das Verhalten nicht durch die Zeichen, sondern durch ihre Bedeutung bestimmt« (Zepf 1997, S. S. 57).

Die körperlichen Abläufe und ihre Wahrnehmungen stellen daher zwar einen unverzichtbaren Bestandteil der Affekte dar. Inhaltlich allerdings werden die Affekte von diesen körperlichen Abläufen nicht kontrolliert. Gefühlssymbole sind analog der Sprachsymbole nicht mit dem identisch, was sie bedeuten: Wie die Worte, die sich im Laufe der Subjektentwicklung ausdifferenzieren, die sprachliche Existenzform der Begriffe sind, so sind auch die körperlichen Prädikatoren nicht die Affekte, sondern deren körperliche Existenzformen.

3.3 Unterschiede von Sprach – und Gefühlssymbolen

Neben diesen Gemeinsamkeiten macht Zepf zentrale Unterschiede der beiden Symbolsysteme kenntlich: Im Falle der Gefühle ist es die Interaktion, die bestimmte seelische und körperliche Zustandsänderungen hervorruft, »wobei die körperliche Zustandsveränderung die seelische Veränderung bedeutet und beide gemeinsam als Gefühlssymbole deren Bedingungen bedeuten.« (ebd.) Insofern lassen sich körperliche Prädikatoren nicht unmittelbar, sondern nur mittelbar über die Praxis herstellen, »wobei freilich das, was sie bedeuten, über Zeichengestalten antizipiert werden kann.« (ebd.)[12] Die körperlichen Zeichenexemplare und ihre Bedeutungen werden also von den nämlichen Bedingungen verursacht. Im Falle der Sprache ist dies anders: Die sprachlichen Zeichen werden nicht von dem Objekt verursacht, das in ihren Bedeu-

[11] Obgleich bei dem derzeitigen Kenntnisstand nicht hinreichend entscheidbar ist, welchen Spezifitätsgrad diese Vorstellungen aufweisen (vgl. Zepf, S. 57).

[12] » So können z.B. durch medikamentöse Aktivierung (Applikation von Adrenalin) entsprechende ›autonome Imageries‹ hervorgerufen werden, womit das Phänomen sogenannter ›Als-ob-Gefühle‹, als Erinnerungen an Gefühle, entzifferbar wird« (vgl. Schachter und Singer (1962) in Zepf 1997, S. 57).

tungen ideel abgebildet wird, sondern die Zeichenexemplare, und das, was sie bedeuten, können vom Subjekt selbst hergestellt werden. Dies ist selbst dann der Fall, wenn der Gegenstand, den sie bezeichnen, in der objektiven Welt gar nicht vorhanden ist[13].

Eine weitere Differenzierung plausibilisiert Zepf, indem er die Unterschiede der beiden Symbolsysteme im Kontext der »Theorie der Abstraktionsstufen« sowie der »Theorie der semantischen Stufenbildung« untersucht und zum Ergebnis kommt: »Die Sprache erlaubt damit, nicht nur Gegenstände, sondern auch sich selbst zum Untersuchungsgegenstand zu machen. Die Individuen können die sprachlichen Zeichen und deren Bedeutung voneinander abstrahieren und – etwa in einer linguistischen, syntaktischen oder semantischen Analyse der Sprache – getrennt in Augenschein nehmen, ihre Unterschiede erkennen und auf unterschiedlichen Abstraktionsstufen metasprachlich darstellen.« (ebd., S. 58)

Diese semantische Stufenbildung, die in der Sprache möglich ist, entfällt für das System Gefühlssymbole: »Einmal mangelt es an einer ausreichenden Anzahl verschiedener körperlicher Prädikatoren, welche Gefühle auf unterschiedlichen Abstraktionsstufen verschieden bezeichnen könnten, und die Verschiedenheit und Identität der intensionalen Bestimmungen verschiedener Gefühle kann nicht erfasst und somit nicht abstrahiert werden. Zum anderen lassen sich weder die körperlichen Prädikatoren von dem, was sie bedeuten abstrahieren, noch können Gefühle zum Gegenstand von Gefühlen werden. Über Gefühle läßt sich nicht ›nachfühlen‹.« (ebd.)[14]

---

[13] Zepf führt zur Erläuterung an, dass Subjekte sich ein Einhorn vorstellen können, obgleich es ein Einhorn in der objektiven Welt nicht gibt.

[14] Auch im Lichte der »Theorie der semantischen Stufe« konstatiert Zepf für die Organisation der Gefühlssymbole eine Eindimensionalität derart, dass innerhalb des Systems der Gefühlssymbole eine Erkenntnis der Erkenntnismittel nicht möglich ist, da keine Erkenntnismittel für Gefühle vorliegen.: »Die in ihrer Intensität verschiedenen körperlichen Prädikatoren können nicht von dem, was sie bedeuten, abstrahiert und subjektiv nicht isoliert von ihrer Bedeutung differenziert werden, und durch die Gefühle können die Beziehungen zwischen realisierten Interaktionen und dem vorhandenen System der Interaktionsformen, jedoch nicht die Gefühle selbst als ›Gefühle‹ bewusst werden. Operiert man ausschließlich innerhalb dieser Organisation, dann hat man verschiedene Gefühle, aber man kann nicht wissen, dass man verschiedene Gefühle hat. Ihre Verschiedenheit gründet in den wahrgenommenen und abstrahierten Beziehungen der Interaktionsformen, die durch Interaktionen hervorgerufen werden.« (ebd., S. 59)

Dementsprechend schreibt Zepf dem noch sprachlosen Kind ein Bewusstsein zu, dessen Inhalte in den Affektsymbolen existieren.[15] In diesem Entwicklungsstadium ist die Bildung der Gefühle noch an die wahrnehmbare Differenz der *Intensität* der körperlichen Reize gebunden: Eingang in das Erleben finden diese differenten Intensitäten nur gemeinsam mit dem, was sie bedeuten. Weder die unterschiedlichen Reizintensitäten noch die Veränderungen der aktualisierten Interaktionsformen können getrennt voneinander erlebt werden: Nicht die einzelnen Aspekte, die das Erleben der Affekte konstituieren, dringen in das Bewusstsein ein, sondern was erlebt wird, ist ihre Verbindung mit Interaktionsformen, sind Affekte. Insofern weisen diese Affekte eine begriffsanaloge Struktur auf. »Die Intension eines Affektsymbols liegt nun in der Beziehung seiner besonderen Extensionen, welche in Anwendung der besonderen Intensionen anderer Affektsymbole als besondere Affekte erlebt werden. Bezogen auf die Prädikatoren ist der Affekt deren Bedeutung, bezogen auf die Objekte der Nullstufe sind die Affekte die Abbilder der Beziehungen zwischen Verhaltensaspekten der Objektwelt und des Selbst. Diese Beziehungen werden durch Affekte symbolisiert und in Form des unmittelbaren Erlebens in den Affekten erkannt.« (ebd., S. 103)

Das noch sprachlose Kind erlebt nicht nur Lust und Unlust – was eine Prämisse der gängigen psychoanalytischen Auffassung war – sondern kann in seiner vorsprachlichen Entwicklung ein wesentlich differenzierteres Gefühlsleben erwerben. Aber zugleich verteidigt Zepf, mit der Differenzierung zwischen einer vorhandenen und einer subjektiv verfügbaren Repräsentanzenwelt, die psychoanalytische Prämisse der unbewussten Phantasie bei Säuglingen.

Noch auf eine weitere relevante Abstufung innerhalb der Affekte gilt es aufmerksam zu machen. Auf die Unterscheidung zwischen Prozessgefühlen und Zustandsaffekten: »Prozeßgefühle sind Affekte, die während der Aktionen auftreten und die aus dem Kontext, in dem sie auftreten, als Lust, Funktionslust, Unlust, Gelingen, Mißlingen, Schmerz, Vernichtetwerden, Erzwingen, erfolgreiche Hilfe, Hilflosigkeit benannt werden können. Zustandsaffekte stehen am Beginn und am Ende einer Aktion. Zu ihnen zählen Affekte, die ich als Bedürfnis, Wohlbehagen, Mißbehagen, Kummer, Hilfs-

[15] Auch dies macht offensichtlich, dass Zepf am Kern der Freudschen Argumentation festhält: Affekte sind *zum einen* nicht als Triebe aufzufassen, sondern jene gelten – wie die Vorstellung – als eine psychische Repräsentanz der Triebe. *Zum anderen* stellen Affekte keine primären (angeborenen) Motivationssysteme dar, wie Vertreter der neueren Säuglingsforschung (vgl. Dornes 1993) postulieren.

bedürftigkeit, Versagen, Verzweiflung, Angst, Wut, Enttäuschung, Interesse, Freude, Hoffnung, Sicherheit/Unsicherheit, Vertrauen/Mißtrauen bezeichnet habe.« (ebd.) Beide Affektarten sind gleichermaßen Resultate und Bewegungsformen des präverbalen Denkens.

3.4 Soziale Produktion der körperlichen Prädikatoren

Folgt man der bisherigen Darstellung, wird ersichtlich, dass Gefühlssymbole – wie die sprachlichen Symbole – Produkte des Sozialisationsprozesses und zugleich Produktionsmittel im Prozess der Erkenntnisbildung sind: Erlaubt nämlich die Bildung sprachsymbolischer Interaktionsformen schließlich das Erkennen der realen Interaktionsprozesse – denn nur die Interaktionsformen die auf Begriffe gebracht werden können, konstituieren die »konnotativen« Bedeutungen der sprachlichen Zeichen eines Subjekts –, so ermöglicht erst die Bildung von Gefühlssymbolen das Bewusstwerden jener Beziehungen, in denen die aktiv gewollten oder passiv erlittenen Interaktionsprozesse zum Subjekt stehen. Damit kann die Frage beantwortet werden, *was* in den Gefühlen symbolisiert wird: Es ist das *aktuelle* System der Beziehungen, das sich in den Gefühlen repräsentiert, in dem das Insgesamt der Interaktionsformen bei einer intendierten oder durchgeführten Interaktion steht: »Gefühle geben mittelbar Auskunft über das Verhältnis, in dem eine aktualisierte oder realisierte aktive, auf Objekte gerichtete, bzw. von ihnen ausgehende und passiv erfahrene Interaktionsform zur Persönlichkeitsstruktur steht.« (ebd., S. 56)

Affekte sind demnach keine Motive, sondern sie repräsentieren Motive. Zwar ist das Erleben von Affekten an das Vorhandensein körperlicher Prädikatoren gebunden und deren materielles Substrat (Prädikatorenexemplare) kommt an der Körperperipherie in irgendeiner Weise zur Darstellung. Jedoch kann dem Ausdrucksverhalten nicht entnommen werden, welche Affekte vorliegen, d.h. aufgrund eines beobachtbaren Ausdrucksverhaltens kann nicht auf das Innenleben des Säuglings geschlossen werden.[16] Gefühle und Gefühlsausdruck sind gerade nicht isomorph. Mimische Muster sind als Zei-

[16] »Die Übereinstimmung der Beobachter verschiedener Kulturen erlaubt nur die Aussage, dass von diesen Beobachtern bestimmten mimischen Gestalten bestimmte Affekte zugeschrieben werden. Keinesfalls lizensiert diese Übereinstimmung die Annahme, dass Personen, welche diese mimischen Muster zeigen, auch die Gefühle erleben, die von den Beobachtern diesem Ausdruck zugeordnet werden« (Zepf 1997, S. 190).

chenexemplare aufzufassen, als materielle Realisationen von Zeichengestalten, die als »autonome Imageries« vorliegen. Sie stellen einen seelischen Inhalt nicht her, sondern sie bezeichnen ihn.

Dennoch nimmt der sichtbare Gefühlsausdruck nicht nur in quantitativer sondern auch in qualitativer Hinsicht Einfluss auf das vorsprachliche Erleben: Wie Lorenzer in seiner Konzeption der Spracheinführung beschreibt, versprachlicht die Mutter die gemeinsam hergestellte und in das Kind eingetragene Interaktionspraxis und korrigiert darüber hinaus die sprachlichen Ausdrücke des Kindes. Analog dazu stellt sie auch die Gefühle ihres Kindes in ihrer Umgangspraxis mit her. Dadurch, dass sie die mimischen Abläufe, die als eine Art unwillkürliche Äußerung[17] mit einem Gefühlszustand einhergehen, durch ihre Reaktion auf das Verhalten des Kindes korrigiert, signiert sie einen bestimmten mimischen Ablauf als Ausdruck *dieses* Gefühls. Indem die Bezugspersonen den mimischen Abläufen ihres Kindes eine Bedeutung zuschreiben, werden die ursprünglich reflektorischen Reaktionen zu einem bedeutungsvollen Akt und damit auch zu Mitteln der Einwirkung auf andere.

Mit seiner Nachzeichnung der Strukturierung körperlicher Abläufe in Abhängigkeit von der Lebenspraxis macht Zepf die zentrale Aussage von Cassirer (1923), »daß die über Sinnesreize laufenden Kontakte mit der Welt symbolisch zu etwas Sinnhaftem verarbeitet werden« auch für »das anders geartete dynamisch-energetische Konzept« (Lorenzer 1970) fruchtbar. Mit seiner Begründung der These, dass Gefühle Symbole sind, gelingt ihm zugleich eine genauere Nachzeichnung der Strukturierung des Primärvorganges. So entziffert er die von Freud beschriebene »freie Verschiebbarkeit der Libido« (Freud 1915b) als ›Mystifikation affektsymbolischen Denkens‹, indem er auf die inhaltlichen und strukturellen Parallelen zwischen seiner Lesart der Affektsymbole und der Freudschen Charakterisierung des Primärvorgangs aufmerksam macht. Zu Anfang des Seelenlebens gibt es nur den Primärvorgang, konstatiert Freud. Sowohl dieser Sachverhalt als auch die weitere Charakterisierung, es gäbe für den Primärvorgang weder Negation, noch Zweifel, noch Grade von Sicherheit, lassen sich für die Bildung der Affekte identifizieren. Desgleichen gilt für die Affektsymbole, dass es nur mehr oder weniger stark besetzte Inhalte gibt, dass Verschiedenes wie Identisches behandelt und

---

[17] Dabei liegen vermutlich den »körperlichen Erscheinungsformen der Affekte (...) überindividuelle, phylogenetisch erworbene, allgemeine Muster zugrunde, die in der Sozialisation Affekten zugeordnet und über erworbene Display Regeln konkretisiert werden, wodurch die Muster innerhalb der von ihnen vorgegebenen Grenzen eine je individuelle Form gewinnen.« (Zepf 1997, S. 193)

schließlich auch, dass den entscheidenden Regeln der Logik keine Geltung zugesprochen wird (vgl. Zepf 2000, S. 246f).[18]

3.5 Affekte und Emotionen – Einführung von Sprache

Zwar gründet die Verschiedenheit der qualitativ differenten Gefühle in Form von Affekten in den wahrgenommenen und abstrahierten Beziehungen der Interaktionsformen, die durch Interaktionen hervorgerufen werden. Aber erst mit der Spracheinführung wird es auch möglich, einzelne Interaktionsformen und ihre Elemente subjektiv differenziert zu erkennen.

Der Vorgang der Spracheinführung verändert den Charakter von Gefühlssymbolen. Mit der Begriffsbildung werden zum einen die Interaktionsformen voneinander unterscheidbar »als sie sowohl in den Aspekten, in denen sie identisch als auch in jene, in denen sie verschieden sind, Bewusstsein gewinnen« (Zepf 1997, S. 104). Zum anderen ist der Erwerb einer Sprache, die ja in der Regel über Sach- und über Gefühlsbegriffe verfügt, vorauszusetzen, damit Affektsymbole zu Emotionssymbolen und als besondere Emotionen subjektiv identifizierbar werden. Wie in der Begriffserläuterung schon dargelegt, wird in der Perspektive von Heller (1980) ein Affekt durch eine bestimmte Struktur, die verschiedenen Situationen gemeinsam ist, ausgelöst. Demgegenüber ist eine Emotion – ein »situatives Gefühl« (Heller) – immer an die spezifische Situation in der sie entsteht, gebunden. Die Einführung von Sprache macht es nun möglich, diese jeweils konkrete Situation, in der die Gefühle auftreten, genauer zu bestimmen. Erst nachdem die Affekte mit der Einführung von Sprache in Emotionen aufgehoben (im Sinne einer dialektischen Negation) sind, weiß man welche ›Gefühle‹ man hat. »Sprache differenziert die Gefühle nicht nur, indem sie Prädikatoren – bspw. die Worte ›Angst‹, ›Haß‹, ›Freude‹ – zur Verfügung stellt. Da mit der Sprache Interaktionsformen ins Bewußtsein eingelassen werden und ihre objektive Besonderheit subjektiv eingeholt werden kann, differenziert sich der Gefühlsbereich auch inhaltlich. Denn: eine Beziehung zwischen Interaktionsformen wird

[18] »Die unter den psychoanalytischen Begriffen ›Libido‹ und ›Besetzung‹ gefaßten Sachverhalte präsentieren sich im vorgestellten konzeptuellen Bezugsrahmen in Gestalt der autonomen Imageries, in denen körperliche Reize abgebildet werden. Sie sind Teil der Repräsentanz der Interaktion, der Interaktionsformen, und auf diesen Teil, der Abbildung körperlicher Reize in der Repräsentanzwelt, nimmt der Begriff ›Besetzung‹ Bezug« (Zepf 2000, S. 224).

durch ihre Eigenschaften bestimmt, sodaß sich eine Beziehung um so präziser definieren läßt, je genauer diese Eigenschaften bewußt verfügbar sind.« (Zepf 1997, S.113)

Der Erwerb der Gefühlsworte und -begriffe ermöglicht demnach, die zu Emotionssymbolen gewordenen Affektsymbole begrifflich abzubilden. Nun kann die gefühlsmäßige Bedeutung eines Sachverhaltes, die sich in den Emotionen darstellt, nicht nur erlebt, sondern auch begriffen und sprachlich begründet werden. Dabei behalten die Emotionen »den Status von Erkenntnismitteln für die Beziehung, in der ein Sachverhalt zum Subjekt steht«, gewinnen aber darüber hinaus in »Gestalt von Orientierungsgefühlen noch eine weitere Erkenntnisfunktion« (ebd.). Emotionen symbolisieren – als situatives Gefühl – die Beziehung zwischen Interaktionsprozessen und den Beziehungen zwischen den Interaktionsformen, die sich durch diese Prozesse herstellen: »Die Emotionsbegriffe – etwa Angst, Haß, Freud, Eifersucht, Ekel – enthalten die diesen Emotionen angehörenden ›autonomen Imageries‹ und erlauben, nicht nur diese Emotionen, sondern in Verbindung mit anderen Begriffen sowohl deren körperliche Seite als auch die für die besondere Emotion charakteristische besondere Beziehung zwischen der Realisation besonderer Interaktionsformen und dem Gefüge der Interaktionsformen, das im Subjekt vorliegt, sprachlich getrennt voneinander zu erfassen und auszudrücken« (ebd., S. 111).

Dabei liegt die erworbene Sprache in Bezug auf die Interaktionsformen auf einer ersten semantischen Stufe, jener Stufe, auf der sich die Affektsymbole schon befinden. Bezogen auf die in Emotionssymbole gewandelten Affektsymbole haben die Gefühlswörter und Begriffe einer Sprache den Status einer Metasprache, deren Erkenntnisobjekte die Emotionssymbole sind. Insofern gilt es auf eine Differenz zwischen Interaktionsformen und Emotionssymbolen, die in Begriffen abgebildet werden, hinzuweisen: Wie bisher dargestellt, verfügen die körperlichen Prädikatoren auf vorsprachlichem Entwicklungsstand nur über einen konnotativen Bedeutungshof. Die sprachlichen Prädikatoren der Emotionsbegriffe haben nun darüber hinaus noch einen denotativen Bedeutungsraum: »Die Extensionen eines Emotionsbegriffs sind die Konnotate eines Gefühlswortes. Sie bestehen aus Interaktionsformen, welche durch Interaktion zueinander in Beziehung gesetzt werden. Die intensionalen Bestimmungen eines Emotionsbegriffs sind Beziehungen zwischen den realisierten, passiv erfahrenen oder aktiv hergestellten Interaktionen und dem System der Interaktionsformen, die sich im Innern des Subjekts finden« (Zepf 2000, S. 226).

Die Gefühlsworte stellen die Emotionssymbole lediglich abstrakt dar. Erst wenn Gefühlsworte auf Emotionssymbole referieren, können Gefühlsbegriffe die Emotionssymbole bedeuten, die wiederum die Gefühlsbegriffe bedeuten. Allerdings können allein die Bedingungen von Emotionssymbolen die Referenten der Denotate der Gefühlsworte herstellen. Dies wird einsichtig, wenn daran erinnert wird, dass Emotionen an spezifische Situationen gebunden sind, und insofern immer nur *Emotionen der Möglichkeit nach* sind. Folglich können die Denotate der Gefühlsworte erst dann einen Referenten erhalten, wenn diese möglichen Emotionen über die Herstellung *ihrer* Referenten zu wirklichen, erlebten Emotionen geworden sind.

Die semantische Stufenbildung, die in der Sprache möglich ist, befähigt nun das Subjekt, Interaktionsformen relativ beliebig zueinander in Beziehung zu setzen. Da nämlich nun über die Sprache abstrakt erfahren werden kann, »welche Emotionen in welcher Situation vorliegen können, fügt der Spracherwerb in einem denotativen Bedeutungsraum den versprachlichten Gefühlen weitere Bedingungen ihres Entstehens hinzu« (Zepf 1997, S. 112).

Dergestalt können Emotionen nicht nur passiv erfahren, sondern aktiv gegenüber Gegenständen hergestellt werden. Denn nun vermag das Subjekt, auch die Bedingungen möglicher Emotionen, die es über Sprache abstrakt erworben hat, in das Set der Bedingungen der konkret erfahrenen eigenen Emotionen einzubringen und miteinander zu vergleichen. Gleichwohl ist diese Gefühlsproduktion nur *relativ beliebig*, »weil sie sich innerhalb der Grenzen der möglichen Emotionen bewegen muß, welche die Sprache für bestimmte Situationen vorsieht« (ebd., S. 114).

4. Schlussbemerkung – Gefühle sind eine Einheit von Erleben und Wissen

Für die Bildung der Gefühle ist – so sollte deutlich geworden sein – »das Involviertsein in etwas« nicht nur eine hinreichende, sondern eine *notwendige* Bedingung, artikuliert sich darin doch die emotive Bedeutung der Gegenstände. Wie die Sprache auf das Bewusstsein einwirkt, indem sie nur das ins Bewusstsein einlässt, wofür sie Worte besitzt, wirken auch die körperlichen Prädikatoren auf das Erleben der Gefühle dadurch ein, dass sie darin einbezogen werden. »Wenn man in etwas involviert ist, treten Gefühle auf, und wenn Gefühle auftreten, ist man in etwas involviert.« (Heller 1980, S. 207)

Freilich ist dabei keineswegs unterstellt, dass das Subjekt auch über das, was die Gefühle hervorgerufen hat, unbedingt Auskunft geben kann oder dass die entstehenden Gefühle immer als das entschlüsselt werden, was sie sind. Gleichwohl zeigen die Ausführungen von Zepf, dass Affekte und Emotionen selbst als Kognitionen zu begreifen sind. Sie sind Erkenntnisse eines spezifischen Gegenstandes, nämlich der Beziehungen, in denen die Interaktionen mit der Objektwelt zum Subjekt stehen.

Betrachtet man mit Heller die Relation von Wissen und Erleben als »Figur-Hintergrund-Verhältnis«, und erweitert ihre Ausführungen dahingehend, dass »das Involviertsein in etwas« nicht lediglich eine hinreichende sondern eine *notwendige* Bedingung ist, dann wird evident, dass der kognitive Aspekt den Gefühlen inhärent ist. Affekte und Emotionen sind eine Einheit von Erleben und Wissen: »Allerdings nicht in dem Sinne, daß hier zwei getrennte Entitäten – Affekte und Emotionen einerseits und Kognitionen andererseits – äußerlich zusammengefügt werden. Sowohl im Wissen wie auch im Erleben durchdringen sich beide. Kognitionen enthalten einen emotional-affektiven und die Affekte und Emotionen einen kognitiven Aspekt. Im ersten Fall dominiert das Wissen, der gegenständliche Inhalt, und im zweiten das Erleben, die Bedeutung, den der gegenständliche Inhalt im Laufe des Lebens gewonnen hat.« (Zepf 1997, S. 210)

Erst nach der Einführung der Sprache kann man diesem »Etwas«, worin man involviert ist, die alleinige Aufmerksamkeit schenken. Die Sprache erlaubt schließlich, die zu Emotionen gewordenen Affekte und die Gegenstände, denen sie gelten, voneinander zu abstrahieren: Zum einen die Gegenstände ins Zentrum des Bewusstseins zu rücken und weitgehend isoliert von Emotionen zu betrachten und über sie nachzudenken. Zum anderen können die Emotionen unabhängig von ihren geschichtlichen Gründen befragt werden, so dass die Bedeutung, die der aktuelle Gegenstand für das Subjekt hat, historisch durchsichtig werden kann (vgl. ebd.).

Zugleich dürfte einsichtig sein, dass sich im Subjekt – unter Bedingungen einer restriktiven Lebenspraxis – ein differenziertes Bewusstsein dieser Praxis nicht hinreichend aus individueller Interaktionserfahrung heraus bilden kann. Beispielsweise können in einer misslingenden präverbalen Interaktionspraxis die Intensitätsdifferenz der körperlichen Prädikatoren so eingeebnet werden, dass sie subjektiv nicht mehr in dem Maße unterschieden werden können, wie es für die Bildung verschiedener Affektsymbole nötig ist. Oder, die qualitative Differenzierung der Prädikatoren kann verhindert bzw. aufgehoben werden, wenn z. B. der Ausdruck der Wut von den Eltern systematisch unterdrückt wird.[19] Ebenso ist es eine Folge eingeschränkter Praxis, dass sich Interaktionsformen nur rudimentär entwickeln können. Auch die neuere Bindungsforschung hat entsprechende Entdeckungen über qualitativ unterschiedliche Organisationsstrukturen von Emotionen, Verhalten und sprachlicher Repräsentation formuliert (vgl. Grossmann, in diesem Band) und dies als Folge einer unbefriedigenden, unzureichenden Regulierung der Gefühle in der präverbalen Interaktion mit bedeutsamen Bezugspersonen oder als Störung früher organisierender Symbolisierungsprozesse interpretiert (vgl. Pedrina 1992).

Unter solch einer beschnittenen sozialen Praxis sistiert die Bildung der Gefühle noch vor dem Hinzufügen von Sprache. Zwar bleibt es möglich, dass sich Subjekte die denotativen Bedeutungen von Begriffe quasi von oben aneignen können. Dennoch werden jene Begriffe insofern qualitativ verformt, als sie nicht mehr auf der Basis der eigenen, sondern auf der einer bloß gezeigten Praxis gebildet werden. Zepf entziffert diese Sachverhalte beispielhaft anhand seines Modells der *psychosomatischen Erkrankung in der Theorie der Interaktionsformen*. Bei den Betroffenen dominiert hierbei der öffentliche über den privaten Bedeutungsraum der Sprache: »Triebbedarf, körperliche Funktionsabläufe und die Objektwelt werden über eine gezeigte Praxis durch die Sprache anderer gleichsam von ›oben‹, aber nicht konkret von ›unten‹ durch Erleben aufgegliedert und integriert.« (Zepf 2000, S. 661)[20]

Insofern hat eine »Bildung der Gefühle« notwendig am Erleben anzusetzen. Nur eine gelebte – statt dargestellte – Praxis schafft die Bedingungen, damit die Betroffenen den sprachlichen Zeichen wie zum Beispiel Angst, Trauer, Wut, Ärger, Lust, Liebe ... etc. ihre subjektiven Konnotationen beifügen können, damit sie *Subjekte* ihrer eigenen Lebensgeschichte bleiben bzw. werden können.

Was Zepf begründet für die klinische psychoanalytische Praxis postuliert, gilt es meines Erachtens ebenso für eine professionelle pädagogischen Praxis einzufordern. Eine Bildung der Gefühle – soll sie denn gelingen – hat die

---

[19] In diesem Fall bleiben die »propriozeptiven Afferenzen« aus, die zusammen mit den ansteigenden vegetativen Impulsen die spezifische Zeichengestalt des Prädikators der Wut konstituieren.

[20] Eine vom Triebbegriff unabhängige Affektlehre, primär-autonom, das heißt angeboren gedacht, befreit vom unaufhebbaren Widerspruch zwischen dem triebhaften Verlangen des Subjekts, seinem Begehren, das sich in seinen Wünschen ausmalt, in seinen Phantasien wirksam ist, und den kulturellen und zivilisatorischen Vorschriften, die dieser Befriedigung des Begehrens entgegenstehen.

Prämisse einer gelebten pädagogischen Praxis zur Voraussetzung. Dieser Sachverhalt verlangt entschieden, sich einer Technisierung von Bildungsprozessen der Gefühle entgegen zu stellen. »Trainingprogramme«, die zur »Förderung der emotionalen Intelligenz« in Kindergärten und Schulen als sog. Präventionsangebote (vor allem gegen aggressive Verhaltensweisen von Kindern) implementiert werden, vernebeln bestehende sozial-ökonomische und sozial-kulturelle Missachtungsstrukturen und zwingen die Betroffenen unter die »eisige Dusche der Normalisierung« (Mc. Dougall 1985, S. 461). Solche Programme gehören zu einer Kultur, »die eine gesellschaftliche Instrumentalisierung des Menschen einschließlich seines Körpers vorantreibt, die sich durch Desinteresse, Reserve, Kälte und Zweckrationalität auszeichnet« (Dörr 1999, S. 1). Das Aufbegehren gegen Missachtungserfahrungen, damit verbundene Kränkungen und fundamentale Ängste, wird mithilfe einer ›Machbarkeitspädagogik‹ – ähnlich wie in der ›Medizin der pills and needles‹ – weitgehend kaschiert. So wird »›Leid‹ zunehmend aus dem mitteilbaren und damit teilbaren Erfahrungsbereich ausgegrenzt« (ebd.).

Lorenzer (1980, S. 328) wusste die fatalen Konsequenzen anschaulich zu formulieren: »Nicht mehr Patienten treten uns entgegen, sondern Supernormale, die überaus gut funktionieren, weil sie ›frei‹ sind von der Bürde sinnlicher Erfahrung, frei von der Bindung an andere, d. h. unfähig zur solidarischen Kooperation«.

Literatur

Burkhardt, A. (1996): »Geballte Zeichen«: Das Symbol und seine Deutungen. In: Zeitschrift für Semiotik Band 18, Heft 4, S. 461-482, Tübingen.

Cassirer, E. (1923): Philosophie der symbolischen Formen. Bd. I. Darmstadt (Wissenschaftl. Buchges.), 1958.

Cassirer, E. (1956): Wesen und Wirkung des Symbolbegriffs. Darmstadt (Wissenschaftl. Buchges.).

Cassirer, E. (1960): Was ist der Mensch. Stuttgart.

Dornes, M. (1993): Der kompetente Säugling. Die präverbale Entwicklung des Menschen. Frankfurt/M. (Fischer).

Dörr, M. (1996): Beziehungsarbeit. Zur Fragwürdigkeit eines Modebegriffs im psychosozialen Bereich. Frankfurt/M. (Brandes & Apsel).

Dörr, M. (1999): »Hermeneutik des Leibes«: Gesundheit und der subjektive Faktor. In: Bundesvereinigung für Gesundheit e.V. (Hg.): Gesundheit:

Strukturen und Handlungsfelder. Wissenschaftliche Konzepte, VIII 5, Neuwied (Luchterhand), S. 1-21.
Freud, S. (1915a): Die Verdrängung. Studienausgabe III, Frankfurt/M. (Fischer), S. 107-118.
Freud, S. (1915b): Das Unbewußte. Studienausgabe III; Frankfurt/M. (Fischer), S. 125-162.
Freud, S. (1923): Das Ich und das Es. Studienausgabe III, Frankfurt/M. (Fischer), S. 283-330.
Görlich, B. (1997): Emotionale Symbole – die sensibelste Registratur des Sozialen im Menschen. In: Politisches Lernen, 3-4, S. 27-39.
Habermas, J. (1997): Die befreiende Kraft der symbolischen Formgebung. Ernst Cassirers humanistisches Erbe und die Bibliothek Warburg. In: Ders.: Vom sinnlichen Eindruck zum symbolischen Ausdruck. Frankfurt/M. (Suhrkamp), S. 9-40.
Habermas, J. (2001): Symbolischer Ausdruck und rituelles Verhalten. Ein Rückblick auf Ernst Cassirer und Arnold Gehlen. In: Ders.: Zeit der Übergänge. Frankfurt/M. (Suhrkamp), S. 63-82.
Heller, A. (1980): Theorie der Gefühle. Hamburg (VSA).
Klein, R. (2003): In der Zwischenzeit. Tiefenhermeneutische Fallstudien zur weiblichen Verortung im Modernisierungsprozess 1900–2000. Gießen (Psychosozial-Verlag).
Lorenzer, A. (1970): Kritik des psychoanalytischen Symbolbegriffs. Frankfurt/M. (Suhrkamp).
Lorenzer, A. (1976_): Sprachzerstörung und Rekonstruktion. Frankfurt/M. (Suhrkamp).
Lorenzer, A. (1977_): Zur Begründung einer materialistischen Sozialisationstheorie. Frankfurt/M. (Suhrkamp).
Lorenzer, A. (1980): Die Sozialität der Natur und die Natürlichkeit des Sozialen. Ein Gespräch zwischen Alfred Lorenzer und Bernard Görlich. In: Görlich, B., Lorenzer, A. & Schmidt, A. (Hg.): Der Stachel Freud, Frankfurt/M. (Suhrkamp), S. 297-349.
Lorenzer, A. (1981): Das Konzil der Buchhalter. Die Zerstörung der Sinnlichkeit. Eine Religionskritik. Frankfurt/M. (Europäische Verlagsanstalt).
Lorenzer, A. (1988): »Hermeneutik des Leibes« Über die Naturwissenschaftlichkeit der Psychoanalyse. In: Merkur, 42, S. 838-852.
Lorenzer, A. (1991) Der Symbolbegriff und seine Problematik in der Psychoanalyse. In: Oelkers, J., Wegenast K. (Hg.): Das Symbol – Brücke des Verstehens. Stuttgart (Klett-Cotta), S. 21-30.

Lorenzer, A. (2002): Die Sprache, der Sinn und das Unbewusste. Psychoanalytisches Grundverständnis und Neurowissenschaften. Hrsg. von Ulrike Prokop, Stuttgart (Klett-Cotta).

McDougall, J. (1985): Plädoyer für eine gewisse Anormalität. Frankfurt/M. (Suhrkamp).

Mollenhauer, K. (1991): Zur Funktion des Symbols in der Erziehungswissenschaft. In: Oelkers, J., Wegenast, K. (Hg.): Das Symbol – Brücke des Verstehens. Stuttgart (Klett-Cotta), S. S. 98-110.

Pedrina, F. (1992): Psychotherapien mit Säuglingen und Eltern. Gedanken zu den frühen Symbolisierungsprozessen. In: Kinderanalyse. Stuttgart (Klett–Cotta), S. 46-67.

Piaget, J. (1959): Nachahmung, Spiel und Traum. In: Gesammelte Werke, Bd. 5, Stuttgart (Klett-Cotta), 1990.

Schmid Noerr, G. (2000): Symbolik des latenten Sinns. Zur psychoanalytischen Symboltheorie nach Lorenzer. In: Psyche, 54, S. 454-482.

Spitz, R. (1960): Die Entstehung der ersten Objektbeziehungen. Stuttgart (Klett-Cotta).

Tenorth, H.-E. (1997): »Bildung« – Thematisierungsformen und Bedeutung in der Erziehungswissenschaft. In: Zeitschrift für Pädagogik, 43 (6), S. 969-983.

Zepf, S. (1997): Gefühle, Sprache und Erleben. Psychologische Befunde – psychoanalytische Einsichten. Gießen (Psychosozial Verlag).

Zepf, S. (2000): Allgemeine psychoanalytische Neurosenlehre, Psychosomatik und Sozialpsychologie. Gießen (Psychosozial Verlag).

Klaus E. Grossmann

Die Bedeutung der ersten Lebensjahre für die Organisation der Gefühle

1. Risiko- und Schutzfaktoren: Äußere Bedingungen der individuellen Entwicklung

Das Verständnis der Entwicklung über den Lebenslauf hat innerhalb einer Generation, etwa seit Beginn der siebziger Jahre außerordentlich zugenommen. Die wichtigsten Beiträge dazu haben Untersuchungen geleistet, die sich der Vielfalt von Wechselbeziehungen zwischen Individuen und ihren jeweiligen Lebensbedingungen in verschiedenen Phasen ihrer Entwicklung gewidmet haben. Ein klassisches Beispiel dafür ist die epidemiologische Langzeituntersuchung eines gesamten Geburtenjahrgangs von der Geburt bis zum 40. Lebensjahr von Werner und Smith (2001) auf einer Nebeninsel des Hawaii-Archipels, der Insel Kauai. Die bemerkenswerte Untersuchung zeigte: Perinatale und familiäre Risikofaktoren können durch bestimmte Schutzfaktoren deutlich abgemildert, vielleicht sogar kompensiert werden. Schützende Faktoren lagen vor allem in einer umgänglichen kindlichen Persönlichkeit, einer liebevollen persönlichen Betreuung besonders des Kleinkindes von einer Person außerhalb der Kleinfamilie, einer liebevollen sich gegenseitig stützenden Geschwisterbeziehung oder einer langen, engen Freundschaft (Grossmann, K.E. 2003).

Ein weiteres Beispiel für den großen Erkenntnisgewinn der Erforschung von Risiko- und Schutzfaktoren bei der individuellen Entwicklung des Menschen sind die vielfältigen und einflussreichen epidemiologischen und längsschnittlichen Untersuchungen Michael Rutters (zusammenfassend: Rutter 1988) und am Anfang besonders seiner Untersuchung über den Einfluss »guter« und »schlechter« Schulen. Verantwortungsvolle Lehrer wirkten sich auf die Schulleistung der Kinder, ihre Anwesenheit, einen weiterführenden Schulbesuch und sogar auf ihre Delinquenz einige Jahre nach der Schulentlassung aus (Rutter/Maughan/Mortimer/Ouston 1980). Dies zeigt, dass individuelle und institutionelle Erziehung keine Gegensätze sein müssen, sondern sich idealer Weise im Dienste einer optimalen Entwicklung von Kindern ergänzen können.

2. Bindungsforschung

Das Zusammenwirken von Kindererziehung in Familien und in Institutionen ist komplex. Biologisch betrachtet ist das Neugeborene an eine bemutternde Pflege vorangepasst. Psychologisch qualitativ gesehen kann aber die Mütterlichkeit in Familien sehr unterschiedlich sein, und zwar von optimal bis hin zum völligen Versagen. Gesellschaftlich gesehen können sogar Bedingungen gegeben sein, dass selbst im Rahmen von gut geführten Institutionen den Bindungsbedürfnissen von Säuglingen entgegenkommen werden kann. Ein berühmtes Beispiel ist die Versorgung von sehr jungen Heimkindern durch geistig behinderte junge Frauen, die von dem Psychologen Skeels (1966) initiiert wurde, um der dort beobachteten seelischen Verkümmerung der Kinder vorzubeugen. Die bisherigen Erfahrungen z. B. mit Heimkindern (Spitz 1945; 1946), mit delinquenten Kindern (Bowlby 1946), oder mit den ungeliebten und in staatlichen Institutionen aufgezogenen Kindern in der damaligen Tschechoslowakei (David/Dytrych/Matejcek/Schuller 1988) machen allerdings unmissverständlich klar, dass institutionelle Betreuung von Kleinkindern zwar unter ganz besonderen Bedingungen gut für manches Kind sein kann, wenn das Kind eine persönliche Bindung zur Erzieherin aufbauen kann (Howes 1999), aber in den meisten Institutionen für Kleinkinder gelingt es dem Kind sehr selten, eine persönliche Bindungsperson für sich zu gewinnen. Ähnliche Ergebnisse zeigen neuere Untersuchungen über Adoptivkinder aus rumänischen Kinderheimen nach 1990, in denen sie extrem vernachlässigt worden waren (Chisholm et al. 1995).

Die Bindungstheorie bietet eine biologisch-naturwissenschaftliche Erklärung für die Tatsache an, dass unpersönliche Fürsorge so schädlich für die seelische Entwicklung der Kinder ist. Sie geht dabei von manchem Erfahrungswissen der Psychoanalyse aus, wonach besonders schmerzliche frühkindliche Erfahrungen einen nachhaltigen Einfluss ausüben und sich im Erwachsenenalter als neurotische Störungen im Umgang mit der eigenen Lebensgestaltung, mit bedeutsamen Beziehungen und sogar mit realistischen Lebensaufgaben äußern. Weil aber der wissenschaftliche Status psychoanalytischen Wissens im Lichte aktueller Erfahrungswissenschaften verdientermaßen fragwürdig ist, konzipierte John Bowlby die Bindungsforschung als offene Theorie. Sie basiert auf der Sicht Darwins, dem Wissen der Entwicklungspsychologie, der kognitiven Psychologie, der Kontrolltheorie und der Verhaltensbiologie. Die Bindungsforschung hat zu bemerkenswerten Entdekkungen über qualitativ unterschiedliche Organisationsstrukturen von Emotionen, Verhalten und sprachlicher Repräsentation als Folge unterschiedlicher Bindungserfahrungen geführt. Die Bindungstheorie erfasst die Folgen unterschiedlicher Bindungserfahrungen als verinnerlichte (internale) Arbeitsmodelle von Individuen, als ein System von Repräsentationen und Regeln auf der Ebene der Emotionen, der Motive, des geplanten Handelns und des Sprechens darüber (Grossmann, K.E./Grossmann, K. 2001). Grundlegende Schriften dazu von Mary Ainsworth und John Bowlby wurden von Grossmann & Grossmann (im Druck) auf deutsch vorgelegt.

2.1. Das biologische Programm »Bindung«

Bowlbys naturwissenschaftliche Orientierung ging von der Phylogenese aus. Das Kind ist zum Überleben auf Bindung angewiesen, ebenso wie auf Wärme, Nahrung und Hygiene und vieles mehr. Es drückt dazu, wie Darwin bereits 1874 beschrieb, seine »Gemütsbewegungen« aus und wird von liebevollen Eltern intuitiv verstanden (Papousek/Papousek 1981; Papousek/Papousek/Kestermann 2000). Bindung ist eine nicht verzichtbare biologische Notwendigkeit. In ihrer phänotypischen Ausgestaltung ist sie aber an besondere und beständige Bindungspersonen gebunden. Eltern sind – soziobiologisch gesehen – ultimat an der Investition in ihre Nachkommen interessiert (Trivers 1972). Dies aber kann durch proximale schlechte Lebensbedingungen gestört sein (Papousek/Papousek 1999). Die Qualität der individuellen Ausgestaltung wird seit Mary Ainsworth, der ersten Forscherin, die die unterschiedlichen Bindungsmuster im Säuglingsalter untersucht hat, als Folge der Feinfühligkeit der primären Bindungsperson gegenüber den Signalen des Kindes gesehen. Wichtig dabei ist, dass die emotionalen Ausdrucksbewegungen des Kindes aus der Sicht der kindlichen Bedürfnisse interpretiert und angemessen und prompt beantwortet werden (Ainsworth 1977). Auch die sprachlichen Äußerungen von Müttern über die Bedürfnisse ihrer Kinder lassen diese »Intuition« erkennen (Meins 1999).

2.2. Normale und abweichende Entwicklungsverläufe

Aus unterschiedlichen Bindungserfahrungen entwickeln sich verschiedene innere Arbeitsmodelle oder Einstellungen zur Bedeutung von Bindung für das eigene Leben. Innerhalb des Bereichs »normaler« Entwicklung finden sich die seit Ainsworth bekannten Bindungstypen sicher, unsicher-vermeidend, und unsicher-ambivalent oder ängstlich (Ainsworth/Blehar/Waters/Wall 1978). Eine sichere Bindung (»B«) zeigt sich altersgemäß in dem Gefühl der eigenen Tüchtigkeit gekoppelt mit dem Vertrauen, dass zugeneigte andere helfen und schützen, wenn man es wünscht. Aus diesem Selbstwertgefühl heraus können Menschen Neues erkunden und Kompetenzen erwerben, können aber auch anderen seelische Hilfe geben und selbst bei seelischer Belastung Hilfe annehmen. Die beiden unsicheren, aber organisierten Bindungsmuster (»A«, »C«) werden als Risikofaktoren betrachtet, das sichere dagegen als Schutzfaktor. Die unsicheren Bindungsmuster sind selbst keine pathologische Disposition, sondern stellen eher psychisch einengende Beschränkungen in der eigenen Lebensgestaltung dar. Unsicher-vermeidende Kinder wenden sich von den Bindungspersonen aus Angst vor Ablehnung und Zurückweisung in fremder Umgebung ab und befassen sich bevorzugt mit der gegenständlichen Umwelt. Als Kleinkinder sind sie zu Hause eher unzufrieden, wenig kooperativ und eher aggressiv. Sie sehen später andere eher als feindselig an und reagieren entsprechend abweisend. Ängstlich-ambivalent unsicher gebundene Kinder klammern sich in fremder Umgebung ängstlich an die Bindungsperson, und auch zu Hause sind sie eher passiv. Sie zeigen eine übersteigerte Aufmerksamkeit gegenüber der Bindungsperson aus Angst davor, die Augenblicke der Zuwendung ihrer unzuverlässig reagierenden Bindungsperson zu verpassen. Während die unsicher-vermeidenden Kinder Angst vor der Zurückweisung der Bindungsperson haben und deswegen gerade bei psychischer Unsicherheit die Kommunikation abbrechen, leiden die unsicher-ambivalenten unter der Angst vor dem Verlust der Zuwendung der Bindungsperson und verlieren aus Unsicherheit ihre Initiative gegenüber der weiteren Welt. In beiden Fällen ist die ausgewogene Balance zwischen Nähe und Exploration beeinträchtigt und die Übergänge zwischen verschiedenen Verhaltenssystemen gestalten sich weniger konfliktfrei. Dies kann langfristige nachteilige Folgen haben.

2.3. Entwicklungs-Psycho-Pathologie und »normale Entwicklung«

Die Bindungsforschung basiert auf dem Vergleich »normaler« Entwicklung mit »abweichender« Entwicklung. Bei abweichender Entwicklung werden Bedingungen, die zu Entwicklungsstörungen führen, erforscht. Risikofaktoren sind, in bindungstheoretischer Sicht, vor allem Trennungen (Bowlby 1973) und Verlust von Bindungspersonen (Bowlby 1980), aber auch gestörte Reaktionen auf kindliche Signale. Personen, die neue sichere Bindungsbeziehungen mit davon betroffenen Kindern eingehen, können oft Bindungsstörungen verhindern. Wenn dagegen solche und ähnliche bedeutsamen emotionalen Erfahrungen unbeachtet bleiben oder ignoriert werden und ihnen keine sprachliche Bedeutung gegeben wird oder wenn falsch darüber gesprochen wird, dann kann dies beeinträchtigende Folgen für die weitere Entwicklung bis ins Pathologische hinein haben.

Gravierende Störungen in den Bindungsmustern zeigen sich besonders im Zusammenhang mit desorganisierten und desorientierten Verhaltensweisen kleiner Kinder in fremder Umgebung. (Hesse/Main 2002; Main/Solomon 1986). Desorganisation oder Desorientierung (»D«) ist durch das Fehlen oder den zeitweisen, auch kurzfristigen Zusammenbruch adaptiver emotionaler Organisation des Verhaltens oder der Sprache gekennzeichnet. Main und Hesse (1990, 2002) nehmen an, dass desorganisiertes und desorientiertes Verhalten durch unverarbeitete traumatische Erfahrungen der Eltern bewirkt wird, indem sie unvorbereitet ängstliches und ängstigendes Verhalten zeigen. Auch kollektive Übernachtung in Kinderhäusern israelischer Kibbutzim (Aviezer/Sagi 1999) und selbst phasenweise Übernachtung bei geschiedenen und getrennt lebenden Vätern (Solomon/George 1999) zeigte sich in einem erhöhten Vorkommen von Desorganisation bei den Kindern. Mütter, die im Erwachsenen-Bindungsinterview (Adult Attachment Interview, Hesse 1999) über ihre eigenen Kindheitserinnerungen erkennen lassen, dass sie als Kinder unter Trennung und Verlust gelitten haben, haben ebenfalls häufiger Kleinkinder mit Merkmalen von Desorganisation und Desorientiertheit (Grossmann, K. E. 2000). Andererseits kann auch eine mangelnde Verhaltensorganisation bei Neugeborenen mit unterdurchschnittlicher Orientierungsreaktion bereits desorganisiertes Verhalten mit entwicklungs-psycho-pathologischem Potenzial vorhersagen (Spangler/Grossmann, K./Grossmann, K.E./Fremmer-Bombik 2000). Während die »klassischen« Bindungsmuster zunächst nur für individuelle dyadische Bindungsbeziehungen spezifisch sind, also für Mutter und Vater sowie bei Geschwistern weitgehend unabhängig sind, können Anzeichen von Desorganisation von Anfang an auch Kindmerkmale sein, die, beziehungsunabhängig, mit beiden Eltern auftreten (Spangler/Grossmann K. 1999).

Karlen Lyons-Ruth und ihre Mitarbeiterinnen vom Psychiatrischen Institut der Harvard Medical School haben sich das Verhalten von Müttern mit »D«-Kindern genauer angesehen. Sie registrierten alle Formen untypischen mütterlichen Verhaltens. Sie sprechen von einem »umfassenden Kontext gestörter Kommunikation zwischen Mutter und Kind« (Lyons-Ruth/Melnick/Bronfman 2002, S. 258). Aus den komplexen Zusammenhängen greifen die Autorinnen das hilflos/ängstliche Elternprofil heraus. Mütter von Kleinkindern, die in der Fremden Situation desorganisiert waren, aber dahinter ein organisiertes sicheres Grundmuster erkennen ließen (»desorganisiert-sicher«) hatten zu 80% Mütter mit ängstlichen oder sich-zurückziehenden Verhaltensmuster (ebd., S. 260). Von den desorganisierten Kindern mit einem organisiert-unsicheren Grundmuster (vermeidend oder ambivalent) waren es nur 20%, bei den klassischen sicheren Kindern waren es 32%, und bei den klassischen vermeidenden Kindern 23% der Mütter.

Das desorganisiert-sichere Muster ist in Untersuchungen in den USA typisch für Stichproben mit niedrigem Risiko und mittlerem Einkommen, und es ist ein ebenso großer Risikofaktor für physiologische Stressreaktionen bereits bei vergleichsweise geringen Belastungen durch Trennung, vermehrte feindselig-aggressive Verhaltensweisen gegenüber Gleichaltrigen im Kindergarten und in der zweiten Schulklasse und vermehrt kontrollierende Bindungsmuster gegenüber den Eltern im Alter von 6 Jahren. Im Kindergarten wurden z. B. fünfzig Prozent der D-Kinder mit sicher organisiertem Hintergrund, und 42% der D-Kinder mit unsicher organisiertem Hintergrund (»A« oder »D«) von ihren Lehrerinnen als hochgradig feindselig beurteilt, aber nur 25% der A- und 9% der sicher gebundenen Kinder (ebd., S. 261, Abb. 2).

2.4. Internale Arbeitsmodelle

Bindungstheoretisch wird angenommen, dass sich frühkindliche Bindungserfahrungen verinnerlichen. Bowlby bevorzugte den Ausdruck »internale Arbeitsmodelle« gegenüber Repräsentationen. Er orientierte sich dabei an den Schemata Piagets, die Information aktiv organisieren und regeln. Auch das Verhalten kleiner Kinder in fremder Umgebung wird bereits als Ausdruck früher internaler Arbeitsmodelle gesehen. Diesen steht allerdings bis zur Reife des Erwachsenenalters – Bowlby spricht von den Jahren der Unreife – noch eine lange Entwicklung bevor. Während dieser langen Entwicklung bleiben Bindungspersonen, auch neue, wie z. B. Lehrer, die persönliche Bedeutung erlangen, gleichermaßen einflussreich. Allerdings wird im Vergleich zur primären Feinfühligkeit die von der Sprache getragene sekundäre Fähigkeit immer wichtiger, um die Bedeutungen zwischen Gefühlen und äußeren Ereignissen, vor allem das Verhalten wichtiger Bezugspersonen zu erklären. Dabei sind die folgenden beiden Aspekte hervorzuheben: 1. Die Entwicklung einer ziel-korrigierten Partnerschaft, und 2. Die Integration von Emotionen und Motiven im Bedeutungszusammenhang des gesprochenen Dialogs besonders über eigene emotionale Erfahrungen, der mit primären oder sekundären Bindungspersonen geführt wird.

Eine »ziel-korrigierte Partnerschaft« entwickelt sich in Bowlbys Vorstellung etwa mit drei Jahren, wenn das Kind als liebenswerter, selbstbestimmter, wenn auch unreifer und unterstützungsbedürftiger Partner behandelt wurde. Diese Entwicklung dauert bis in das späte Jugendalter. Zielkorrigiert heißt: Die frühkindliche Phase einer direkten Orientierung auf die Bindungsperson – das evolutionsbiologisch gesetzte Ziel des Kindes – wird allmählich ergänzt durch Beachtung der jeweiligen Interessen und Motive des Bindungspartners (Bowlby 1969). Mit wachsendem Sprachverständnis und beginnender Fähigkeit sozialer Perspektivenübernahme kann das Kind auch lernen, wie man die Ziele anderer durch Argumente verändern kann, wann das möglich ist, und bei wem. Mit Hilfe seines Bindungs- oder Explorationssystems kann das Kind von nun an auch durch Worte und nicht nur durch nichtsprachliches Ausdrucksverhalten andere dazu überreden, seinen Wünschen nach Nähe und Fürsorge bzw. Unterstützung beim spielerischen Erkunden, dem Explorieren, entgegenzukommen. Es kann auch von ihnen lernen und Hilfe annehmen. Das partnerschaftliche Handeln, d. h. das Handeln, das die Wünsche und Absichten des Partners in die eigene Planung mit einbezieht, beruht auf zwei früheren Verhaltenstendenzen der Bindungspartner: Erstens auf dem frühen Empathievermögen, das sich bereits im ersten Lebensjahr am Ausdruck von Mitgefühl zeigt (Main/Weston 1981; Fremmer-Bombik/Grossmann, K.E. 1991), und das allmählich als emotionale Grundlage in soziale Kognition einbezogen wird (Bischof-Köhler 1991), und zweitens auf der Behandlung des Kindes als eigenständige Persönlichkeit mit eigenen Vorstellungen, eigenen Gefühlen und Absichten (Meins 1999). Obwohl die geistigen Fähigkeiten, sich in die Lage des anderen zu versetzen, gegen Ende der Vorschulzeit bei allen Kindern durchaus gegeben sind (siehe dazu die Forschung zur

»Theory of Mind«, z. B. Astington, Harris/Olson 1988; Wellmann 1990), werden sie von bindungsunsicheren Kindern seltener in kooperativer Weise gezeigt.

Michael Tomasello (1999) sieht in dieser Fähigkeit zu gemeinsamer Aufmerksamkeit, die nur der Mensch und kein anderer Primat zeigt, die Grundlage kultureller Erkenntnistätigkeit. Sie führt über bloßes Nachahmen motorischer Abläufe hinaus und richtet sich zunehmend auf das Begreifen der hinter dem imitierten Verhalten stehenden Intentionen. Bereits ab dem 9. Lebensmonat prüft das Kind den Ausdruck und die Ereignisse, auf die sich die Aufmerksamkeit vertrauter Erwachsener richtet. Zwei Monate später schon folgt es der Aufmerksamkeit Erwachsener und registriert dabei den Ausdruck emotionaler Bewertung (»social referencing«). Schließlich wiederum etwa zwei Monate später, mit etwa 13 – 15 Monaten, lenkt es auch die Aufmerksamkeit anderer in die von ihm selbst intendierte Richtung und verwendet dabei Anfänge referentieller Sprache. Das mimetische, initiative Verhalten orientiert sich dabei nicht am motorischen Verhalten, sondern an den erschlossenen Intentionen des Vorbilds. Dieses phylogenetische Humanum ist Grundlage für die Entwicklung des Verständnisses anderer Personen und des eigenen Selbst. Sie beruht auf der genetischen Voraussetzung und Notwendigkeit für die kulturelle Entwicklung eines jeden menschlichen Individuums. Sie bedarf allerdings aller in der Bindungsforschung untersuchten Formen sicherer Bindungsbeziehungen und -repräsentationen und darüber hinaus der jeweiligen Kultur und ihrer gemeinschaftlichen Einrichtungen, um individuell geschult und wirksam zu werden.

3. Das Zusammenwirken von Organisation der Gefühle und Sprache

Sprachliche Dialoge können allmählich zu bewusster Verinnerlichung führen und werden dann zur Grundlage neuer, kluger, umsichtiger und adaptiver internaler Arbeitsmodelle. Das Kind fühlt nicht nur wichtige Ereignisse, sondern lernt sie allmählich auch sprachlich im Diskurs zu repräsentieren. Im Zusammenhang mit einer Bindungsbeziehung ist der sprachliche Diskurs »Fortsetzung mütterlicher Feinfühligkeit mit sprachlichen Mitteln« (Grossmann, K.E./Grossmann, K. 2001). Die Psycholinguistin Katherine Nelson (Nelson 1999) meint: Ohne sprachliche Diskurse können frühe Erfahrungen und Erinnerungen, die in stammesgeschichtlich älteren Hirnregionen gespeichert werden, nicht in einen bedeutungsvollen, bewussten und kommunikablen sprachlichen Zusammenhang gebracht werden. Erst wenn das Kind Bezeichnungen für seine Gefühle kennt und Geschichten darüber hört, wie der Ausdruck seiner Gefühle von bedeutsamen Gesprächspartnern im Zusammenhang mit seinen Erfahrungen sprachlich formuliert wird, können bewusste Repräsentationen aufgebaut und verändert werden (Grossmann, K.E. 1999; Harris 1999).

Nach Auffassung der Bindungstheorie bleiben bedeutsame Emotionen, die nicht sprachlich-kognitiv integriert werden, als Gefühle unerschlossen und undifferenziert. Dies führt zu einem Defizit, sich mit gegenwärtigen und zukünftigen Herausforderungen realistisch und adaptiv auseinandersetzen zu können. Ärger wird dann z. B. gegenüber unangemessenen Zielen geäußert, Angst wird in unangemessenen Situationen auftreten und feindseliges Verhalten wird von falschen Quellen erwartet (Bowlby 1988, S. 117). Das »bewusste« Selbst ist in dieser Sicht repräsentiert durch die Qualität des sprachlichen Diskurses. Auf der sprachlichen Ebene wiederholen sich die Kriterien, die Ainsworth für die mütterliche Feinfühligkeit gegenüber den Kommunikationen des Säuglings aufgestellt hat: Der Gesprächspartner ist verfügbar, er nimmt die Signale des Partners wahr, er interpretiert den Ausdruck der Empfindungen richtig und er beantwortet die Mitteilungen angemessen und prompt. Die Kohärenz der inneren psychodynamischen Vorgängen des internalen Arbeitsmodells mit den realen inneren und äußeren Gegebenheiten kann nicht anders als sprachlich während der langen individuellen Entwicklung des jugendlichen Menschen bis zur Reife des Erwachsenenalters entstehen. Gerade deshalb ist eine lange Zeit elterlicher Fürsorge und Gespräche mit dem heranwachsenden Kindes erforderlich und wohl auch fester Bestandteil des offenen phylogenetischen Programms der Menschwerdung (Mayr 1984). Das damit verbundene emotionale Engagement auf beiden Seiten während der Ontogenese bleibt in aller Regel hinter der scheinbaren Selbstverständlichkeit, Flüssigkeit und Leichtigkeit des Zusammenspiels in sicheren Bindungsbeziehungen nahezu unbemerkt. In unsicheren Bindungsbeziehungen sind Interaktionen und Gespräche über Beziehungen und Gefühle allerdings auffälliger, nicht selten belastend, konfliktreich und enden oft ohne »guten«, abgerundeten, integrierenden Abschluss.

Auch auf das spielerische Explorieren haben unterschiedliche Qualitäten der Organisation von Gefühlen deutliche Auswirkungen. Im Spielverhalten unterschieden sich in unseren eigenen Untersuchungen sichere und unsichere vier- bis fünfjährige Kinder statistisch in ihrer beobachteten Konzentration.

Vierzehn von sechzehn sicheren Sechsjährigen hatten 18 Monate zuvor im Kindergarten kompetent gespielt; 11 von 14 sicherer Sechsjähriger waren im Kindergarten unter den kompetenten Konfliktlösern, indem sie unabhängig und eigenständig erfolgreich mit Konflikten umgingen und nicht petzten, quengelten oder destruktiv handelten; 11 von 16 hatten dort keine Verhaltensprobleme erkennen lassen und 12 von 13 Kindergartenkinder deuteten soziale Bilderfolgen, in denen darin abgebildete Kinder andere Kinder absichtlich oder unabsichtlich ärgern oder aggressiv angreifen, richtig oder optimistisch (Suess/Grossmann, K.E./Sroufe 1992). In einer zusammenfassenden Kompetenzeinschätzung waren 12 von 16 sicheren Kindern in mindestens drei von vier Bereichen vertreten. Mit sechs Jahren war die Bilanz für die unsicher-vermeidenden Kinder dagegen gemischt bis ungünstig. Vier Kinder spielten kompetent im Kindergarten, und vier nicht. Drei lösten Konflikte kooperativ, aber 5 nicht. Zwei hatten keine Verhaltensprobleme, aber 6 zeigten solche, und in der sozialen Wahrnehmung deutete nur ein unsicher-vermeidendes Kind die Bilderfolgen angemessen, 5 dagegen unangemessen. In der zusammenfassenden Kompetenzeinschätzung fand sich nur eines von 8 unsicheren Kindern in mindestens drei von vier Bereichen, 7 dagegen fanden sich in zwei oder weniger Kompetenzbereichen. Ähnlich, wenn auch nicht ganz so dramatisch, waren die Unterschiede für die desorganisierten im Vergleich zu den sicheren Kindern (Wartner/Grossmann, K./Fremmer-Bombik/Suess 1994). Allerdings ist die Gruppe der desorganisierten Kinder wesentlich inhomogener, weil hinter den »D« – Merkmalen oft erkennbar auch sichere Grundmuster steckten, auf die das Kind zurückgreifen kann, wenn die Anforderungen zu gering sind, um den Zerfall organisierter Gefühle zu provozieren (siehe Lyons-Ruth 2002).

4. Internale Arbeitsmodelle und frühe Erfahrungen mit Müttern und Vätern

Bereits die Feinfühligkeit der Mütter gegenüber den Bedürfnissen nach liebevoller Nähe bei Verunsicherung und nach emotionaler Unterstützung beim Explorieren in den ersten beiden Lebensjahren hängt statistisch mit der Klarheit zusammen, mit der z. B. junge Erwachsene über ihre partnerschaftlichen Erfahrungen berichten. Die mütterliche Feinfühligkeit während der Vorschuljahre und eine angemessene Herausforderung im Spiel mit zwei Jahren durch die Väter sagt darüber hinaus vorher, wie die Kinder als junge Erwachsene ihre Partner als Quelle emotionaler Sicherheit sehen, bewerten und wie sie das gegenseitig nutzen, also für den Partner selbst auch eine sichere Basis darstellen. Zwar sind auch spätere bindungstheoretisch relevante Einflüsse bedeutsam und können zu einem »Umdenken« führen, sie sollen hier aber zugunsten der frühen im Hintergrund bleiben.

Unsere längsschnittlichen entwicklungspsychologischen Untersuchungen lassen insgesamt folgendes deutlich werden: In den ersten beiden Jahren und mit 6, 10 und mit 16 Jahren beeinflusste die mütterliche Bereitschaft, den emotionalen Bindungsbedürfnissen ihres Kindes offen und feinfühlig zu begegnen und ihm eine sichere Basis bei emotionalen Belastungen zu sein, die Art, wie die oder der schließlich 22-Jährige über ihre/seine erwachsenen engen Beziehungen sprachen (Winter, in Vorb.). In der Kindheit dieser jungen Erwachsenen wurden bei emotionalen Konflikten ziel-korrigierte Lösungen angestrebt und die Gefühle des Kindes wurden auf angemessene Weise, auch sprachlich, mit den dafür verantwortlichen Anlässen in Verbindung gebracht. Kinder, die solche Bindungserfahrungen gemacht hatten, konnten als junge Erwachsene ihre eigenen partnerschaftlichen Erfahrungen reflektieren und zum kohärenten Bestandteil ihrer eigenen narrativen Biografie machen. Sie haben ein sicheres und klares Bild über sich selbst und über die ihnen nahe stehenden Partner. Den jungen Erwachsenen ohne sichere Bindungserfahrungen fehlte demgegenüber einige solcher integrativen Fähigkeiten, um ihre teils ambivalenten Gefühlskonflikte, die es in zahlreichen Partnerschaften zu geben scheint, zu überwinden. Sie neigten eher zu Vermeidung oder zu Unklarheit im narrativen Diskurs und ließen so eine gewisse emotionale Unsicherheit erkennen, die ihr Leben psychisch einschränkte und belastete (vgl. Grossmann, K.E./Grossmann, K./Winter/Zimmermann 2002).

Für den Einfluss der Väter ergibt sich ein ähnliches Bild. Er basiert ebenfalls auf Feinfühligkeit, auch im Zusammenhang mit liebevoller Nähe, noch deutlicher aber bei der feinfühlig herausfordernden Unterstützung explorierenden Spiels des Kindes (Grossmann, K./Grossmann, K.E./Fremmer-Bombik/Kindler/Scheuerer-Englisch/Zimmermann 2002; Kindler 2002). Feinfühlig herausforderndes Verhalten von Vätern bewirkt, dass Verunsicherungen und Ambivalenzen, die beim Erkunden und beim Spielen ihrer Kleinkinder auftreten können, was vielleicht zur Verärgerung und zum Abbruch engagierten Spiels führen könnte, in Schach gehalten werden. Dadurch bleibt die Konzentration auf den Gegenstand der Exploration erhalten. Väterliches feinfühlig herausforderndes Verhalten zum 2-Jährigen hängt statistisch eng auch mit der Qualität der Freundschaftsbeziehungen und der Bindungsrepräsentation der 16 Jährigen und ihrer emotionalen Sicherheit in der Partnerschaft und der Klarheit im Diskurs darüber 20 Jahre später zusammen (Grossmann, K.E. et al. 2002). Die jungen Erwachsenen, deren Väter mit zwei Jahren eine gute Unterstützungsqualität zeigten und die mit 10 Jahren als unterstützend dargestellt wurden, waren mit 22 Jahren ihren »romantischen« Partnern gegenüber vor allem bei emotionalen Belastungen offener und zugänglicher, hatten eine hohe Wertschätzung für bindungsrelevante Aspekte und berichteten eher über ziel-korrigierte Lösungen bei Konflikten.

5. Bindung und Gefühle

Frühe und andauernde Bindungserfahrungen werden allmählich zu einer Modellvorstellung von Bindungen allgemein verinnerlicht und beeinflussen nicht selten die Qualität der Beziehung zu besonderen Mitmenschen später im Leben. Dies zeigt sich vor allem in der Gefühlsregulation des Individuums in belastenden Situationen, wie John Bowlby in seiner Gefühlstheorie beschreibt (Bowlby 1969; Kobak 1986; Sroufe/Waters 1977). Die oft unbewusst funktionierenden Regeln für Gefühlsreaktionen bei Belastung entwickeln sich in bindungstheoretischer Sicht aus den Reaktionen der Bindungsperson(en) als externe Regulatoren kindlicher Distress-Signale im Zusammenhang mit Feinfühligkeit (Kobak/Sceery 1988, S. 142). Eine sichere Bindung bedeutet eine erfolgreiche Integration negativer Gefühle in eine insgesamt unterstützende Bindungsbeziehung mit Aussicht auf (gemeinsame) konstruktive Lösungen. So kann sich eine Toleranz für negative Erfahrungen entwickeln (Bowlby 2001[2]). Wenn negativ getönte Bindungserinnerungen emotional integriert sind, weil man angemessen handeln kann, sind z. B. mentale Vermeidungen als Abwehr negativer Gefühle überflüssig. Personen mit unsicher-vermeidender Bindung haben später ein geringes Erinnerungsvermögen gegenüber negativen Gefühlen, vor allem von Zurückweisung. Stattdessen entwickeln sie unrealistische Idealisierungen und »falsche« Erinnerungen. Personen mit unsicher-ambivalenten Bindungsrepräsentationen, die verstrickt genannt werden, sind inkohärent, also konfus, oft auch idealisierend bei gleichzeitig gutem Erinnerungsvermögen. Allerdings stimmen die erinnerten Erlebnisse oft nicht mit dem berichteten Gesamtbild überein (Kobak/Sceery 1988; Main et al. 1985) und sie vermischen oft Vergangenheit und Gegenwart.

Eine adaptive Persönlichkeit verfügt über Gefühle als innerpsychisches Bewertungssystem für reale Gegebenheiten, eine weniger adaptive dagegen oft nicht (Bowlby 1969). (Selbst-)Einschätzungsprozesse und daraus resultierende Emotionen, wie sie in Coping- und Selbstkonzept-Theorien beschrieben werden, sind zentral für den Umgang mit belastenden Situationen generell. Situations- und Reaktionseinschätzungen bestimmen die Entstehung, Intensität und Qualität von Gefühlen. Die Gefühle wiederum bestimmen, ob konstruktiv oder dysfunktional auf Umweltanforderungen reagiert wird. Diese Teilprozesse der Emotionsregulation hat Peter Zimmermann in Reaktionen Jugendlicher auf Geschichten über soziale Zurückweisung erfasst. Jugendliche mit sicherer Bindungsrepräsentation waren flexibler in der Bewertung und in ihren Verhaltensreaktionen gegenüber fiktiver sozialer Zurückweisung als Jugendliche mit unsicherer Bindungsrepräsentation, z. B. beim Umgang mit Geschichten, in denen jemand nicht zum Geburtstag seines Freundes eingeladen oder sitzen gelassen, übersehen oder ausgeschlossen wurde. Darüber hinaus war bei Jugendlichen mit unsicherer Bindungsrepräsentation der verbale Zugang zu Emotionen eingeschränkt, d. h. sie konnten weniger eindeutig die Qualität und Intensität ihrer Gefühle und weniger klar deren Ursprung benennen (Himme 1998; Zimmermann 1999). Dies führte in der Kommunikation von Emotionen zu Inkohärenzen, so dass z. B. der emotionale Gesichtsausdruck von Ärger und Trauer bei Jugendlichen mit unsicherer Bindungsrepräsentation kaum mit dem jeweils selbst wahrgenommenen und geäußerten Gefühl übereinstimmte (Zimmermann et al. 2001). Insgesamt stehen unterschiedliche Qualitäten von Bindungsorganisation mit spezifischen Mustern der Emotionsregulation in Zusammenhang. Sichere und kohärente Muster sind dabei adaptiver als vermeidend abwertende, verstrickte und desorganisierte. Die Bindungserfahrungen in der frühen Kindheit fließen in die Repräsentation der eigenen Gefühle und in den Umgang mit realen Erfahrungen ein.

Stabile, selbstvertrauende Personen haben unterstützende Eltern, die das Kind im Rahmen der Gemeinschaft von Familie zur Autonomie ermutigen. In solchen Familien kommunizieren die Mitglieder offen über sich und andere bei gleichzeitiger Wertschätzung. Die Familienmitglieder sind dabei für Ungereimtheiten, Kritik und Veränderung offen und sie werden dadurch nicht verunsichert. Auch die Freundschaftsbeziehungen Jugendlicher stehen in engem Zusammenhang zu ihrer Bindungsrepräsentation. Unterschiede zeigen sich hier sowohl bei berichteter Integration in einen größeren Freundeskreis, wie auch bei der Darstellung der Qualität enger Freundschaftsbeziehungen und dem Freundschaftskonzept, also den Erwartungen daran, was Freundschaften für sie bedeuten. Kinder mit sicherer Bindung an die Mutter im Alter von einem Jahr z. B. suchten mit zehn Jahren bei starker emotionaler Belastung häufig die Unterstützung ihrer Eltern. Als Jugendliche wenden sie sich bei emotionalen Problemen häufiger an ihre jetzt wichtiger werdenden Freunde. Eine sich als effektiv erweisende Strategie der sozialen Regulation vor allem negativer Gefühle wird später gegenüber engen Vertrauten weitergeführt. In solchen Zusammenhängen sind die besten Möglichkeiten für wirkungsvolle emotionale Unterstützung durch kluge Erwachsene gegeben.

6. Bindungsqualität und Umgang mit komplexen, auch schulischen Herausforderungen

Dietrich Dörner (Dörner/Reither/Stäudel 1983) entwickelte das Konzept der »heuristischen Kompetenz«, das wir mit inneren Arbeitsmodellen von Bindung verknüpft haben. Heuristische Kompetenz ist eine generelle Zuversicht in eigene Fähigkeiten, sie motiviert eine Person, sich Problemen zu stellen und zu versuchen, aktiv und konstruktiv mit Umweltveränderungen umzugehen und zwar auch dann, wenn die entsprechenden epistemischen Kompetenzen – Wissen und Fertigkeiten auf speziellen Gebieten – fehlen. Diese können bei Zuversicht und Planungsfähigkeit erworben werden oder man kann kundige Hilfe bekommen, um sich darüber klar zu werden, was man braucht. Wir haben uns gefragt, ob Personen mit unflexiblen, wenig anpassungsfähigen Arbeitsmodellen von Bindung auch eine niedrige heuristische Kompetenz erkennen lassen, was unter Belastung zu weniger effektivem Umgang mit den Anforderungen einer Situation führt. Können Bindungserfahrungen und ihre Auswirkungen auf die Organisation der Gefühle die Entwicklung epistemischer Kompetenzen beeinflussen?

In unserer Regensburger Längsschnittstudie zeigte sich, dass eine sichere Bindungsorganisation im sechsten Lebensjahr tatsächlich mit mehr heuristischer Kompetenz bei den später sechzehnjährigen Jugendlichen einherging (Zimmermann 2000). Im konkreten Verhalten der Jugendlichen in sehr anspruchsvollen komplexen Problemlösesituationen, einem Entwicklungshilfe simulierenden Computerspiel Moro (Dörner et al., 1983), zeigte sich u. a. auch, dass negative Gefühle bei Jugendlichen mit sicherer Bindungsrepräsentation zu besseren Lösungen führten. Bei Jugendlichen mit unsicherer Bindungsrepräsentation führten negative Gefühle eher zu Beeinträchtigungen beim Umgang mit komplexen Anforderungen in der Computersimulation (Maier 1997; Winter 1997).

Die Fähigkeit eines Individuums, mit negativen Gefühlen angemessen umzugehen und konstruktiv auf Belastungen reagieren zu können, wird nach bindungstheoretischer Auffassung ontogenetisch bereits in frühen Kindheitserfahrungen angelegt. Sie wird dadurch wahrscheinlicher und verfestigt sich allmählich bei unveränderten Bindungsbeziehungen. Frühkindliche Erfahrungen im Gefühlsbereich bestimmen den Aufbau eines spezifischen Selbst- und Weltbildes und beeinflussen spätere Verhaltenstendenzen. Die Qualität der Organisation von Gefühlen fördert oder hemmt den Erwerb von Wissen und Planungsfähigkeit. Diese Kognitionen können dann ihrerseits auf den Umgang mit negativen Emotionen zurückwirken, z. B. durch Reflexion, geplantes Vermeiden kritischer Situationen oder durch das Erkennen neuer Zusammenhänge in offenen Diskursen über die erfahrenen emotionalen Belastungen.

Das Internale Arbeitsmodell von Bowlby erklärt also z. B., warum eine Person, die fürchtet, von ihren Gefühlen überwältigt zu werden, auf subjektive Belastung mit Abwehrverhalten reagiert, während eine andere über erforderliche Kompetenzen verfügt und ihr Fühlen und Denken wirkungsvoll zur Bewältigung von Anforderungen einsetzen kann. Ein nicht adaptives Arbeitsmodell stellt angesichts kritischer Anforderung eine verstärkte subjektive Belastung dar und zwingt zur selektiven Beschränkung bei der Informationsaufnahme (Bowlby 1980) oder es führt dazu, die eigenen belastenden Gefühle verhaltenswirksam werden zu lassen und sie nicht nur zum Anlass adaptiven Verhaltens zu nehmen (Grossmann, K.E. 1995). Die erhöhte Anstrengung wird begleitet von Unsicherheit und Verschlossenheit, vor allem im zwischenmenschlichen Bereich und von geringerer persönlicher Flexibilität (Block/Block 1980). Jugendliche oder junge Erwachsene mit sicherer Bindungsreprasentation wiesen z. B. ein höheres Maß an Ich Flexibilität, sozialer Kompetenz, eine eher klare Identität und weniger Feindseligkeit, Ängstlichkeit und Hilflosigkeit auf (Kobak/Sceery 1988). Jugendliche mit sicherer Bindungsrepräsentation nutzten auch eher aktive Bewältigungsstrategien und ihre sozialen Ressourcen und sie äußerten sich seltener über Probleme vermeidende Coping-Strategien (Zimmermann et al. 1992; Zimmermann/Grossmann, K.E. 1997). Sie berichteten auch über emotional engere und unterstützendere Freundschaftsbeziehungen (Zimmermann/Gliwitzky/ Becker-Stoll 1996). All dies ist weitgehend, aber natürlich nicht völlig, unabhängig vom testpsychologisch ermittelten Intelligenzquotienten.

Auch eine sichere Vaterbindung mit 18 Monaten und eine sichere Bindungsrepräsentation des Vaters hing statistisch mit einer aktiven, problemorientierten Strategie, und der Fähigkeit zur mentalen, planenden Bewältigung der Jugendlichen zusammen (Zimmermann/Grossmann, K.E. 1997). Die Art des Umgangs mit negativen Gefühlen im Kindesalter, z. B. sich bei Leid an vertraute Personen zu wenden, setzte sich bis ins Jugendalter fort. Jugendliche mit sicherer Vaterbindung in der Kindheit bezogen bei negativen Gefühlen und bei Unsicherheit über mögliche Handlungsstrategien ihre Freunde mit ein, während Jugendliche mit unsicherer Vaterbindung in der frühen Kindheit ihre Freunde gerade dann ausgrenzten, wenn sie nicht mehr weiter wussten und dadurch belastet waren (Zimmermann et al. 2001). Eine bindungssichere Organisation von Gefühlen auf bestimmte Ziele hin, die für wert gehalten werden, auch unter Anstrengung verfolgt zu werden, ist geeignet zu erklären, warum dies bei unsicheren Internalen Arbeitsmodellen weniger häufig gelingt (Grossmann, K.E. 1995; Grossmann, K.E./Grossmann, K. 1994; 1995).

Zusammen mit den Ergebnissen über die Einschätzung der Partner in Liebesbeziehungen im Alter von 22 Jahren sprechen wir von drei bedeutsamen Einflüssen auf die unterschiedlichen Internalen Arbeitsmodelle von Bindung: 1. Die mütterliche Feinfühligkeit und Wertschätzung des Kindes während seiner langen Entwicklung bis ins späte Jugendalter, 2. die väterliche Spielfeinfühligkeit, und 3. die Qualität sprachlicher Diskurse über Bindungserfahrungen, die die Kinder und Jugendlichen vom 6. Lebensjahr an in Interviews zeigen (Grossmann, K.E. et al. 2002). Dies sind allerdings nur erste Ergebnisse umfangreicher und vielseitiger Erhebungen über eine lange Entwicklung über 22 Jahre. Sie sind aber bereits bei dreijährigen Kindern besonders deutlich zu erkennen, weil ihnen noch die soziale Selbstkontrolle fehlt (Grossmann, K.E./Grossmann, K. 1993; Schildbach/Loher/Riedinger 1995).

Über die engere längsschnittliche Bindungsforschung hinaus scheint mir vor allem für eine empirische Didaktik folgendes geboten zu sein: Eine sorgfältige Analyse des Umgangs mit negativen Gefühlen, die bei Schülern (vielleicht auch bei Lehrern) durch komplexe schulische Anforderungen ausgelöst werden. Sympathie kann helfen, Sarkasmus sicher nicht. Bei unsicheren Internalen Arbeitsmodellen ist während dieser Zeit kaum mit einer produktiven Integration und Verfolgung von Zielen, die es wert sind verfolgt zu werden, zu rechnen. Verschiedene Formen negativer Abwehr in der Wahrnehmung der Realität, um das innere Gleichgewicht und das Selbstwertgefühl aufrecht zu erhalten, sind dann zu erwarten und kaum ohne sichere Beziehungen zu älteren und weiseren Bindungspersonen zu überwinden.

Ich vermute, dass vieles, was heute ungeprüft und voreilig »den Genen« oder »dem Gehirn« ursächlich zugeschrieben wird, tatsächlich in der mangelnden Qualität eines ungeschulten Geistes und seiner Emotionen liegt. Auch die derzeitige überstrapazierte Mode pseudo-hirnphysiologischer Erklärungen hilft dabei nicht unbedingt weiter, denn das Hirn und seine Veränderungen kann sowohl Folge als auch Ursache fehlangepassten Verhaltens im Elternhaus und in der Schule sein, wahrscheinlich eher eine Folge. Wir sehen das derzeit in der Diskussion um Aufmerksamkeitsstörungen mit und ohne Hyperaktivität, die als Folge »unangemessener« Erfahrungen auftreten, aber als Hirnstörung behandelt werden (Hüther 2001). Und Gene erklären zunächst ja ohnehin alles und jedes, weil es Verhalten ohne sie gar nicht geben kann. Das phänotypisch ausgebildete Verhalten stellt in jedem Fall das Ergebnis einer besseren oder schlechteren Ausbildung des genotypischen Potenzials dar (Gottlieb 1992), und Selektion findet auf der Ebene phänotypischer Individuen statt. Bindungstheoretisch gesehen kann jedes einzelne menschliche Individuum unter günstigen Bedingungen sichere Internale Arbeitsmodelle entwickeln und eine sichere Organisation der Gefühle in bindungssicheren Bindungen, oft auch später im Leben. Die durch Vermeidung, Verstrickung und Desorganisation bedingten Beschränkungen im Umgang mit komplexen Beziehungen und Anforderungen zu überwinden, könnte für die zukünftige klinische, vielleicht auch pädagogische Interventionsforschung wichtig und interessant sein, weil sie die freie lernende Lebensentfaltung durch Verständnislosigkeit und Ziellosigkeit und damit durch Angst und Langeweile behindern (Csikszentmihaly/Rathunde 1998).

Literatur

Ainsworth, M.D.S. (1977): Skalen zur Erfassung mütterlichen Verhaltens: Feinfühligkeit versus Unempfindlichkeit gegenüber den Signalen des Babys. In: Grossmann, K. E. (Hg.): Entwicklung der Lernfähigkeit. München (Kindler), S. 96-107.

Ainsworth, M. D. S., Blehar, M. C., Waters, E. & Wall, S. (1978): Patterns of attachment. A psychological study of the strange situation. Hillsdale, NJ (Lawrence Erlbaum Associates).

Astington, J.W., Harris, P.L. & Olson, D.R. (Hg.) (1988): Developing theories of mind. Cambridge University Press.

Aviezer, O., Sagi, A. (1999): The rise and fall of collective sleeping and its impact on the relationships of kibbutz children and parents. In: Fölling, W. & Fölling-Albers, M. (Hg.): The transformation of collective education in the kibbutz . The end of utopia? Frankfurt/M. (Peter Lang), S. 192-211.

Bischof-Köhler, D. (1991): Jenseits des Rubikon. Die Entstehung spezifisch menschlicher Erkenntnisformen und ihre Auswirkung auf das Sozialverhalten. In: Ditfurth, H. v. (Hg.), Mannheimer Forum 90/91. München (Piper Verlag), S. 143-194.

Block, J. & Block, J. H. (1980): The California child Q-set. Palo Alto, CA: Consulting Psychologist Press.

Bowlby, J. (1946): Fourty-four juvenile thieves: Their characters and home life. In: International Journal of Psycho-Analysis, 25, S. 19-52 und S. 107-127.

Bowlby, J. (1969/1975): Bindung. München (Kindler). (Orig.: 1969, Attachment and loss. Vol. 1: Attachment 1st Ed. London, (Hogarth Press).

Bowlby, J. (1973/1976): Trennung. München (Kindler). (Orig. 1973, Attachment and loss. Vol. 2: Separation: Anxiety and anger. New York (Basic Books).

Bowlby, J. (1983): Verlust. Frankfurt/M. (Fischer). (Orig.: 1980, Attachment and loss. Vol. 3: Loss: Sadness and depression. New York (Basic Books).

Bowlby, J. (1988): A secure base. Clinical applications of attachment theory. London (Travistock/Routledge).

Bowlby, J. (2001[2]): Das Glück und die Trauer (erweiterte Neuauflage). Stuttgart (Klett-Cotta). (Orig. 1979, Tavistock Publications).

Chisholm, K.M., Carter, M.C., Ames, E.W. & Morison, S.J. (1995): Attachment security and indiscriminately friendly behavior in children adopted from Romanian orphanages. In: Development and Psychopathology, 7, S. 283-294.

Csikszentmihalyi, M. & Rathunde, K. (1998): The Development of the Person: An Experiential Perspective on the Ontogenesis of Psychological Complexity. In: Damon, W. (Ed.): Handbook of Child Psychology. Vol. 1: Theoretical Models of Human Development. Lerner, R. M. (Vol. Ed.). John Wiley & Sons, Inc., New York. S. 635-684.

David, H.P., Dytrych, Z., Matejcek, Z. & Schuller, V. (1988): Born unwanted: Developmental effects of denied abortion. Prague (Avicenum-Czechoslovak Medical Press).

Dörner, D., Reither, F. & Stäudel, T. (1983): Emotion und problemlösendes Denken. In: H. Mandl & G.L. Huber (Hg.): Emotion und Kognition. München (Urban & Schwarzenberg), S. 61-84.

Fremmer-Bombik, E. & Grossmann, K.E. (1991): Frühe Formen empathischen Verhaltens. In: Zeitschrift für Entwicklungspsychologie und Pädagogische Psychologie, 23, S. 299-317.

Gottlieb, G. (1992): Individual development and evolution. The genesis of novel behavior. New York (Oxford University Press).

Grossmann, K.E. & Grossmann, K. (1993): Emotional organization and concentration on reality in a life course perspective. International Journal of Educational Research, S. 541-554.

Grossmann, K.E. (1995): The evolution and history of attachment research and theory. In: Goldberg, S., Muir, R. & Kerr, J. (Eds.) Attachment theory: Social, developmental and clinical perspectives, Hillsdale, NJ. (The Analytic Press), S. 85-102.

Grossmann, K.E. (1999): Old and new Internal Working Models of Attachment: The organisation of feelings and language. In: Attachment and Human Development, 1, S. 253-269.

Grossmann, K.E. (2003): Emmy Werner: Engagement für ein Lebenswerk zum Verständnis menschlicher Entwicklung über den Lebenslauf. In: Brisch, K.-H. & Hellbrügge, Th. (Hg.). Bindung und Trauma. Risiken und Schutzfaktoren für die Entwicklung von Kindern. Stuttgart (Klett-Cotta), S. 15-33.

Grossmann, K.E. & Grossmann, K. (2001): Die Bedeutung sprachlicher Diskurse für die Entwicklung internaler Arbeitsmodelle von Bindung. In: Gloger-Tippelt, G. (Hg.): Bindung im Erwachsenenalter. Bern (Huber), S. 75-101.

Grossmann, K.E. & Grossmann, K. (im Druck). Bindung und menschliche Entwicklung. John Bowlby, Mary Ainsworth und die Grundlagen der Bindungstheorie und Forschung – Gesammelte Schriften. Stuttgart (Klett-Cotta).

Grossmann, K., Grossmann, K.E., Fremmer-Bombik, E., Kindler, H., Scheuerer-Englisch, H. & Zimmermann, P. (2002): The uniqueness of the child-father attachment relationship: Fathers' sensitive and challenging play as the pivotal variable in a 16-year longitudinal study. In: Social Development, 11, S. 307-331.

Grossmann, K.E., Grossmann, K. (1995) Frühkindliche Bindung und Entwicklung individueller Psychodynamik über den Lebenslauf. In: Familiendynamik, 20, S. 171-192.

Grossmann, K.E., Grossmann, K., Winter, M. & Zimmermann, P. (2002): Bindungsbeziehungen und Bewertung von Partnerschaft. Von früher Erfahrung feinfühliger Unterstützung zu späterer Partnerschaftsrepräsentation. In: Brisch, K.H., Grossmann, K., Grossmann, K.E. & Köhler, L. (Hg.): Bindung und seelische Entwicklungswege. Vorbeugung, Interventionen und klinische Praxis. Stuttgart (Klett-Cotta), S. 125-164.

Grossmann, K., Grossmann, K. E., Fremmer-Bombik, E., Kindler, H., Scheuerer-Englisch, H., Winter, M. & Zimmermann, P. (2002): Väter und ihre Kinder – Die »andere« Bindung und ihre längsschnittliche Bedeutung für die Bindungsentwicklung, das Selbstvertrauen und die soziale Entwicklung des Kindes. In: Steinhardt, K., Datler, W. & Gstach, L. (Hg.): Die Bedeutung des Vaters in der frühen Kindheit. Gießen (Psychosozial Verlag), S. 43-72.

Harris, P. (1999): Individual differences in understanding emotion: the role of attachment status and psychological discourse. In: Attachment and Human Development, Vol. 1(3), S. 307-324.

Hesse, E., Main, M. (2002): Desorganisiertes Bindungsverhalten bei Kleinkindern, Kindern und Erwachsenen: Zusammenbruch von Strategien des Verhaltens und der Aufmerksamkeit. In: Brisch, K.H., Hesse, E. (1999): The adult attachment interview: Historical and current perspectives. In: Cassidy, J. & Shaver, P. R. (Eds.), Handbook of attachment theory and research. New York (Guilford Press), S. 219-248.

Himme, H. (1998): Sprachliche Repräsentation adaptiven Verhaltens – längsschnittliche Zusammenhänge. Unveröffentlichte Diplomarbeit, Universität Regensburg.

Howes, C. (1999): Attachment relationships in the context of multiple caregivers. In: Cassidy, J. & Shaver, P. R. (Hg.): Handbook of attachment theory and research. New York (Guilford Press), S. 671-687.

Hüther, G. (2001): Kritische Anmerkungen zu den bei ADHD-Kindern beobachteten neurobiologischen Veränderungen und den vermuteten Wirkungen von Psychostimulantien (Ritalin (R)). In: AKJP, Analytische Kinder- und Jugendlichen-Psychotherpie, 32(4), S. 471-486.

Kindler H. (2002): Väter und Kinder. Langzeitstudien über väterliche Fürsorge und die sozioemotionale Entwicklung von Kindern. Weinheim und München (Juventa).

Kobak, R., Sceery, A. (1988): Attachment in late adolescence: Working models, affect regulation, and representations of self and others. Child Development, 59(1), S. 135-146.

Kobak, R. (1986): Attachment as a theory of affect regulation. Unpublished manuscript, University of Denver.

Lyons-Ruth, K., Melnick, S. & Bronfman, E. (2002): Desorganisierte Kinder und ihre Mütter. Modelle feindselig-hilfloser Beziehungen. In: Brisch, K.H., Grossmann, K., Grossmann, K.E. & Köhler, L. (Hg.): Bindung und seelische Entwicklungswege. Vorbeugung, Interventionen und klinische Praxis. Stuttgart (Klett-Cotta), S. 249-276.

Main, M., Weston, D.R. (1981): The quality of the toddler's relationship to mother and to father: Related to conflict behavior and the readiness to establish new relationships. Child Development, 52, S. 932-940.

Main, M., Kaplan, N. & Cassidy, J. (1985): Security in infancy, childhood, and adulthood: A move to the level of representation. In: Bretherton, I., Waters, E. (Hg.): Growing points in attachment theory and research. Monographs of the Society for Research in Child Development, 50, (1-2, Serial No. 209), S. 66-106.

Main, M., Solomon, J. (1986): Discovery of an insecure disorganized/ disoriented attachment pattern: Procedures, findings and implications for the classification of behavior. In: Brazelton, T. B. & Yogman, M. (Hg.): Affective development in infancy. Norwood, NJ (Ablex), S. 95-124.

Main, M., Hesse, E. (1990): ›Parents‹ unresolved traumatic experiences are related to infant disorganized attachment status: Is frightened and/or frightening parental behavior the linking mechanism? In: Greenberg, M.T., Cicchetti, D. & Cummings. E.M. (Hg.): Attachment in the preschool years. Chicago: University of Chicago Press, S. 161-182.

Mayr, E. (1984): Die Entwicklung der biologischen Gedankenwelt. Vielfalt, Evolution und Vererbung. Berlin (Springer Verlag).

Meins, E. (1999): Sensitivity, security, and internal working models: Bridging the transmission gap. Attachment and Human Development, 1 (3), S. 325-342.

Nelson, K. (1999): Event representations, narrative development, and internal working models. Attachment and Human Development. Vol. 1 (3), S. 239-251.

Papousek, M., Papousek, H. (1981): Intuitives elterliches Verhalten im Zwiegespräch mit dem Neugeborenen. In: Sozialpädiatrie in Praxis und Klinik, 3 (5), S. 229-238.

Papousek, H., Papousek, M. (1999): Emotionsregulation und soziale Interaktion aus entwicklungspsychobiologischer Perspektive. In: Friedlmeier, W., Holodynski, M. (Hg.): Emotionale Entwicklung. Heidelberg (Spektrum der Wissenschaft), S. 135-155.

Papousek, H., Papousek, M. & Kestermann, G. (2000): Preverbal communication: Emergence of representative symbols. In: Budwig, N., Uzgiris, I. C. & Wertsch, J.V. (Eds.): Communication: An Arena of Development. Stamford, Connecticut (Alex Publishing Corporation), S. 81-107.

Rutter, M. (Ed.) (1988): Studies of psychosocial risk: The power of longitudinal data. Cambridge (Cambridge University Press).

Rutter, M., Maughan, B., Mortimer, P. & Ouston, J. (1980): Fünfzehntausend Stunden. Schulen und ihre Wirkung auf die Kinder. Weinheim (Beltz Verlag).

Schildbach, B., Loher, I., & Riedinger, N. (1995): Die Bedeutung emotionaler Unterstützung bei der Bewältigung von intellektuellen Anforderungen. In: Spangler, G., Zimmermann, P. (Hg.): Die Bindungstheorie. Grundlagen, Forschung und Anwendung. Stuttgart (Klett-Cotta), S. 249-264.

Skeels, H.M. (1966): Adult status of children with contrasting early life experiences. Monographs of the Society for Research in Child Development, Serial No. 105, 31 (3). Chicago (The University of Chicago Press).

Solomon, J., George, C. (Eds.) (1999): Attachment disorganization. New York (Guilford Press).

Spangler, G., Grossmann, K. (1999): Individual and physiological correlates of attachment disorganization in infancy. In: Solomon, J., George, C. (Eds.): Attachment disorganization. New York (Guilford), S. 95-124.

Spangler, G., Grossmann, K., Grossmann, K. E. & Fremmer-Bombik, E. (2000): Individuelle und soziale Grundlagen von Bindungssicherheit und Bindungsdesorganisation. In: Psychologie in Erziehung und Unterricht, S. 47, 203-220.

Spitz, R.A. (1945): Hospitalism. Psychoanalytic Study of the Child, 1, 53-74.

Spitz, R.A. (1946): Anaclitic depression: An inquiry into the genesis of psychiatric conditions in early childhood. In: Psychoanalytic Study of the Child, 2, S. 313-327.

Sroufe, L.A., Waters, E. (1977): Attachment as an organizational construct. In: Child Development, 48, S. 1184-1199.

Suess, G., Grossmann, K. E. & Sroufe, L. A. (1992): Effects of infant attachment to mother and father on quality of adaptation in preschool: From dyadic to individual organisation of self. In: International Journal of Behavioral Development, 15, S. 43-65.

Tomasello, M. (1999): The cultural origins of human cognition. London (Harvard Univ. Press).

Trivers, R.L. (1972): Parental investment and sexual selection. In: B. Campbell (Hg.), Sexual selection and the descent of man . Chicago (Aldine), S. 1871-1971.

Wartner, U., Grossmann, K., Fremmer-Bombik, E. & Suess, G. (1994): Attachment patterns at age six in South Germany: Predictability from infancy and implications for preschool behavior. In: Child Development, 65, S. 1014-1027.

Wellmann, H.M. (1990): The child's theory of mind. Cambridge, MA (MIT Press).

Werner, E. E., Smith, R. S. (2001): Journeys from Childhood to Midlife. Risk, Resilience and Recorery. New York (Cornell University).

Winter, M. (in Vorb.): Bindungsbeziehungen und die sprachliche Repräsentation von Partnerschaftserfahrungen: Längsschnittliche Zusammenhänge von 0 bis 22 Jahren (Arbeitstitel): Unveröffentlichte Dissertation. Universität Regensburg.

Zimmermann, P. (1999): Structure and functions of internal working models of attachment and their role for emotion regulation. In: Attachment and Human Development, 1, S. 291-306.

Zimmermann, P. (2000): Bindung, Emotionsregulation und internale Arbeitsmodelle: Die Rolle von Bindungserfahrungen im Risiko-Schutz-Modell. In: Frühförderung Interdisziplinär, 19, S. 119-129.

Zimmermann, P., Grossmann, K.E. (1997): Attachment and adaptation in adolescence. In: Koops, W., Hoeksma, J.B. & van den Boom, D.C. (Hg.): Development of interaction and attachment: traditional and non-traditional approaches. Amsterdcm (North Holland), S. 271-280.

Zimmermann, P., Gliwitzky, J. & Becker-Stoll, F. (1996): Bindung und Freundschaftsbeziehungen im Jugendalter. In: Psychologie in Erziehung und Unterricht, 43, S. 141-154.

Zimmermann, P., Maier, M. A., Winter, M. & Grossmann, K. E. (2001): Attachment and adolescents‹ emotion regulation during a joint problem-solving task with a friend. In: International Journal of Behavioral Development, 25, S. 331-343.

Andreas Schick und Manfred Cierpka

FAUSTLOS – Aufbau und Evaluation eines Curriculums zur Förderung sozialer und emotionaler Kompetenzen in der Grundschule

Das Thema Gewalt und Aggression unter Schülern ist in den letzten Jahren immer mehr ins Zentrum der Öffentlichkeit und der wissenschaftlichen Diskussion gerückt. Entgegen dem Eindruck, den spektakuläre Medienberichte vermitteln, legen Forschungsergebnisse eher den Schluss nahe, dass es keine generelle Zunahme von Gewalt gibt, sondern dass sich Qualität und Schärfe der Gewalttätigkeit von einzelnen erhöht und das Klima der Gewalt an Schulen verändert hat (vgl. Bründel 1994; Hurrelmann 1992; Meier 1997). Unter diesen Entwicklungen leiden nicht nur die betroffenen Kinder, sondern auch die Lehrerinnen und Lehrer, deren Toleranz- und Belastbarkeitsschwelle gegenüber dem Gewaltproblem inzwischen deutlich überschritten zu sein scheint (vgl. z. B. Schwind/Roitsch/Gielen 1995). Erklärt wird die Entstehung von Gewalt und Aggression anhand verschiedener Modelle mit je unterschiedlichen Risikofaktoren. Insgesamt ist von einem multikausalen Bedingungsgefüge auszugehen, von einem Zusammenspiel gesellschaftlicher, interpersoneller und intrapersoneller Faktoren (vgl. Coie/Dodge 1998; Dadds 1997; Pepler/Slaby 1994). Dabei muss der Ort der Konfliktentstehung (z. B. in der Familie) nicht identisch mit dem Ort sein, an dem aggressives und gewaltbereites Verhalten gezeigt wird (z. B. in der Schule). Die sich abzeichnende Entwicklung verlangt zunehmend nach Lösungen im Sinne von Intervention und vor allem im Sinne von Prävention, denn Präventionskonzepte scheinen sowohl langfristig erfolgreicher als auch deutlich kostengünstiger zu sein als Interventionsmaßnahmen (vgl. z. B. Bruene-Butler/Hampson/Elias/Clabby/Schuyler 1997; Slaby 1998; Thornberry/ Huizinga/ Loeber 1995).

Obwohl die Schule nicht der einzige Ort sein kann und darf, von dem Veränderungen ausgehen (vgl. Meyenberg/Scholz 1995), bestimmt sie doch über einen langen und entwicklungspsychologisch entscheidenden Zeitraum das Leben von Kindern und Jugendlichen und hat dadurch einen starken Einfluss auf deren Entwicklung. Schulen sind daher eine zentrale Instanz für die Umsetzung gewaltpräventiver Maßnahmen. So erreicht man mit Programmen, die an Schulen durchgeführt werden, sehr viele Kinder und Stigmatisierungsprozesse können vermieden werden. Zudem sind Schulen hervorragend für die Durchführung langfristig angelegter Curricula geeignet und ermöglichen ein direktes und permanentes Umsetzen des Gelernten auf konkrete soziale Situationen (vgl. Dryfoos 1990; Henrich/Brown/Aber 1999; Prothrow-Stith/Weissman 1991; Walker et al. 1996; Weissberg/Greenberg 1998). Mit FAUSTLOS (Cierpka 2001) liegt nun erstmals ein ausgearbeitetes, deutschsprachiges Curriculum zur Prävention aggressiven und gewaltbereiten Verhaltens bei Kindern vor, das speziell für den Einsatz an Grundschulen konzipiert ist und die für eine effektive Gewaltprävention zentralen Prinzipien verwirklicht: Das Curriculum setzt früh in der Entwicklung von Kindern an, es ist auf eine längerfristige Anwendung hin angelegt, es beruht auf einer entwicklungspsychologisch fundierten theoretischen Basis und wurde und wird kontinuierlich evaluiert. Die Inhalte von FAUSTLOS – der deutschsprachigen Version des vom Committee for Children entwickelten und evaluierten Curriculums Second Step (Beland 1988a) – sind aus Forschungsbefunden und entwicklungspsychologischen Theorien zu den Defiziten aggressiver Kinder abgeleitet. Demnach fehlen aggressiven Kindern Kompetenzen in den Bereichen Empathiefähigkeit, Impulskontrolle und Umgang mit Ärger und Wut. FAUSTLOS setzt an eben diesen Schlüsselkompetenzen an, um dadurch aggressivem und gewaltbereitem Verhalten präventiv entgegenzuwirken.

1. Inhalte und Aufbau des FAUSTLOS-Curriculums

Entsprechend der oben aufgeführten Kompetenzbereiche ist FAUSTLOS in die drei Einheiten Empathieförderung, Impulskontrolle und Umgang mit Ärger und Wut unterteilt (vgl. Tabelle 1). Diese Einheiten sind wiederum in insgesamt 51 Lektionen untergliedert.

Tabelle 1: Der Aufbau des FAUSTLOS-Curriculums im Überblick

Einheiten	*Lektionen*		
	1. Klasse	*2. Klasse*	*3. Klasse*
Einheit I *Empathieförderung*	1-7	8-12	13-17
Einheit II *Impulskontrolle*	1-8	9-14	15-19
Einheit III *Umgang mit Ärger und Wut*	1-7	8-11	12-15
Insgesamt	22	15	14

Empathie ist eine maßgebliche Grundlage für den Erwerb prosozialer Fähigkeiten und ein wesentlicher Antagonist aggressiven Verhaltens (Eisenberg/Fabes 1991; Mehrabian 1997; Miller/Eisenberg 1988). Unter Empathie wird die Fähigkeit verstanden, den emotionalen Zustand eines anderen Menschen zu erkennen, die Perspektive dieses anderen Menschen zu übernehmen und emotional auf ihn zu reagieren (Feshbach 1975). Diese Fähigkeit entwickeln Kinder etwa ab dem 3. bis 4. Lebensjahr (Friedlmeier 1993). Wie die Ergebnisse empirischer Untersuchungen zeigen, ist Empathie keine Persönlichkeitseigenschaft, sondern kann erlernt werden (vgl. z. B. Meindl 1998). FAUSTLOS fördert die Empathiefähigkeit der Kinder, indem sie lernen:

- Gefühle anhand von Mimik, Gestik und situativen Anhaltspunkten zu identifizieren,
- zu erkennen, dass Menschen in bezug auf die gleiche Sache unterschiedliche Gefühle haben können,
- wahrzunehmen, dass Gefühle sich ändern können und welche Gründe es dafür gibt,
- Gefühle vorherzusagen,
- zu verstehen, dass Menschen unterschiedliche Vorlieben und Abneigungen haben,
- beabsichtigte von unbeabsichtigten Handlungen zu unterscheiden,
- Regeln für Fairness in einfachen Situationen anzuwenden,
- ihre Gefühle unter Verwendung von »Ich-Botschaften« und aktivem Zuhören mitzuteilen und
- Sorge und Mitgefühl für andere auszudrücken.

Die Kontrolle impulsiven Verhaltens ist der zweite Baustein des FAUSTLOS-Curriculums. Häufig sind es gerade impulsive Handlungen von Kindern, die – oft gar nicht böse gemeint – Konflikte heraufbeschwören oder in aggressives Verhalten münden. Dieser Prozess kann auf Defizite in der sozialen Informationsverarbeitung (Dodge/Crick 1990) und fehlende Verhaltenskompetenzen zurückgeführt werden. In der Einheit »Impulskontrolle« werden deshalb zwei erfolgreiche Unterrichtsstrategien zur Reduktion impulsiven und aggressiven Verhaltens miteinander verbunden: Ein Problemlöseverfahren und ein Training von Verhaltensfertigkeiten.

Die Kenntnis und die Anwendung von Problemlösestrategien tragen wesentlich zur Festigung prosozialen Verhaltens bei. Das im FAUSTLOS-Curriculum verwendete Problemlöseverfahren baut auf dem Ansatz von Spivack und Shure (1974) auf. Im wesentlichen wurde ein Problemlöseprozess, der ursprünglich zur Lösung intellektueller Aufgaben entwickelt wurde, auf zwischenmenschliche Beziehungen übertragen. Neben dem Brainstorming ist ein weiteres Schlüsselelement dieser Einheit die Methode des lauten Denkens. Durch den Dialog mit sich selbst und verbale Selbstinstruktionen werden die zur Problemlösung wichtigen kognitiven Strukturen gefestigt und mehr und mehr in die individuelle Denk- und Handlungsweise des Kindes integriert.

Das Training sozialer Verhaltensfertigkeiten ist eng verbunden mit dem Problemlöseverfahren. Ziel ist es, die Kinder darin zu unterstützen, sich in sozialen Situationen angemessen und erfolgreich zu verhalten. Zu diesem Zweck werden die Kinder in Form von Rollenspielen, die wesentlicher Bestandteil aller Lektionen sind, an verschiedene soziale Situationen aus ihrem Alltagsleben herangeführt. Rollenspiele sind in dieser Einheit von besonderer Bedeutung, da sie den Kindern einen geschützten Raum zum Experimentieren und Umsetzen der erlernten Strategien bieten. Die Kinder üben in dieser Einheit z. B. wie sie Ablenkungen und Störungen ignorieren können, wie sie jemanden höflich unterbrechen können, wie sie damit umgehen können, etwas haben zu wollen, was ihnen nicht gehört oder wie sie dem Impuls, zu lügen oder zu stehlen widerstehen können.

In der Einheit »Umgang mit Ärger und Wut« werden Techniken zur Stressreduktion vermittelt, um mit Gefühlen von Ärger und Wut konstruktiv umgehen zu lernen. An den Lektionen dieser Einheit wird besonders deutlich, dass FAUSTLOS nicht darauf abzielt, elementare und situationsangemessene Impulse und vordergründig negative Emotionen wie Wut und Ärger zu unterdrücken und »wegzuerziehen«. Vielmehr soll unsoziales und schädigendes Verhalten korrigiert und in eine sozial verträgliche Richtung gelenkt werden. Nicht Wut oder Ärger sind das Problem, sondern das sich daraus möglicherweise ergebende destruktive aggressive Verhalten. Um das zu erreichen, werden in den entsprechenden Lektionen affektive Komponenten physischer Entspannung mit kognitiven Strategien der Selbstinstruktion und des Problemlösens verbunden. Somit lernen die Kinder, Auslöser von Ärger und Wut zu erkennen und mit dem Gebrauch positiver Selbst-Verstärkungen und mit Beruhigungstechniken zu verbinden. Auch den Lektionen dieser Einheit liegt eine ausgearbeitete Struktur zugrunde, die das Problemlöseverfahren integriert.

2. FAUSTLOS in der Praxis

FAUSTLOS ist ein sehr praxisorientiertes Curriculum, das sich in seinem didaktischen Aufbau eng an die pädagogischen Anforderungen einer Schulstunde anlehnt. Das Programm wird von den Lehrerinnen und Lehrern unterrichtet, die die FAUSTLOS-Lektionen in verschiedene Stunden des Regelunterrichts integrieren. Pro Woche wird eine Lektion unterrichtet. Um die hohe Qualität und Effektivität des Curriculums zu gewährleisten, durchlaufen die Lehrerinnen und Lehrer zu Beginn eine eintägige Fortbildung durch das Heidelberger Präventionszentrum (vgl. www.faustlos.de). In der Fortbildungsveranstaltung wird ein Überblick über das Curriculum gegeben, die Ziele des Programms werden erläutert und die Unterrichtsstrategien werden anhand von Videobeispielen demonstriert. Zentraler Bestandteil der Fortbildung ist die praktische Übung einzelner Lektionen in Form von Rollenspielen und intensiver Kleingruppenarbeit, in denen ein besonderer Schwerpunkt auf die Anleitung zu und die Durchführung von Rollenspielen gelegt wird. Für den praktischen Unterricht stehen ein Handbuch, ein Anweisungsheft und Photofolien zur Verfügung (vgl. Cierpka 2001).

Im Handbuch ist der theoretische Hintergrund von FAUSTLOS beschrieben, es sind alle Informationen zur Anwendung des Curriculums aufgeführt und es umfasst einen umfangreichen Anhang mit ergänzenden Anregungen zur spielerischen Vertiefung verschiedener Inhalte. Im Anweisungsheft sind alle 51 Lektionen in der Reihenfolge der Durchführung zusammengefasst. Die Anweisungen sind durchgängig untergliedert in einen Vorbereitungsteil, eine Geschichte mit Diskussionsfragen und einen Vertiefungsteil mit Rollenspielen und anderen Übungen zur Übertragung des Gelernten (vgl. Abbildung 1).

- ***Vorbereitung***
  - Allgemeine Zielsetzung der Einheit (nur zu Beginn einer neuen Einheit)
  - Konzepte (wichtigste Fähigkeiten und Kenntnisse)
  - Schlüsselbegriffe
  - Lernziele der Lektion
  - Sie benötigen (Unterrichtsmaterialien)
  - Anmerkungen für LehrerInnen
- ***Unterrichten der Lektion***
  - Geschichte und Diskussion
  - Rollenspiele (oder andere Aktivitäten)
- ***Vertiefung des Gelernten***
  - Rollenspiele
  - Rollenspiele für die SchülerInnen
  - Übertragung des Gelernten
  - Materialien für zu Hause (in einigen Lektionen)

Abbildung 1: Der Aufbau der FAUSTLOS-Lektionen

Das Anweisungsheft und die Photofolien sind die Grundlage für den FAUSTLOS-Unterricht. Auf den Photofolien sind passend zum Thema der jeweiligen Lektion soziale Situationen dargestellt, die zunehmend komplexer werden. Jeder Unterrichtsstunde liegt somit ein entsprechendes Foto zugrunde, anhand dessen schrittweise die jeweiligen Lernziele erarbeitet werden. Nach einer vorwiegend kognitiven Auseinandersetzung mit dem Stundenthema, wird das Gelernte anschließend in Rollenspielen praktisch geübt, und abschließend werden Möglichkeiten der Übertragung auf den Lebensalltag der Kinder besprochen. Obwohl den Lehrerinnen und Lehrern somit eine klare Struktur vorgegeben ist, und auch die Reihenfolge der Lektionen eingehalten werden muss, bleibt ihnen dennoch genügend Raum, um ihre eigene Kreativität einzubringen und FAUSTLOS an die Anforderungen verschiedener Klassen individuell anzupassen. Nachfolgend wird am Beispiel von Lektion 7 »Gefühle mitteilen« aus der Einheit »Empathieförderung« der Inhalt und der Aufbau einer FAUSTLOS-Lektion illustriert.

Lektion 7: Gefühle mitteilen

Vorbereitung

Konzept

- »Ich«-Botschaften sind wirkungsvolle Äußerungen, um Gefühle mitzuteilen

Schlüsselbegriff

»Ich«- Botschaften

Lernziele

Die Schüler und Schülerinnen sollen lernen:

- »Ich«-Botschaften zu formulieren, wenn sie anderen ihre Gefühle mitteilen
- zwischen den Effekten von »Ich«-Botschaften und von weniger konstruktiven Möglichkeiten, Gefühle mitzuteilen, zu unterscheiden

Anmerkungen für Lehrerinnen

Es ist für Kinder oft schwer, physische und psychologische Hinweise zu interpretieren, um herauszufinden, wie sich jemand anderes fühlen könnte. Darüber hinaus ist es schwer, empathisch auf andere zu reagieren, wenn diese ihre Gefühle in einer aggressiven oder beschämenden Art und Weise zum Ausdruck bringen. Durch das Mitteilen von »Ich«-Botschaften, wie zum Beispiel »Ich bin traurig, wenn Du mich nicht beachtest«, können Kinder für die Gefühle anderer sensibler werden. Diese Methode wird weniger konstruktiven Möglichkeiten der Kommunikation gegenübergestellt, wie zum Beispiel »Du«-Botschaften, dem Schmollen oder dem Agieren körperlicher oder verbaler Aggressionen. Wenn Sie die Schüler und Schülerinnen auffordern, »Ich«-Botschaften zu gebrauchen, unterstreichen Sie Äußerungen wie »Ich fühle mich ..., wenn ... ». Bedenken Sie, dass die Angehörigen einiger Kulturen eher in der »Wir« – Form über sich sprechen als in der »Ich« – Form.

Das zentrale Konzept von Lektion 7 sind Ich-Botschaften. Im Vorbereitungsteil werden als Lernziele deshalb das Formulieren von Ich-Botschaften und die Unterscheidung dieser Kommunikationsform von anderen, weniger konstruktiven Möglichkeiten, Gefühle zu äußern, aufgeführt. Diese konkreten didaktischen Hinweise werden im Abschnitt »Anmerkungen für die Lehrerinnen« ergänzt um einige zentrale theoretische und praktische Hintergrundinformationen zu Ich-Botschaften. Nachdem sich die Lehrerin bzw. der Lehrer so auf die Lektion vorbereitet hat, kann das Stundenthema anschließend, aufbauend auf der entsprechenden Photofolie und den nachstehend aufgeführten Anweisungen, unterrichtet werden.

Unterrichten der Lektion

Geschichte und Diskussion

In der heutigen Lektion werdet Ihr lernen, jemand anderem zu erzählen, wie Ihr Euch fühlt.

☞ Zeigen Sie das Bild: ***Leonie klebt Papier für ein Bild. Ihr Klebstoff ist ausgegangen, so dass sie Stefans Klebstoff dafür genommen hat. Stefan ist sauer. Er hat das Gefühl, Leonie anschreien zu müssen: »Du nimmst einfach meinen Klebstoff, das macht mich wütend!«***

1. **Warum ist Stefan wütend auf Leonie?** (Weil Leonie ihn nicht gefragt hat, ob sie sich den Klebstoff ausleihen kann)
2. **Wie fühlt Ihr Euch, wenn sich jemand etwas nimmt, ohne zu fragen?** (ärgerlich; von der Person enttäuscht)
3. **Glaubt Ihr, dass Leonie beabsichtigt hat, Stefan sauer zu machen oder ihn zu ärgern?** (Nein, sie hatte nicht die Absicht, ihn wütend zu machen; wahrscheinlich hat sie nicht darüber nachgedacht, wie Stefan sich fühlen könnte)
4. **Was würde passieren, wenn Stefan Leonie anschreien würde?** (Sie könnte wütend werden; sie könnte sich verletzt fühlen, einen Streit beginnen, usw.; Stefan würde Ärger bekommen)

Andere wissen zu lassen, wie Ihr Euch fühlt, kann dabei helfen, Probleme zu lösen. Anschreien, Knuffen, Boxen, Schimpfereien usw. helfen dagegen nicht, Probleme zu lösen. Jemand anderem zu erzählen, wie Ihr Euch fühlt, indem Ihr mit dem Wort »Du« beginnt, kann die andere Person wütend machen, wie zum Beispiel »Du bist blöd!« oder »Du nervst mich!«. Von jetzt

an solltet Ihr mal versuchen, Eure Sätze mit »Ich« zu beginnen, wenn Ihr jemandem sagen möchtet, wie Ihr Euch fühlt.
(Geben Sie Beispiele, wie »Ich bin ärgerlich, wenn ...« und lassen Sie die Schüler und Schülerinnen die Sätze vervollständigen)

Heute habt Ihr gelernt, wie Ihr »Ich«-Botschaften formulieren könnt. »Ich«-Botschaften sagen anderen, wie Ihr Euch fühlt.

Unter Verweis auf die im Bild dargestellte Situation liest die Lehrerin bzw. der Lehrer den – durchgängig mit ☞ gekennzeichneten – Text vor, erfragt dann, warum Stefan wütend ist und stellt anschließend einen direkten Bezug zum Erleben der Kinder her. Anhand der dritten Frage werden die Ursachenzuschreibungen der Kinder gesammelt, um schließlich mit Frage vier die Konsequenzen einer aggressiven Reaktion Stefans zu erarbeiten. Im Anschluss daran fasst die Lehrerin bzw. der Lehrer Sinn und Zweck von Ich-Botschaften zusammen und gibt einige Beispielsätze vor, die die Kinder vervollständigen. Abgeschlossen wird der Abschnitt »Unterrichten der Lektion« durch eine kurze Zusammenfassung des in der Stunde Gelernten. Nach dieser verbalen Annäherung an das Thema »Ich-Botschaften« wenden die Kinder ihr neues Wissen in Form von strukturierten Rollenspiel praktisch an, um das Gelernte so zu vertiefen. Vorab führt die Lehrerin bzw. der Lehrer modellhaft vor, wie Ich-Botschaften formuliert werden, indem sie/er einer Schülerin bzw. einem Schüler sagt, dass sie/er es nicht mag, wenn sie/er jeden Tag zu spät kommt.

Vertiefung des Gelernten

Rollenspiele

Wir werden nun einige Situationen im Rollenspiel nachspielen. Ich werde Euch jeweils paarweise eine Situation für das Rollenspiel vorgeben. Ihr werdet die Situation nachspielen, indem Ihr »Ich«-Botschaften gebraucht, um mitzuteilen, wie Ihr Euch fühlt. Zuerst werde ich mit einem/einer von Euch ein Rollenspiel vormachen.

☺ Sagen Sie modellhaft zu einem Schüler, der immer zu spät aus der Pause kommt: »Ich mag es nicht, wenn Du jeden Tag zu spät kommst.«

Rollenspiele für die Schüler und Schülerinnen
(Wählen Sie aus den nachfolgenden Beispielen einige aus)

- Du stellst Dich beim Getränkekiosk an, und jemand stellt sich vor Dich
- Du leihst einem Freund Deine Filzstifte, und er gibt sie Dir ausgetrocknet zurück
- Du hörst ein Kind etwas über Dich sagen, was nicht wahr ist
- Ein Kind spricht Deinen Namen nie richtig aus
- Deine Freundinnen machen wirklich gefährliche Dinge wie über die Straße laufen, ohne zu schauen
- Du erzählst einem Kind, dass Du Dein Kätzchen verloren hast, und es lacht nur
- Ein Freund hat einige Teile/Steine von Deinem Lieblingsspielzeug verloren
-

Übertragung des Gelernten
- Wenn Schüler und Schülerinnen Meinungsverschiedenheiten haben, fordern Sie sie auf, »Ich«-Botschaften zu gebrauchen
- Wenn die Schüler und Schülerinnen »Ich«-Botschaften verwenden, helfen Sie ihnen, deren positive Auswirkungen zu bemerken, wenn diese auftauchen
- Wenn Sie den Tag Revue passieren lassen, fragen Sie die Kinder, wann sie während des Tages »Ich«-Botschaften benutzt haben

Für die Durchführung der Rollenspiele mit den Schülerinnen und Schülern sind viele Beispiel-Themen aufgelistet, aus denen die Lehrerin bzw. der Lehrer einige auswählt. Die Anleitung zu und die Durchführung von Rollenspielen erfordern ein hohes Maß an Strukturiertheit. Nur wenn die Lehrerin bzw. der Lehrer zu einem schrittweisen Durchlaufen der verschiedenen Phasen eines Rollenspiels anleitet, ist die hohe Effektivität dieser Methode gewährleistet. In der Fortbildung wird deshalb ein besonderer Schwerpunkt auf diese für FAUSTLOS so zentrale Methode gelegt. Neben der Vertiefung und Verfestigung des Gelernten durch Rollenspiele wird mit den FAUSTLOS-Lektionen auch auf eine Übertragung des neuen Verhaltensrepertoires in den Lebens- und Schulalltag der Kinder hingearbeitet. Zu diesem Zweck sind im Abschnitt »Übertragung des Gelernten« verschiedene Möglichkeiten aufgeführt, wie die Anwendung von Ich-Botschaften im Laufe der Woche gezielt verstärkt werden kann.

3. Evaluationsstudie und Ergebnisse

Im Auftrag des Ministeriums für Kultus, Jugend und Sport Baden-Württemberg wurde die, aufbauend auf den Erfahrungen einer Pilotstudie überarbeitete und an die Bedürfnisse deutschsprachiger Lehrerinnen und Lehrer adaptierte, Version von FAUSTLOS über den gesamten vorgesehenen Zeitraum von drei Jahren eingesetzt und evaluiert (Schick/Cierpka 2003). Untersucht wurde zum einen, ob Grundschulkinder durch die FAUSTLOS-Lektionen verschiedene Einstellungen und emotionale Haltungen verändern und zum anderen, ob FAUSTLOS zu Verhaltensänderungen führt. Der Untersuchung lag ein Kontroll-Gruppen-Sequenz-Design mit insgesamt vier Messzeitpunkten zugrunde (vgl. Tabelle 2). Nach einer Baseline-Erhebung (t1) wurden die weiteren Datenerhebungswellen jeweils nach Abschluss der für die Klasse vorgesehenen Lektionen durchgeführt.

Tabelle 2: Das Studiendesign

	t_1 *(Prä)* *März-April 1999*	t_2 *(FL1)* *Feb.-März 2000*	t_3 *(FL2)* *Oktober 2000*	t_4 *(FL3)* *Juni 2001*
Experimentalgruppe				
Kontrollgruppe				

FL1=Lektionen für Klasse 1 abgeschlossen, FL2=Lektionen für Klasse 2 abgeschlossen, FL3=Lektionen für Klasse 3 abgeschlossen

Das FAUSTLOS-Curriculum wurde nur in der Experimentalgruppe eingesetzt, nachdem die Lehrerinnen vorab am FAUSTLOS-Training teilgenommen hatten. Während der Durchführung wurden die Lehrerinnen vom Projektteam in ca. zweimonatigen Abständen supervidiert. In der Kontrollgruppe wurden keine FAUSTLOS-Lektionen durchgeführt, die beteiligten Personen nahmen jedoch an den Befragungen teil.

Um Grundschulen zu gewinnen, die am Projekt teilnehmen wollten, wurden Rektorinnen, Rektoren, Grundschullehrerinnen und Grundschullehrer aus den Schulbezirken Heidelberg und Mannheim zu Informationsveranstaltungen eingeladen, auf denen das FAUSTLOS-Curriculum und die Evaluationsstudie vorgestellt wurden. Aus den Interessentinnen und Interessenten wurden in enger Kooperation mit den Oberschulämtern Mannheim und Heidelberg eine für Baden-Württemberg repräsentative Stichprobe von Grundschulen ausgewählt, an denen jeweils mindestens zwei Lehrerinnen Interesse an der Teilnahme am Projekt hatten. Insgesamt wurde so eine Experimentalgruppe aus 14 Grundschulen bzw. 30 Klassen und eine (nach Kriterien der Vergleichbarkeit zusammengestellte) Kontrollgruppe aus sieben Grundschulen bzw. 14 Klassen zusammengestellt. Den Schülerinnen und Schülern wurde jeweils ein Elternfragebogen gegeben, den die Eltern zuhause bearbeiten sollten. Neben den Eltern wurden auch die Lehrerinnen und jeweils zwei Kinder pro Klasse (ein Mädchen, ein Junge) befragt, die zufällig ausgewählt wurden und für die eine Einverständniserklärung der Eltern vorlag. Tabelle 3 sind die verwendeten Erhebungsverfahren und die befragten Personengruppen zu entnehmen.

Tabelle 3: Datenquellen und Erhebungsverfahren

Eltern	*Kinder*	*Lehrkräfte*
- CBCL (Verhaltensauffälligkeiten) - HKI (Soziale Kompetenzen) - Soziodemographische Daten	- FEAS (Empathiefähigkeit) - SPP (Selbstwert) - EAS (Aggression) - GASC (Angst)	- BLZ (Berufszufriedenheit) - LASSO (Klassenklima) - Soziodemographische Daten - Qualität der Durchführung

Die Ergebnisse zeigten zusammenfassend, dass durch die bis zur zweiten Klasse durchgeführten FAUSTLOS-Lektionen (Im Mittel 35 Lektionen) vor allem aus der Sicht der Eltern Verhaltensänderungen der Kinder angestoßen wurden[1]. Bemerkenswert waren vor allem die durch signifikante Gruppe x

[1] Nach der zweiten Klasse kam es in vielen Schulen zu einem Wechsel der Klassenlehrerin. Mit diesem Wechsel ging eine selektive Stichprobenreduktion einher. Die Kinder, für die auch für den abschließenden Meßzeitpunkt Daten vorlagen, unterschieden sich (im Unterschied zu allen anderen Meßzeitpunkten) bereits bei der Prä-Erhebung signifikant hinsichtlich des Ausmaßes an

Zeit-Interaktionen angezeigten Entwicklungsunterschiede bezüglich der Angst/Depressivität und der Internalisierungsstörungen der Kinder. Nur die FAUSTLOS-Kinder legten ihre ängstlich/depressiven Verhaltensweisen zunehmend ab und wirkten auf ihre Eltern weniger zurückgezogen und scheu, während dies durch den Regelunterricht nicht erreicht wurde. Hier zeigten sich somit deutliche Transfereffekte des Curriculums, denn die Eltern beurteilten das außerschulische Verhalten ihrer Kinder. Die Ängstlichkeit betreffend korrespondierten die Einschätzungen der Eltern mit denen der Kinder. Die FAUSTLOS-Kinder schätzten ihre Kontrollverlustängste im Unterschied zu den Kontrollkindern bei der dritten Befragung als signifikant geringer ein. Betrachtet man die Items der entsprechenden Skala, so kann der Effekt dahingehend interpretiert werden, dass die FAUSTLOS-Kinder in vermeintlich unkontrollierbaren und beängstigenden Situationen (z. B. bei Arztbesuchen) ihre Gefühle besser verbalisieren konnten (was ein Hauptfokus der Empathielektionen ist), die in den Lektionen zur Impulskontrolle erlernten Problemlöseschritte anwendeten und Beruhigungstechniken benutzten, die in den Lektionen zum Umgang mit Ärger und Wut eingeführt werden. Aus der Sicht der Eltern profitierten vor allem die Mädchen von den FAUSTLOS-Lektionen. Während sich bei den Mädchen nur in der Experimentalgruppe positive Entwicklungen hinsichtlich ihrer Externalisierungsstörungen, ihrer Fähigkeit zur Perspektivenübernahme und hinsichtlich des Einhaltens sozialer Regeln zeigten, machten die Jungen diesbezüglich sowohl in der Experimental- als auch in der Kontrollgruppe signifikante Fortschritte. Das Selbstbehauptungsvermögen steigerte sich aus der Sicht der Eltern nur bei den Jungen in der Kontrollgruppe. Dies kann möglicherweise als Hinweis auf eine größere Verunsicherung der FAUSTLOS-Jungen interpretiert werden, die mit den neu erlernten Möglichkeiten der Durchsetzung eigener Wünsche noch nicht gänzlich vertraut waren, auf aggressive Mittel der Selbstbehauptung jedoch mehr und mehr verzichteten.

Diese positiven Entwicklungen spiegelten sich auch in der abschließenden Gesamtbeurteilung des Curriculums durch die Lehrerinnen wider. Die Lehrerinnen beurteilten die Unterrichtsmaterialien und die Rollenspiele durchweg als sehr gut bis gut. Die Eignung des Curriculums zur Verbesserung des Sozialverhaltens und zur Prävention aggressiven Verhaltens schätzten die Lehrerinnen ebenfalls als gut ein. Diese Einschätzung zeigte sich aus der Per-

---

Verhaltensauffälligkeiten. Aufgrund dieser unterschiedlichen Ausgangsbedingungen und des suboptimalen Stichprobenumfanges wurden die Daten des letzten Meßzeitpunktes aus den Analysen ausgeschlossen.

spektive der Lehrerinnen auch in den tatsächlichen Effekten der FAUSTLOS-Lektionen. So habe sich das Sozialverhalten der Schülerinnen und Schüler verbessert, und auch bezüglich deren aggressiven Verhaltens zeigten sich aus der Sicht der Lehrerinnen positive Effekte. Die diesbezüglichen Veränderungen wurden, wie auch die Ergebnisse der Elternbefragungen zeigten, allerdings eher als moderat eingeschätzt. Die insgesamt sehr positive Gesamtbeurteilung des Curriculums durch die Lehrerinnen zeigte sich auch darin, dass 77% der Lehrerinnen angaben, FAUSTLOS auch in ihren nächsten Klassen einzusetzen. Dies vor allem deshalb, weil sich die FAUSTLOS-Lektionen deutlich spürbar auf das Klassenklima und das Sozialverhalten ausgewirkt hätten, was sich wiederum positiv im Lernklima niederschlagen würde. Auf Grund dieser positiven Gesamteinschätzungen hatten 77% der Lehrerinnen FAUSTLOS ihren Kolleginnen und Kollegen weiterempfohlen. Bemerkenswert waren zudem die Anmerkungen einiger Lehrerinnen, die FAUSTLOS auch als »Hilfe und Bereicherung« für sich selbst empfanden. Sie forderten, dass FAUSTLOS »im Bildungsplan von Grund- und Hauptschulen verankert« sein sollte, und wünschten sich weitere, vertiefende Fortbildungen zum Thema. Das Curriculum als Ganzes beurteilten die Lehrerinnen als »gut bis sehr gut«, und auch den Kindern habe das FAUSTLOS-Programm gut gefallen, was folgende Briefe an uns illustrieren:

Liebe Frau Ott! Lieber Herr Schick!
Mit hat es beim Faustlos am meisten gefallen das wir viel lernen könen das man mit einer Faust nichts anfangen kann.
Eure Samantha

Lieber Herr Schick! Liebe Frau Ott!
Mier gefeld an Faustlos das mann hier Forspielen kann.
Carmen

Liebe Frau Ott! Lieber Herr Schick!
Ich halte von Faustlos das mann was lernen tut. Was ich nicht gut finde ist das ich nicht immer trangenommen werde. Ich lerne dabei das ich nicht schlagen sol sondan iknorieren. Ich iknoriere. erst wen mich jemand ergern tut wen mich jemand schlagen tut dan gehe ich jemanden sagen.
deine Shantee

Literatur

Beland, K. (1988a): Second Step. A violence-prevention curriculum. Grades 1-3. Seattle (Committee for Children).

Beland, K. (1988b): Second Step, grades 1-3: Summary report. Seattle (Committee for Children).

Bruene-Butler, L., Hampson, J., Elias, M.J., Clabby, J.F. & Schuyler, T. (1997): The Improving Social Awareness-Social Problem Solving Project. In: Albee, G.W., Gullotta, T.P. (Eds.), Primary Prevention Works. Thousand Oaks (Sage Publications), S. 239-267.

Bründel, H. (1994): Gewalt in unseren Schulen – Gewalt in unserer Gesellschaft. In: Psychologie in Erziehung und Unterricht, 41, S. 232-237.

Cierpka, M. (Hg.) (2001). FAUSTLOS – Ein Curriculum zur Prävention von aggressivem und gewaltbereitem Verhalten bei Kindern der Klassen 1 bis 3. Göttingen (Hogrefe).

Coie, J.D., Dodge, K.A. (1998): Aggression and Antisocial Bahvior. In: Eisenberg, N. (Ed.), Handbook of Child Psychology: Vol. 3. Social, emotional, and personality development. New York (Wiley), S. 779-862.

Dadds, M.R. (1997): Conduct disorder. In: Ammermann, R.T. & Hersen, M. (Eds.): Handbook of prevention and treatment with children and adolescents. New York (John Wiley & Sons), S. 521-550.

Dodge, K.A., Crick, N.R. (1990): Social information-processing biases of aggressive behavior in children. In: Personality and Social Psychology Bulletin, 16(1), S. 8-22.

Dryfoos, J.G. (1990): Adolescents at Risk. Prevalence and Prevention. New York (Oxford University Press).

Eisenberg, N., Fabes, R.A. (1991): Prosocial behavior and empathy. In: Clark, M.S. (Ed.), Prosocial behavior. Newbury Park (Sage), S. 34-61.

Feshbach, N.D. (1975): Empathy in children: Some theoretical and empirical considerations. In: Counseling Psychologist, 5, S. 25-29.

Frey, K.S., Hirschstein, M.K. & Guzzo, B.A. (2000): Second Step: Preventing aggression by promoting social competence. In: Journal of Emotional and Behavioral Disorders, 8(2), S. 102-112.

Friedlmeier, W. (1993): Entwicklung von Empathie, Selbstkonzept und prosozialem Handeln in der Kindheit. Konstanz (Hartung-Gorre).

Grossman, D.C., Neckerman, H.J., Koepsel, T.D., Liu, P.-Y., Asher, K.N., Beland, K., Frey, K. & Rivara, F.P. (1997): Effectiveness of a violence prevention curriculum among children in elementary school. In: Journal of the American Medical Association, 277(20), S. 1605-1611.

Hahlweg, K., Hoyer, H., Naumann, S. & Ruschke, A. (1998): Evaluative Begleitforschung zum Modellprojekt »Beratung für Familien mit einem gewaltbereiten Kind oder Jugendlichen«. Abschlussbericht. Braunschweig (Technische Universität Braunschweig).

Henrich, C.C., Brown, J.L. & Aber, J.L. (1999): Evaluating the Effectiveness of School-Based Violence Prevention: Developmental Approaches. Social Policy Report. Society for Research in Child Development, 13(3), S. 1-20.

Hurrelmann, K. (1992): Aggression und Gewalt in der Schule – Ursachen, Erscheinungsformen und Gegenmaßnahmen. In: Pädagogisches Forum, 5(2), S. 65-74.

Mehrabian, A. (1997): Relations Among Personality Scales of Aggression, Violence, and Empathy: Validational Evidence Bearing on the Risk of Eruptive Violence Scale. Aggressive Behavior, 23, S. 433-445.

Meier, U. (1997): Gewalt in der Schule – Problemanalyse und Handlungsmöglichkeiten. In: Praxis der Kinderpsychologie und Kinderpsychiatrie, 46(3), S. 169-181.

Meindl, C. (1998): Entwicklung und Validierung eines Fragebogens zur Erfassung von Empathie und seine Anwendungen im Rahmen eines Empathietrainings. Unveröffentlichte Diplomarbeit, Uni Regensburg, Fachbereich Psychologie. Regensburg.

Meyenberg, R., Scholz, W.-D. (1995): Schule und Gewalt. Erscheinungsformen – Ursachen – Lösungen. Hannover (Hahnsche Buchhandlung).

Miller, P.A., Eisenberg, N. (1988): The relation of empathy to aggressive and externalizing/antisocial behavior. Psychological Bulletin, 103(3), S. 324-344.

Pepler, D.J., Slaby, R.G. (1994). Theoretical and developmental perspectives on youth and violence. In: Eron, L.D., Gentry, J.H. & Peggy, S. (Eds.): Reason to hope. A psychosocial perspective on violence and youth. Washington (American Psychological Association), S. 27-58.

Prothrow-Stith, D., Weissman, M. (1991): Deadly consequences. New York (Harper Collins Publishers).

Schick, A. & Cierpka, M. (2003). Faustlos: Evaluation eines Curriculums zur Förderung sozial-emotionaler Kompetenzen und zur Gewaltprävention in der Grundschule. Kindheit und Entwicklung, 12, 100-110.

Schwind, H.-D., Roitsch, K. & Gielen, B. (1995): Gewalt in Schulen. Die Bochumer Studie zur Gewalt in Schulen. Kriminalistik, 49(10), S. 618-625.

Slaby, R.G. (1998): Preventing youth violence through research-guided intervention. In: Trickett, P.K. & Schellenbach, C.J. (Eds.): Violence against children in the Family and the Community. Washington, D.C. (American Psychological Association), S. 371-399.

Spivack, G., Shure, M.B. (1974): Social adjustment of young children. A cognitive approach to solving real-life problems. San Francisco (Jossey-Bass).

Thornberry, T.P., Huizinga, D. & Loeber, R. (1995): The Prevention of Serious Delinquency and Violence: Implications From the Program of Research on the Causes and Correlates of Delinquency. In: Howell, J.C., Krisberg, B., Hawkins, J.D. & Wilson, J.J. (Eds.): Serious, Violent, and Chronic Juvenile Offenders. A Sourcebook. Thousand Oaks (Sage Publications), S. 213-237.

Walker, H.M., Horner, R.H., Sugai, G., Bullis, M., Sprague, J.R., Bricker, D. & Kaufman, M.J. (1996): Integrated approaches to preventing antisocial behavior patterns among school-age children and youth. In: Journal of Emotional and Behavioral Disorders, 4(4), S. 194-209.

Weissberg, R.P., Greenberg, M.T. (1998): School and community competence-enhancement and prevention programs. In: Sigel, E. & Renninger, A. (Eds.): Handbook of child psychology (5th edition). Volume 4: Child psychology in practice. New York (John Wiley), S. 877-954.

Bärbel Schön

Bildung der Gefühle durch Programme zur Gewaltprävention? Einige Anmerkungen

1. Einleitung:

Jedes menschliche Zusammenleben erfordert Normen in denen geregelt ist, welche Rechte und Pflichten die einzelnen Gesellschaftsmitglieder haben. In hierarchischen Gesellschaften gibt es klare Traditionen und Routinen. Rechte und Pflichten sind häufig ungleich verteilt und richten sich nach durch Stand und Geschlecht vorgegebenen Positionen. So ist z.B. klar geregelt, welches Geschlecht in welcher Position spezifische Aufgaben zu erfüllen hat und welche Sanktionen abweichendes Verhalten nach sich ziehen. Normen sind in diesen Gesellschaften vorgegeben, sie sind nicht verhandelbar oder reflektierbar. In traditionellen Gesellschaften hat daher Gehorsam einen hohen Stellenwert in der Erziehung. Das Kind soll lernen, Regeln zu akzeptieren und danach zu handeln. Die Autorität des Erwachsenen ist gesellschaftlich gestützt.

In demokratischen Gesellschaften ist das anders. Die Positionen werden idealiter durch Leistung erworben. Normen und Werte, Rechte und Pflichten sind verhandelbar. Chancengleichheit, Individualisierung der Biografie, Ausdruck subjektiver Bedürfnisse, Interessen und *Gefühle* haben eine große Bedeutung. In diesen Gesellschaften muss das Zusammenleben erst kommunikativ und interaktiv hergestellt werden. Die Psyche gilt nicht mehr als Schicksal, sondern als formbar, veränderbar, bearbeitbar. An die Stelle des erzieherischen Deutungsmusters rückt ein therapeutisches Deutungsmuster (vgl. Schön 1993). Die Forderung nach einer »Bildung der Gefühle« kann hier eingeordnet werden. Mit dieser Idee ist die Hoffnung verknüpft, das Zusammenleben z.B. innerhalb der Schule harmonischer zu gestalten, weil die einzelnen lernen, sowohl ihre eigenen Gefühle als auch die der anderen wahrzunehmen und angemessen zu handeln.

In diesem Beitrag soll gefragt werden, wie realistisch und wie angemessen diese Hoffnung ist insbesondere im Hinblick auf Programme zur Gewaltprävention. Dabei wird auch auf geschlechtsspezifische Erfahrungen und

Orientierungen eingegangen. Daraus folgen differenzierte Anforderungen an eine Bildung der Gefühle.

2. Zur Bedeutung von Gefühlen

Luc Ciompi hat mit dem Begriff der »Affektlogik« einen interessanten Versuch unternommen, Affekte und Kognitionen als unterschiedliche, aber zusammengehörige Pole der biografischen Entwicklung zu bestimmen. Fragen, die wir im menschlichen Zusammenleben zu klären haben, bedürfen nach seiner Theorie der Prüfung durch Kognitionen und Affekte

> »Wir vermögen sie nicht allein mit dem Denken, mit noch so objektiven kognitiven Beobachtungen und Messungen zu beantworten, wir müssen zugleich unser ›Gefühl‹ befragen, uns nicht nur ›eindenken‹ sondern auch einfühlen in den gesuchten und fokalisierten Sachverhalt. (...) Das Instrument, das wir benutzen, um zu entscheiden, ob etwas ›stimmt‹ oder nicht, ist (...) nicht bloß das logische Denken, ebenso wenig wie es bloß ein Gefühl, eine unkontrollierte Emotion ist, sondern es ist beides, ein Denken-Fühlen, Fühlen-Denken in einem eigentümlichen, spezifischen und ökonomischen Gleichgewicht, in einer Art von harmonischen Zusammenschwingen, das maximale kognitiv-affektive Entspannung und Strukturierung, psychischen ›Abbau‹ und ›Aufbau‹ zugleich bedeutet.« (Ciompi 1998, S. 397f.)

Diese Art von Gleichgewicht wird vom Menschen gesucht, das Erreichen als lustvoll erlebt. »Diese spezifische Art der Lust aber erscheint damit als der eigentliche Motor aller psychisch-geistigen Entwicklung.« (Ciompi 1998, S. 398)

Ciompis Theorie räumt dem Gefühl als Erkenntnisinstrument denselben Platz ein wie dem Denken. Nur Denken und Fühlen zusammen erfassen Struktur. »Mit anderen Worten, was wir Gefühl nennen und was uns durch den Körper als Gesamtinstrument vermittelt wird (...) erfasst (›intuitiv‹) in erster Linie Ganzheiten und Gemeinsamkeiten, die der analytische, abstrahierende, mehr linkshemisphärische Intellekt dann mit Einzelheiten erfüllt und moduliert.« (Ciompi 1998, S. 399)

Folgt man dieser Theorie, so sind *alle* Lern- und Bildungsprozesse mit Gefühlen und Gefühlsbildung verbunden. Das eigentlich Erstaunliche ist dann eher, dass die Gefühlsbildung so lange Zeit vernachlässigt oder ignoriert wurde und Lernende eher als körper- und gefühllose Wesen betrachtet wurden (vgl. dazu auch Rumpf 1981).

Betrachtet man das Verhältnis von Kognitionen und Affekten genauer, zeigt sich, dass die Gefühle im Körper lokalisiert sind.

»›Affekte oder ›Gefühle‹ äußern sich ganz vorwiegend in körperlichen Sensationen und Reaktionen, etwa durch Erröten und Erblassen, durch Atembeschleunigung oder -verlangsamung, durch ›in der Brust‹ lokalisierte ›Beklemmung‹ oder Erleichterung, durch besondere Körperhaltungen mit entsprechender Mimik und Gestik (Freude, Trauer, Wut etc.), durch Zittern, Verkrampfungen, bestimmte Muskelspannungen oder -erschlaffungen. Auch die Umgangssprache verlegt die Gefühle ganz eindeutig in den Körper: Sie sitzen ›im Herzen‹ (...) sie ›kriechen über die Leber‹ (...) Die Affekte sind also psychische Phänomene, die den Körper direkt und konkret ›affizieren‹ bzw. implizieren, während es sich beim ›Denken‹ und den ›Gedanken‹ um etwas weitgehend Unkörperliches, Indirektes und Immaterielles, kurz um etwas ›Geistiges‹ handelt« (Ciompi 1998, S. 76f.).

Phylogenetisch ist das »Fühlsystem« viel früher entstanden als das »Denksystem«. Schon niedere Tiere haben Gefühle, die Zentren und Bahnen, die mit den Gefühlen in Verbindung stehen, Hypothalamus und das limbische System, sind in phylogenetisch außerordentlich alten Hirnregionen lokalisiert. Die kognitiven Funktionen, besonders der spezifisch menschliche Intellekt gehören den entwicklungsmäßig jüngsten Rindengebieten des Neocortex der linken Großhirnhemisphäre an.

Gefühle stellen also eine weit ursprünglichere, sowohl summarischere als auch umfassendere Art von Perzeption und Kommunikation mit der begegnenden Umwelt dar als der (spezifische menschliche) Intellekt: Sie vermitteln averbal erste noch weitgehend ganzheitliche ›Eindrücke‹ bzw. ›Ausdrücke‹ (oder Befindlichkeiten, Stimmungen, Gerichtetheiten, Intentionalitäten) und bilden so eine Art grundlegendes Raster, das durch den analytischen Intellekt sozusagen weiter moduliert und ausdifferenziert wird (Ciompi 1998, S. 82). Gefühle sind also zunächst einmal elementare Indikatoren für unsere jeweils aktuelle Befindlichkeit im Hinblick auf den Kontext, in dem wir uns befinden.

Gefühle zu ›bilden‹, heißt dann zunächst einmal, ihnen Aufmerksamkeit zu schenken, sie wahrzunehmen. Diese Wahrnehmung sollte *nicht wertend* erfolgen. Gefühle sind also nicht gut oder schlecht, allenfalls können die daraus resultierenden Handlungsimpulse (z.B. das Bedürfnis, jemanden zu schlagen, weil man Wut auf ihn empfindet) problematisch sein.

Die nicht wertende Wahrnehmung von Gefühlen wird sich selten auf ein Gefühl allein konzentrieren, vielmehr können wir vielfach gleichzeitig unterschiedliche Gefühle wahrnehmen, z.B. Angst und lustvolle Spannung, wenn wir einen gruseligen Film anschauen. Vergleichbare Sachverhalte bewirken bei unterschiedlichen Menschen andere Gefühle. So mag sich einer in rauhen Tobespielen wohl fühlen, während der andere vor Angst erstarrt.

Die Gefühle, die wir empfinden und wahrnehmen, sind eng mit unserer biografischen Gewordenheit und geschlechtsspezifischen und kulturellen Mustern verwoben. Bei Mädchen und Frauen scheint die Wahrnehmung von Wut oder Ärger besonders schwierig zu sein, Männer tun sich schwer, Angst wahrzunehmen.

Bildung von Gefühlen könnte erst einmal heißen, Gefühle differenziert wahrzunehmen. Hierbei kann z. B. die Lokalisierung im Körper bedeutsam sein oder die Wahrnehmung von Widersprüchlichkeiten. In einem weiteren Schritt können die wahrgenommenen Gefühle einer Prüfung unterzogen werden, z. B. im Hinblick auf – alternative – »Fühl-Möglichkeiten«. Entspannungsübungen oder Visualisierungen können helfen, alternative Gefühle zu entwickeln, also z.B. Angst abzubauen oder im Hinblick auf Konfliktsituationen mutiger oder gelassener zu werden.

Eine solche »Arbeit« an Gefühlen ist aufwändig und vielfältig. Sie ist dann notwendig und sinnvoll, wenn Konflikte mit anderen Menschen oder Diskrepanzen zwischen dem gewohnheitsmäßigen Verhalten und den eigenen Bedürfnissen ihre Bearbeitung notwendig macht, wenn also moralische Dilemmata anstehen.

3. Zur Bedeutung moralischer Orientierungen

In demokratischen Gesellschaften lassen sich grob zwei Orientierungsschemata unterscheiden. Das eine ist die Anerkennung des Anderen als *Gleicher*. Dem anderen stehen die gleichen Rechte wie mir selbst zu, Menschenwürde ist unteilbar. Hieraus resultiert die Forderung, Konflikte ohne Gewalt zu lösen und zwar auch, wenn dies meinen gegenwärtigen Zielen und Wünschen zuwiderläuft (der andere z.B. etwas hat, was ich ihm am liebsten wegnehmen möchte), und auch dann, wenn ich auf den anderen ärgerlich oder wütend bin.

Das andere ist die Anerkennung des Anderen als *Ungleicher*. Wenn der Andere schwach ist, so resultieren daraus in der Regel Verpflichtungen, sofern ich seinen Wert und seine Würde anerkenne. Prototyp hierfür kann die Mutter-Kind-Beziehung sein. Die Bereitschaft, das Kind entsprechend seiner Abhängigkeit und Hilflosigkeit zu unterstützen, mag aus Liebe und Empathie erwachsen. Dennoch gilt hier das Gleiche wie oben, die entsprechenden Leistungen sind auch dann zu erbringen, wenn dies meinen gegenwärtigen Zielen und Wünschen zuwiderläuft (ich habe Lust zu telefonieren, aber das Baby muss gewickelt werden), oder, wenn ich wütend bin (auch wenn das Baby mich um meine wohlverdiente Nachtruhe gebracht hat, bekommt es seine Flasche).

Es geht also um zwei moralische Gebote:

- anderen gegenüber nicht unfair zu handeln,
- jemanden, der in Not ist, nicht im Stich zu lassen.

Gefühlsbildung heißt in diesem Zusammenhang die Wahrnehmung der Situation und Position des anderen im Vergleich zu meiner eigenen, die daraus resultierenden Gebote und – falls erforderlich – die Überwindung der Gefühle, die mich daran hindern, ihn fair zu behandeln oder ihn in seiner Not zu unterstützen.

Moral erwächst zwar grundlegend aus eigener Erfahrung, aus Mitgefühl und spontaner Empathie. Es ist aber ein wichtiger Lernprozess, entsprechende moralische Normen auch denen gegenüber einzuhalten, für die man spontan keine Empathie empfindet und auch in Situationen, in denen dies den eigenen Interessen nicht entspricht. Dieser Lernprozess kann – wie andere Lernprozesse auch – durchaus mühsam sein, er verläuft bei den einzelnen unterschiedlich schnell und unterschiedlich erfolgreich (vgl. Nunner-Winkler 1991, S. 155).

Gerechtigkeit und Fürsorge fokussieren die Wahrnehmung. Gerechtigkeit erwächst aus Respekt gegenüber der Autonomie des anderen, Fürsorge aus der Empathie für die Bedürfnisse des anderen, die dieser nicht aus eigener Kraft befriedigen kann. Gerechtigkeitsprinzipien lassen sich eher abstrakt definieren, indem von allen Besonderheiten der Personen abgesehen wird, Fürsorgeprinzipien beziehen sich immer auf konkrete Personen in konkreten Situationen. Fürsorge wird in alltäglichen, eher diffusen, ganzheitlichen Lebenszusammenhängen wie in der Familie realisiert, Gerechtigkeitsprinzipien sind in der Verfassung verankert. Entsprechend der Struktur der Geschlechterhierarchie ist das Gerechtigkeitsprinzip allgemein anerkannt, so spielt das Gleichheitsprinzip in institutionellen Zusammenhängen eine herausragende Bedeutung. Das Fürsorgeprinzip scheint eher der privaten, häuslichen Sphäre zuzugehören. Damit unterliegt es der Geringschätzung des Alltagslebens wie der Abwertung traditioneller Frauenarbeit.

Die unterschiedliche Bewertung dieser Prinzipien spiegelt sich auch in der Entwicklungspsychologie wieder. In der Diskussion um moralische Entwicklung wurde von Kohlberg vor allem die Perspektive der Gerechtigkeit thematisiert. Erst seine Schülerin Gilligan hat mit dem Buch »Die andere Stimme« das Fürsorgeprinzip als eher weibliches Prinzip in die Diskussion eingeführt und damit intensive Diskussionen und heftige Kontroversen ausgelöst (vgl. Nunner-Winkler 1991).

Wenn es sich bei diesen beiden Perspektiven auch vorrangig um Sichtweisen handelt, die eher von »männlichen« bzw. »weiblichen« Personen vertreten werden, so handelt es sich weder um biologisch angeborene Prinzipien, noch um Pole, die sich gegenseitig ausschließen oder in einer hierarchischen Beziehung stünden.

> »Analog zum Umkippen zwischen Figur und Hintergrund bei der Wahrnehmung mehrdeutiger Figuren, sind Gerechtigkeit und Fürsorge, also moralische Perspektiven, keine Gegensätze oder wechselseitige Spiegelbilder derart, dass Gerechtigkeit unfürsorglich und Fürsorge ungerecht wäre. Vielmehr bezeichnen beide Perspektiven verschiedene Möglichkeiten, die Grundelemente moralischen Urteilens zu organisieren: das Selbst, die Anderen und die Beziehungen zwischen ihnen« (Gilligan 1991, S. 83f.).

In einer Gerechtigkeitsperspektive hebt sich das Selbst, als moralische Instanz, als Gestalt gegen einen Hintergrund sozialer Beziehungen ab. Es beurteilt die konfligierenden Ansprüche des Selbst und der Anderen nach einem Standard der Gleichheit und der gleichwertigen Beachtung wie dem Kategorischen Imperativ, der Goldenen Regel. In einer Fürsorgeperspektive wird die Beziehung zur Gestalt, die das Selbst und die Anderen definiert. Im Kontext einer Beziehung ist das Selbst als moralische Instanz darauf eingestellt, Bedürfnisse wahrzunehmen und auf sie zu reagieren. Die Aufmerksamkeit wechselt von Fragen der Einigung (Rechte und Achtung) zu solchen des Verstehens (Zuhören und Sprechen, Hören und Gehört werden).

Beide moralischen Prinzipien sind nicht als starr oder statisch zu verstehen. Am Prototyp der Mutter-Kind-Beziehung lässt sich zeigen, dass diese im

Verlaufe der Entwicklung zu einer Beziehung zwischen »Gleichen« werden kann und soll. Unter spezifischen Bedingungen kann diese in eine umgekehrte Fürsorgebeziehung kippen, etwa bei Pflegebedürftigkeit der alten Mutter. Das starre Festhalten an einem zu einem bestimmten Zeitpunkt richtigen und notwendigem Verhalten kann zu einem anderen Zeitpunkt durchaus absurd oder lächerlich wirken. Loriot hat dies in seinen Filmen wie z. B. »Ödipussy« in unnachahmlicher Weise karikiert.

Wir wissen aus psychoanalytisch orientierten Studien heute auch, dass eine vermeintliche Position der Ohnmacht, wie sie z. B. ein Kranker hat, sehr wohl zur Terrorisierung, also bösartigen Machtausübung gegenüber der gesunden Pflegeperson genutzt werden kann und dass die Position des Helfers sehr wohl eine hilflose sein kann (Schmidbauer). Unter dem Deckmantel der Betonung von gleichen Rechten und Pflichten kann Gleichgültigkeit, Ignoranz, Desinteresse oder gar Vernachlässigung verborgen sein genau wie sich unter vermeintlicher Fürsorge Erniedrigung des anderen, Zwang und Herrschaftsausübung verstecken kann.

Beide Prinzipien, Gerechtigkeit und Fürsorge, können also durchaus richtig *und* falsch sein. Ihre richtige Anwendung hängt vom Kontext und von stimmigen Positionsbestimmungen ab:

> »Das Fehlerrisiko bei Gerechtigkeitsurteilen besteht in deren latentem Egozentrismus, in der Neigung, die eigene Perspektive mit einem objektiven Standpunkt oder der Wahrheit zu verwechseln (...) Das Fehlerrisiko bei Fürsorge-Urteilen besteht in der Neigung, zu vergessen, dass man eigene Kriterien hat, und sich so weit auf die Perspektive des anderen einzulassen, dass man sich selbst als ›selbstlos‹ begreift und sich nach den Kriterien anderer definiert.« (Gilligan 1991, S. 97)

Die Logik der Anteilnahme, Fürsorge, Verantwortlichkeit muss insbesondere dort zum Tragen kommen, wo es um ungleiche Beziehungen geht: Dort, wo der andere prinzipiell bedürftig, hungrig, hilflos erscheint, muss der Stärkere dem Rechnung tragen und aus seiner Position der Stärke heraus den anderen unterstützen. Dementsprechend richtet sich das Gebot der Anteilnahme darauf, eine Verantwortung für die »wirklichen und erkennbaren Nöte« dieser Welt wahrzunehmen und zu lindern.

Die Logik der Gerechtigkeit geht dagegen von Gleichen aus. Für Männer erscheint der moralische Imperativ eher als ein Gebot, die Rechte anderer zu respektieren und dadurch das Recht auf Leben und Selbstverwirklichung vor Beeinträchtigungen zu schützen.

Eine Gefühlsbildung in der Schule sollte komplex angelegt sein. Sie müsste beide Perspektiven im Blick haben und die positiven und negativen Momente beider Regulationsprinzipien berücksichtigen. Sie sollte insbesondere dazu beitragen, bei beiden Geschlechtern unterentwickelte Orientierungen aufzubauen. Mädchen sollten also dazu ermutigt werden, ihre eigenen Rechte auch in Konfliktsituationen zu behaupten und die Stärke des anderen zu sehen, während Jungen verstärkt lernen sollten, bei sich selbst und beim anderen Verletzungen, Kränkungen und Schwäche zu sehen und fürsorglich zu handeln. Programme zur Gewaltprävention sind aber, wie weiter zu zeigen ist, einseitig auf die Verminderung aggressiver Impulse angelegt. Sie folgen dabei implizit dem Prinzip einer kompensatorischen Erziehung von Jungen, während sie sich scheinbar geschlechtsneutral an Mädchen und Jungen wenden.

4. Die Bildung der Gefühle in der Familie

Bildungsprozesse in der Schule sollen die Erfahrungen des Kindes in der Familie und in der Lebenswelt nicht ignorieren, sondern diese zunächst einmal mit Respekt zur Kenntnis nehmen (vgl. Methfessel/Schön 2001). Was die Gewaltprävention betrifft, so beginnt Licht und Schatten in der Familie, in den dort faktisch gelebten sozialen Beziehungen. Das wichtigste Bildungsziel in der Familie hat Elschenbroich (2001, S. 28) so formuliert. Ein Kind, das in die Schule kommt, sollte»*die eigene Anwesenheit als positiven Beitrag erlebt haben*«. Es sollte die Erfahrung gemacht haben, dass es akzeptiert und angenommen ist, sollte Fürsorge durch Erwachsene, Mutter und Vater, erlebt und erfahren haben. Ein Kind sollte sozusagen spiegelbildlich durch eine Person, die zugleich Modell für sie ist, am eigenen Leib erfahren haben, dass seiner Schwäche und Hilflosigkeit mit Empathie und Fürsorge begegnet wurde. Umgekehrt heißt dies, dass ein Kind, das in seiner frühen Entwicklung Vernachlässigung und/oder Gewalt erfahren hat, spiegelbildlich an einem Modell gelernt hat, dass andere Menschen wie es selbst wenig wert sind und dass man sich über die Bedürfnisse der anderen hinwegsetzen darf.

Die Verankerung dieser ersten Basiserfahrungen in der Gefühlswelt kann nicht bedeutsam genug veranschlagt werden. Fend (1999 S. 454) referiert den aktuellen Forschungsstand wie folgt:

»Prävention ist immer erfolgreicher als Therapie und Korrektur. Ihre Kosten sind zudem geringer. Die Entwicklungsgeschichten von Problemverhalten machen sichtbar, wie bedeutsam es ist, dass die Prävention sehr früh einsetzt und dass die günstigen Einstiegsfenster bzw. die sensiblen Phasen genutzt werden. Die beste Investition in bezug auf Prävention besteht darin, eine bestmögliche Versorgung von Kindern in den ersten fünf Lebensjahren sicherzustellen und hier vor allem eine langdauernde und an der positiven Entwicklung höchst interessierte Beziehung zu Bezugspersonen zu ermöglichen«.

Betrachtet man die kindlichen Erfahrungen in der Familie genauer, kommt man nicht umhin, die unterschiedlichen Probleme von Mädchen und Jungen in der Familie genauer in den Blick zu nehmen. Döbert hat Unterschiede wie folgt zusammengefasst:

»Bis zum Ende des zweiten Lebensjahres sind die Geschlechtsunterschiede vernachlässigbar. Dann kommt es aber zunehmend zur Ausbildung von gleichgeschlechtlichen Gruppen, wobei die Gruppen der Jungen größer sind und sich stärker von der Erwachsenenwelt abschotten. Innerhalb ihrer Spielgruppen neigen die Jungen stärker zu Wutausbrüchen, Prügeleien und wildem Herumtoben, wobei sie ihre Aggressivität und ›Stärke‹ zum Aufbau von *Dominanzhierarchien* benutzen. In den kleineren Mädchengruppen kommen Prügeleien demgegenüber nur selten vor, und klare Dominanzhierarchien werden nicht aufgebaut. Die Beziehungen der Mädchen zur Erwachsenwelt sind unproblematisch: Sie unterhalten engere Beziehungen, kommen den Wünschen der Erwachsenen eher nach, wissen aber auch, wie man die Erwachsenen den eigenen Zwecken dienstbar machen kann. Sie benutzen die Erwachsenen, wenn man will, rational als Hilfsinstrumente bei der Bewältigung von Aufgaben. Demgegenüber ist die Beziehung der Jungen zu den Erwachsenen konfliktreicher: Sie sind aufsässiger, holen den Rat der Erwachsenen selbst dann nicht ein, wenn sie ihn bräuchten und versuchen, die Erwachsenen zu dominieren« (Döbert 1991, S. 137, Hervorhebung durch den Verfasser, vgl. dazu auch Bilden 1991).

Jungen bereiten also schon in der familiären Erziehung wesentlich mehr Probleme. Hierfür gibt es folgende gängige Erklärungen:

- Aggressivität ist eine stark biologisch geprägte Verhaltensdisposition. Verantwortlich für die erhöhte Aggressivität der Jungen ist das männliche Sexualhormon Testosteron.

- Aggressivität gilt seit jeher als Synonym für Männlichkeit und Durchsetzungsvermögen. Man kann deshalb davon ausgehen, dass aggressive Verhaltensweisen bei Jungen eher ermutigt und unterstützt, bei Mädchen eher gehemmt oder sanktioniert werden.
- Aggressivität wird in der Jungensozialisation dadurch gefördert, dass ihnen in der Familie, Kindergarten und Grundschule gleichgeschlechtliche Erwachsene fehlen, mit denen sie sich identifizieren können und die ihnen als Modell und Gesprächspartner kontinuierlich zur Verfügung stehen. Weibliche Bezugspersonen können männliche Bezugspersonen nicht ersetzen.

Trotz aller Angleichung der Geschlechter in den letzten Jahrzehnten haben wir es in der Familie und in den frühkindlichen öffentlichen Institutionen nach wie vor mit einem weiblich dominierten Bereich zu tun. »Biologie« und »Sozialisation« verstärken sich gegenseitig. Es sind Frauen, die »muttern« (Chodorow 1985). Für beide Geschlechter ist die zentrale Beziehungsperson in den ersten drei Lebensjahren in aller Regel eine Frau.

Gilligan (1984) hat in ihrer Studie »Die andere Stimme« unter Bezug auf Chodorow schlüssig herausgearbeitet, dass sich die grundlegende Gefühlsbildung der Kinder je nach Geschlecht unterschiedlich gestaltet. »Diese Unterschiede entstehen sichtlich in einem sozialen Kontext, in dem Faktoren des sozialen Status und der Macht einerseits und die biologischen Gegebenheiten der Fortpflanzung andererseits die Erfahrungen von Männern und Frauen und die Beziehungen zwischen den Geschlechtern prägen« (Gilligan 1984, S. 10).

Mütter empfinden ihre Töchter auf der Basis der Geschlechtsgleichheit als gleich/ähnlich, während sie ihre Söhne eher als ungleich/gegenpolig empfinden Die frühe weibliche Identitätsbildung findet deshalb im Kontext der »Bindung« statt, die männliche im Kontext der Individuierung, der Trennung. Hinzu kommt, dass mit dem Erkennen der Geschlechtsunterschiede und der Bedeutung der Geschlechterhierarchie etwa um das dritte Lebensjahr herum für den Jungen eine schwierige Aufgabe ansteht: er muss sich von seiner primären Bezugsperson, einer Frau, ein Stück weit distanzieren, um ein »Mann« zu sein/ zu werden.

Was ein Mann ist, bestimmt sich vor allem durch Negation des Weiblichen: nicht mütterlich, nicht fürsorglich, nicht rücksichtsvoll zu sein, erscheint als Inbegriff von Männlichkeit, vor allem dann, wenn andere Modelle und Vorbilder von Männlichkeit fehlen. Da die Väter in der häuslichen Sphäre in aller Regel wenig präsent sind, auch im Kindergarten kaum männliche

Erzieher zu finden sind, muss sich der Junge quasi mit Gewalt von seinen weiblichen Bezugspersonen trotzig abwenden. Dabei erfährt er einen Verlust an Geborgenheit, den er möglicherweise durch verstärktes aggressives Ausagieren kompensiert.

> »Da Männlichkeit durch Ablösung definiert wird, Weiblichkeit hingegen durch Bindung, wird die männliche Geschlechtsidentität durch Intimität bedroht, die weibliche Geschlechtsidentität durch Trennung. Männer haben deshalb Probleme mit Beziehungen, während Frauen Probleme mit ihrer Individuation haben« (Gilligan 1984, S. 17).

5. Schulische Programme zur Gewaltprävention am Beispiel des Präventionsprogramms »Faustlos«

Faustlos ist ein für die Grundschulklassen 1 bis 3 entwickeltes Unterrichtsprogramm, das impulsives und aggressives Verhalten von 6- bis 10jährigen Kindern vermindern und ihre soziale Kompetenz erhöhen soll. Es ist eine deutschsprachige Version des Second Step Curriculums (Beland 1988). Um das Programm an Schulen im Heidelberger Raum zu erproben, wurde Faustlos an verschiedenen Schulen eingesetzt und evaluiert (siehe dazu den Beitrag von Schick in diesem Band sowie Cierpka 2001a und Cierpka u. a. 2001b).

Die Forschungsgruppe, die ausschließlich aus Medizinern und Psychologen bestand, wandte sich auch an die Pädagogische Hochschule Heidelberg, um Kooperationspartner mit pädagogischer Feldkompetenz zu finden. Die Autorin dieses Beitrags entwickelte gemeinsam mit I. Silber und M. Klima-Hahn (beide Pädagogische Hochschule Heidelberg), Bausteine zur Ergänzung von Faustlos. Einerseits bot Klima-Hahn für eine weitere Gruppe von Lehrerinnen, die Faustlos unterrichten wollten, eine intensive nicht programm- oder themenbezogene Supervision an, die in vierzehntägigem Rhythmus jeweils vier Stunden dauerte. In der Supervision hatten die Lehrerinnen die Möglichkeit, alle Themen anzusprechen, die sie in diesem Zusammenhang als relevant ansahen. Unsere Erfahrung hatte nämlich gezeigt, dass auch engagierte Lehrerinnen oft überfordert sind, wenn sie ein Curriculum unterrichten sollen, das auf psychologisch-therapeutischen Bausteinen basiert, die sie in ihrer Ausbildung in aller Regel nicht kennen gelernt haben.

Silber entwickelte ein Patenschaftsprogramm für – in den Augen der beteiligten Lehrerinnen – »schwierige« Kinder. Studierende der Pädagogischen Hochschule betreuten ein bis zwei Schuljahre lang ein Kind durch regelmäßige Treffen am Nachmittag. Dabei sollten die Studierenden Einblick gewinnen in die familiäre Situation und Lebenswelt und sollten zugleich lernen und erfahren, wie man ein Kind in dieser Situation unterstützen kann. Unsere These war, dass man diesen Kindern mit einem Programm wie Faustlos nicht hinreichend helfen kann, weil ihnen aufgrund ihrer Erfahrungen in der Familie personale Unterstützung fehlt und ihnen Modelle für die gewaltfreie Bewältigung von Konflikten nicht genügend präsent sind.

Unsere Hypothesen zur curricularisierten Bildung von Gefühlen waren also eher skeptisch und stärker an ganzheitlichen Bildungsprozessen orientiert. Wie in anderen empirischen Studien auch lassen sich die gefundenen Daten unterschiedlich interpretieren. Während die Forschungsgruppe von Cierpka u.a. die geringen gefundenen Differenzen bei den Einstellungen der Kinder sehr positiv bewertet und dabei auf die Fortschritte bei den Mädchen verweist, während es bei den Jungen kaum signifikante Unterschiede zu einer Kontrollgruppe gibt (vgl. den Beitrag von Schick in diesem Band), waren wir von den empirischen Ergebnissen insgesamt sehr enttäuscht. Unsere Erwartungen waren höher, unsere Identifikation mit dem Programm ist geringer.

Im Längsschnitt zeigen sich kaum Unterschiede zwischen einer Gruppe, die nicht mit Faustlos unterrichtet wurde, einer Gruppe, die mit Faustlos unterrichtet wurde und der Gruppe Faustlos plus Angebote der Pädagogischen Hochschule. Die Differenzen zwischen den Gruppen sind minimal und statistisch nicht signifikant Ein eindeutiger Erfolg ließ sich weder für das „klassische" Faustlos-Programm noch für die von uns durchgeführte Variante nachwiesen. Im Unterschied zum Modellversuch im engeren Sinne, bei dem nur zwei Gruppen verglichen wurden, erzeugt ein Vergleich der drei Gruppen (Faustlos, Faustlos-PH, Kontrollgruppe) vielfältige Variationen, am ehesten zeigen sich noch bei den Mädchen positive Effekte.

Wie bereits weiter oben dargestellt wurde, tendieren Mädchen aber ohnehin dazu, in der Auseinandersetzung mit anderen die eigenen Bedürfnisse und Interessen zu ignorieren oder zumindest zu vernachlässigen. Der minimale Erfolg ist also eher problematisch. Überspitzt gesagt: In Faustlos lernen Mädchen das, was sie ohnehin schon können und nicht das, was sie brauchen, um potentieller Gewalt aktiv entgegen zu treten. Das Curriculum richtet sich also wie auch sonst so häufig an den Bedürfnissen der Jungen aus (vgl. Nyssen/ Schön 1992). Das Programm will potentiellen »Tätern« mehr soziale Kompetenzen vermitteln und nicht potentiellen »Opfern« wirksame und wehrhafte Strategien zur Abwehr von möglichen Angriffen zeigen. Wir haben einige Hypothesen entwickelt, die den fehlenden Erfolg plausibel machen können.

Faustlos hat den Anspruch, durch die systematische, lehrplanmäßige Vermittlung und planmäßige Abfolge von separaten Lektionen bessere Lerneffekte im Vergleich zu einem eher unsystematisch situationsbezogenen sozialen Lernen zu erzielen. Die Eingrenzung auf spezifische Stunden könnte aber auch gegenteilige Effekte haben (zum Verhältnis von schulischem Lernen, Lernen in der Lebenswelt und lebensgeschichtlichen Lernen vgl. Methfessel/Schön 2001; Schön 2003).

Faustlos ist ein geschlossenes Curriculum. Den LehrerInnen werden komplette Unterrichts-Einheiten mit konkreten Anweisungen (»Zeigen Sie das Bild: Dies ist Lara... «) zur Verfügung gestellt. Die Unterrichtsstunden bauen nach entwicklungspsychologischen Gesichtspunkten aufeinander auf und werden in einer strengen Reihenfolge unterrichtet. In jeder Klassenstufe wird mit dem Empathietraining (jeweils ca. 8 Stunden) begonnen, es folgt die Impulskontrolle (jeweils ca. 5 Stunden), den Abschluß bildet der Umgang mit Ärger und Wut (jeweils ca. 5 Stunden).

Alle Unterrichtsstunden laufen nach einem bestimmten Schema ab. Sie beginnen mit einem Foto, auf dem bestimmte Gefühle oder Konflikte zu erkennen sind, die dann im Verlauf der Stunde besprochen und bearbeitet werden. Das Curriculum ist weitgehend mechanisch strukturiert. Ein unerwünschter Effekt eines solchen Arrangements könnte darin bestehen, dass die Schülerinnen und Schüler »abschalten« oder die gewünschten Antworten reproduzieren, ohne einen Zusammenhang mit ihrem Alltag herzustellen. Aus der Sicht einer konstruktivistischen Wissenschaft ist die Reproduktion gewünschter Ergebnisse noch kein Erfolg. Es ist vielmehr »eine Selbsttäuschung zu glauben, dass alle Schüler das gleiche Lernziel erreicht hätten. Sie reproduzieren – unter dem Druck der Verhältnisse – vielmehr bestimmte Erwartungen. Das, was das Gelernte für sie bedeutet, ist indessen völlig unterschiedlich (Lenzen 1999, S. 157).

Kritisch wäre auch zu fragen, ob die Betroffenen Akteure ihrer selbst sind oder Objekte einer Behandlung durch hierarchisch übergeordnete Experten (vgl. Lüders/Mack 2001, S. 122f.). Diese Kritik gilt sowohl für die SchülerInnen als auch für die LehrerInnen, die ein »teacher proofed curriculum« durchführen, bei dem vorgeschrieben ist, was sie wann wie zu unterrichten haben. Wenn Lernen sich je nach Individuum, Vorerfahrungen und selektiver Wahrnehmung des Kontextes anders vollzieht, ist es eine Illusion, zu glauben, Vorgaben aus der Entwicklungspsychologie erfolgreich eins zu eins umsetzen zu können.

Durch die Lektionen »Impulskontrolle« sollen in fiktiven sozialen Situationen Problemlösestrategien angewendet und prosoziale Verhaltensweisen eingeübt werden. Das umfasst auch Verhaltensweisen wie »sich entschuldigen« oder »Mitmachen«. Kinder wissen aber nach unseren Erfahrungen durchaus, dass es wenig hilfreich ist, ein Spiel von anderen gewaltsam zu unterbrechen, wenn man mitspielen möchte. Sie können aber möglicherweise mit dem Gefühl, ausgegrenzt zu sein, nicht umgehen. Dieses Gefühl wird aber nicht thematisiert.

Faustlos ist zu stark an der Verbalisierung von Gefühlen, Konflikten, Strategien usw. orientiert. Auch in den Rollenspielen dominiert das Verbalisieren. Es fehlen Methoden, in denen eher körperorientiert und spielerisch agierend neue Erfahrungen des Miteinanderumgehens ausprobiert werden. Gefühle werden kaum hinreichend »bearbeitet«, wenn mechanisch geübt wird »ich kann *höflich* fragen«.

Umgang mit Ärger und Wut umfasst ein Bündel von Techniken zur Stressverminderung. Mit solchen Techniken soll Ärger in eine sozial verträgliche Richtung gelenkt werden. Durch die entsprechenden Einheiten soll das Verhalten der Kinder positiv beeinflusst werden, indem sie ärgerliche Gefühle erkennen und Techniken zur Reduzierung von Ärger erlernen. Allerdings gilt auch hier, dass fraglich ist, ob solche Lernprozesse für Mädchen angemessen sind. Mädchen tendieren eher dazu, Ärger und Wut als scheinbar männliche, für Mädchen unpassende Gefühle gar nicht erst wahrzunehmen. Sie reagieren z. B. bei Grenzverletzungen eher weinerlich oder mit Rückzug als mit einem klaren Ausdruck von Ärger, der einen Angreifer effektiver stoppen könnte.

Faustlos beinhaltet sowohl sehr einfache Übungen (Lehrerfrage »Wie kann ich erreichen, dass ich bei anderen Kindern mitspielen darf?« Schülerantwort: »Ich frage höflich! «) als auch sehr anspruchsvolle Übungen (»laut denken«, verschiedene Alternativen »im Kopf« durchspielen, bei Ärger und Wut langsam von 5 bis 1 rückwärts zählen). Nach unserem Eindruck werden Kinder und Lehrerinnen teils über-, teils unterfordert.

Wenn die Lektionen zum Erfolg führen, fordern die Kinder, dass alle sich an die Regeln halten. So beschwerten sie sich z.B. Faustlos-Kinder bei ihrer Klassenlehrerin, dass eine Fachlehrerin sie beschimpft und ihrem Ärger freien Lauf lässt und sich nicht an die Regeln zum Umgang mit Ärger und Wut hält. Das ist ein großer Erfolg, aber auch schwierig, denn es kann – aufgrund des stillschweigenden Prinzips der Nichteinmischung unter KollegInnen – zu neuen Konflikten führen.

In einer von uns per Video dokumentierten Unterrichtsstunde zum Thema »faire Lösungen« fragt eine Lehrerin die Kinder ausdrücklich, ob es fair ist, wenn jetzt diese Schülergruppe als erste vortragen darf, nachdem in einer weit vorn liegenden Unterrichtssequenz eine andere Gruppe als erste berichten durfte. Sie thematisiert auch mit den Kindern, ob diese bei der Bewältigung der Aufgabe in der Gruppenarbeit fair miteinander umgegangen sind und wie die Kinder Lösungen für divergierende Arbeitsideen gefunden haben. Sie orientiert sich also bei der Durchführung des Unterrichts *am aktuellen Geschehen im hier und jetzt.* Sie ermuntert die Kinder zur Reflexion ihres aktuellen Umgangs miteinander und fördert dadurch einen direkten Transfer.

Dass und wie die Kinder am Ende der zweiten Klasse diese Meta-Kommunikation bewältigen, bestärkt uns in der Produktivität einer ganzheitlichen Erziehung, bei der »Lektion« und Schulalltag aufeinander bezogen sind. (Der Film kann demnächst über die Landesfilmstelle Baden-Württemberg bezogen werden).

Ob und wie ein Gewaltpräventionsprogramm wie Faustlos zu bewerten ist, dürfte nicht zuletzt davon abhängen, ob es als Additivum zum ohnehin überfüllten Lehrplan »heruntergespult« wird oder ob es dazu genutzt wird, die dort thematisierten Probleme, Beziehungen und Gefühle mit dem alltäglichen Unterrichtsgeschehen zu verbinden. Durch die geschlossenen Vorlagen verführt das Programm zur additiven Variante.

Eine weitere Kritik an diesem Programm bezieht sich auf die fehlende gesellschaftskritische Reflexion. Das Trainingsprogramm zielt im wesentlichen auf die gezielte Veränderung der SchülerInnen. Die Ursachen von gewalttätigen Auseinandersetzungen werden in den Personen verankert, in einem Mangel an »Training« gewaltfreier Bedürfnisartikulation und Interessendurchsetzung. Zu wenig wird reflektiert, ob die ausgeübte Gewalt nicht zunächst einmal – ein mehr oder weniger hilfloser – Ausdruck von Erlebnissen und Erfahrungen ist, die tatsächlich stattgefunden haben und die Kinder damit auf erfahrene Unterdrückung, Verletzung, Gewalt hinweisen. Erst wenn solche Erfahrungen zur Sprache kommen dürfen, kann Veränderung erwartet werden.

Der Präventionsbegriff ist zu eng gekoppelt an die Diskussion abweichenden Verhaltens und damit »auf einen fiktiven bzw. sozial konstruierten Normalzustand« (Schubarth 2000, S.130) ausgerichtet, der den Bedürfnissen der *Erwachsenen* entspricht. Die heranwachsende Generation wird dabei »als eine Gruppe von Menschen wahrgenommen, denen man mit erheblichem finanziellen Aufwendungen und politischen Druck den Weg in die Gesellschaft bahnen muss, vor der man Angst haben muss, die gelegentlich unkontrollierbar agiert und die regelmäßig die Frage nach der Angemessenheit der gesellschaftlichen Sozialisations- und Kontrollinstanzen provoziert« (Lüders/Mack 2001, S. 121)

Dennoch lassen sich einem Programm wie Faustlos auch positive Aspekte abgewinnen. Der wichtigste Aspekt ist vielleicht die *größere Betonung der Schule als sozialer Raum*:

> »Das institutionelle Ziel eines möglichst reibungslosen und effektiven Unterrichts, der zügig voranschreitet, lässt den Ausdruck von Gefühlen nur als Störungen interpretieren, die möglichst effektiv und rasch beseitigt werden müssen. (...) Dabei wissen Lehrer durchaus, was das »ideale Verhalten« wäre: etwa auf den Einzelfall einzugehen, differenziert nach Ursachen zu suchen, mit den Betroffenen lange Gespräche zu führen. Der Druck der Institution, die Notwendigkeit der Durchführung störungsarmen Unterrichts ist meist stärker und lässt sie zu kurzfristig wirksamen effektiven Maßnahmen greifen« (Fend 2000, S. 454).

In diesem Konflikt zwischen effektivem Unterricht und Beziehungsgestaltung kommt einem Programm wie Faustlos der Stellenwert zu, das Sozialtabu der Schule (Böhnisch 1999, S.24) zu brechen und Aufmerksamkeit dafür zu erzeugen, dass Bildung mehr ist als die Aneignung von Wissen. Programme zur Gewaltprävention können ein Anlass sein, die Prioritäten in der schulischen Bildung anders zu bestimmen (vgl. dazu auch Schön 2003).

Auch wenn Prävention eine paradoxe Struktur hat, weil sie soziale Probleme bekämpfen will, bevor diese als solche sichtbar werden und einen Prozess gestalten soll, der sich der Gestaltung weitgehend entzieht und bei dem die Effekte ungewiss sind (vgl. Schubarth 2000, S. 128f.), ist das Programm ein Schritt dazu, die soziale Dimension der Schule sichtbar und bearbeitbar zu machen.

6. Perspektiven

Insbesondere die Forschungsgruppe um Krappmann, die Kinder in alltäglichen Situationen beobachtet haben, betont, dass das soziale Handeln der Kinder *nicht* durch schulische Curricula gesteuert werden soll.

> »Es sei die These gewagt, das jedes kompetente Verhalten ein Stück Klugheit zum Partner haben muss, die in der Lebenspraxis entsteht, die der Sozialwelt der Kinder näher ist als die aus der Perspektive von Didaktikern entworfene Schul- und Unterrichtwelt. (...) Die Sozialwelt der Kinder ist... gerade deswegen für die Kinder so bedeutsam, weil sie in ihr einen Erfahrungsraum haben, in dem sie in größerer Unabhängigkeit von erwachsener Kontrolle sich selber bemühen müssen, Handlungen zu koordinieren und Beziehungen zu regeln. Würden Lehrerinnen und Lehrer versuchen, diese Vorgänge zu steuern, verlören die Kinderinteraktionen ihr Potential, Fähigkeiten hervorzubringen« (Krappmann 2001, S. 112f.; vgl. auch Krappmann 1999).

Programme zur Bildung von Gefühlen sind in besonderer Weise mit den daran beteiligten Personen verknüpft. Das gilt für LehrerInnen und SchülerInnen. Ihr alltäglicher Umgang miteinander ist das »Basiscurriculum« für die Bildung von Gefühlen in der Schule. Dieser Alltag bildet das Fundament für alle Programme zur Gefühlsbildung. Von dessen Gestaltung hängt ab, ob Programme etwa auch zum sexuellen Missbrauch (vgl. Schön 2002) Erfolg haben oder scheitern. Als heimlicher Lehrplan findet soziales Lernen unvermeidbar statt. Selbstregulierung allein, wie von Krappmann gefordert, scheint mir darum nicht der richtige Weg zu sein.

Die Alternative zur Gewaltprävention ist *Interaktionserziehung*. »Interaktionserziehung meint eine Erziehung zur interaktiven Kompetenz durch das Mittel und Medium der Interaktion. (...) Nicht eine Unterrichtsstunde über ›Interaktion‹ liefert das Thema, sondern das ›Leben selbst‹, d.h. das aktuelle Geschehen zwischen den Beteiligten, welches allerdings durchaus geplant, strukturiert und dann zielorientiert reflektiert werden kann« (Gudjons 1995, S.25f.). Der Respekt vor dem, was die Kinder schon können und dem, was sie eigenständig regeln können, ist dabei zwingender Bestandteil.

Welche Gefühle in der Schule vorrangig ausgebildet werden, hängt daher in erster Linie davon ab, wie die Beziehungen im Schulalltag gestaltet sind. Bedeutsam ist, ob die Kinder ihre Lehrerin als Vertrauensperson empfinden, ob die Lehrerin unter Betonung ihrer Führungsposition um Würde und Respekt für jedes einzelne Mitglied kämpft (was sich z. B. darin zeigt, dass niemand ausgelacht wird) und ob evt. Probleme und Schwierigkeiten, wie sie in sozialen Interaktionen auftauchen, thematisiert werden (können).

Ohne Anteilnahme am Anderen und Authentizität der Personen muss jede Bildung der Gefühle scheitern. Die »brave« Reproduktion von gewünschten Antworten ersetzt weder die persönliche Auseinandersetzung mit Konflikten noch das persönliche Beispiel, Vorbild oder Modell. Sie ist nicht als Additivum zum normalen Unterricht zu haben.

Ein Programm zur Bildung von Gefühlen kann nur dann erfolgreich sein, wenn es eingebettet ist in die Schaffung einer lebenswerten Umwelt und in die Gestaltung von bedeutsamen Beziehungen. Kinder haben in aller Regel ein sensibles Gespür dafür, wie die Erwachsenen mit ihnen umgehen und was sie verbal und nonverbal ausdrücken, wenn sie mit ihnen kommunizieren. Schulische Gefühlsbildung findet immer statt. In der Schule werden nicht nur Sachen geklärt, sondern auch Menschen gestärkt oder geschwächt. Solche Prozesse sind anspruchsvoll. Interaktionserziehung, die ernst genommen wird, sprengt den üblichen schulischen Rahmen. Das könnte ihr Gewinn sein. Billiger ist Gefühlserziehung wohl nicht zu haben.

Literatur

Beland, K. (1988): Second Step. A violence-prevention curriculum. Grades 1-3. Seattle (Committee for Children).

Bilden, H. (1991): Geschlechtsspezifische Sozialisation. In: Hurrelmann, K., Ulich D. (Hg.): Neues Handbuch der Sozialisationsforschung. Weinheim (Beltz), S. 279-301.

Böhnisch, L. (1999): Abweichendes Verhalten. Eine pädagogisch-soziologische Einführung. Weinheim/München (Juventa).

Cierpka, M. (Hg.) (2001a) unter Mitarbeit von I. Ott, A. Schick, und I Schütte: FAUSTLOS. Ein Curriculum zur Prävention von aggressivem und gewaltbereitem Verhalten bei Kindern der Klassen 1 bis 3. Göttingen (Hogrefe).

Cierpka, M., Schick, A. & Ott, I. (2001b): Abschlussbericht zum Modellversuch FAUSTLOS. Universitätsklinikum Heidelberg, unveröffentlichtes Manuskript

Ciompi, L. (1998): Affektlogik. Über die Struktur der Psyche und ihre Entwicklung. Ein Beitrag zur Schizophrenieforschung. Stuttgart (Klett Cotta) 5. Auflage.

Chodorow, N. (1985): Das Erbe der Mütter. München (Piper).

Döbert, R. (1991): Männliche Moral – weibliche Moral. In: Nunner-Winkler, G. (Hg.): Weibliche Moral. Die Kontroverse um eine geschlechtsspezifische Ethik. München (Deutscher Taschenbuchverlag).

Elschenbroich, D. (2001): Das Weltwissen der Siebenjährigen. München (Kunstmann).

Fend, H. (2000): Entwicklungspsychologie des Jugendalters. Opladen (Leske & Budrich).

Gilligan, C. (1984): Die andere Stimme. Lebenskonflikte und Moral der Frau. München (Piper).

Gilligan, C. (1991): Moralische Orientierung und moralische Entwicklung. In: Nunner-Winkler, G. (Hg.): Weibliche Moral. Die Kontroverse um eine geschlechtsspezifische Ethik. München (Deutscher Taschenbuchverlag).

Gudjons, H. (1995): Spielbuch Interaktionserziehung. Bad Heilbrunn (Klinkhardt) 6. Auflage.

Hagemann-White, C. (1984): Sozialisation: Weiblich-männlich? Opladen (Leske & Budrich).

Krappmann, L. (1999): Der zehnte Kinder- und Jugendbericht – der erste Kinderbericht. In: Neue Sammlung , H.3.

Krappmann, L. (2001): Soziales Leben und Lernen im Klassenzimmer. In: Merkens, H., Zinnecker, J. (Hg.): Jahrbuch Jugendforschung. Opladen (Leske & Budrich), S. 121-134.

Lenzen, D. (1999): Orientierung Erziehungswissenschaft. Was sie kann, was sie will. Reinbek (Rowohlt).

Lüders, Ch., Mack, W. (2001): Jugendliche als Akteure ihrer selbst. In: Merkens, H., Zinnecker, J. (Hg.) Jahrbuch Jugendforschung. Opladen (Leske und Budrich), S. 121-134.

Methfessel, B., Schön, B. (2001): Biographie und Lernprozess. Ein Lehrforschungsprojekt. In: Petermann, Wellensiek (Hg.): Interdisziplinäres Lehren und Lernen. Weinheim (Deutscher Studienverlag).

Nunner-Winkler, G. (Hg.) (1991): Weibliche Moral. Die Kontroverse um eine geschlechtsspezifische Ethik. München (Deutscher Taschenbuchverlag).

Nyssen, E., Schön, B. (1992): Traditionen, Ergebnisse und Perspektiven der feministischen Schulforschung. In: Zeitschrift für Pädagogik 38, S. 855 – 872.

Rumpf, H. (1981): Die übergangene Sinnlichkeit. Drei Kapitel über Schule. München (Juventa).

Schön, B. (1993): Therapie statt Erziehung? Chancen und Probleme der Therapeutisierung pädagogischer und sozialer Arbeit. Frankfurt/M. (VAS), 2. Aufl.

Schön, B. (Hg.) (1998): Wieviel Therapie braucht die Schule? Donauwörth (Auer).

Schön, B. (2002): Leistet schulische Gewaltprävention einen Beitrag zur Chancengleichheit? In: Kampshoff, M., Lumer, B. (Hg.): Chancengleichheit im Bildungswesen. Opladen (Leske & Budrich).

Schön, B. (2003): Biografisch bedeutsames Lernen. In: Haushalt und Bildung.

Schubarth, W. (2000): Gewaltprävention in Schule und Jugendhilfe. Neuwied (Kriftel).

Heiner Hirblinger

Wenn die toten Eltern im Unterricht lebendig werden

Warum das systematische Training »emotionaler Intelligenz« die situative Auseinandersetzung mit emotional bedeutsamen Konflikten im Unterricht nicht ersetzen kann.

> *»Gerade das Eingeständnis der ambivalenten Beziehung kann aus der narzisstischen Position heraus nie geleistet werden.«*
>
> Alexander Mitscherlich

1. Modellvorstellungen zur Affekterziehung

Über Gefühle zu sprechen fällt immer noch nicht leicht. – Jener *Innenraum*, in dem sich Gefühle artikulieren könnten, ist auch heute noch durch eine gefühlskalte und gleichgültige Umwelt bedroht. Jener ästhetische *Zwischenraum*, mit dem sich Menschen in früheren Kulturen durch Bilder, Märchen und Mythen über ihre Gefühle verständigen konnten, wird durch eine explodierende Sozial- und Kommunikationstechnologie eher zunehmend fragmentiert.

Wie also über Gefühle sprechen, wenn durch konsequente Spezialisierung und Differenzierung, durch Einordnung allen subjektiven *Erlebens* in systemische Ordnungen und Unterordnungen die Rede über das in der Lebenswelt Erlebte nicht mehr so recht gelingen will?

Die Schwierigkeit tangiert natürlich auch jene professionellen Spielräume, in denen der Rede über Gefühle eine zentrale Bedeutung zukommt und in der die Rede über Gefühle als wesentliches Element der professionellen Praxis eigentlich gelingen müsste. – Ich habe an anderer Stelle auf die gemeinsamen Wurzeln des psychoanalytischen und des pädagogischen Denkens im antiken Mythos und auf das schier unerschöpfliche Potenzial für Anregungen aus der antiken Bilderwelt hingewiesen (Hirblinger 2003). Mit Blick auf ein psychoanalytisch-pädagogisches Konzept zur »Bildung der Gefühle« in

Schule und Unterricht scheint es nun allerdings eher wichtig, die Unterschiede in den Auffassungen zu betonen.

Die Psychoanalyse hat unser Verständnis für Gefühle, für deren innere Repräsentanzen und insbesondere für deren innere Dynamik erheblich vertieft und erweitert. Durch die spezifische Akzentuierung des analytischen Prozesses im *klinischen* Bereich jedoch ergibt sich zugleich stets auch eine Verengung und Verkürzung der Bedeutung dessen, was im subjektiven Erleben dann Bedeutung bekommen kann: Jene offene Weltbezogenheit, die der antike Mythos oder die Literatur der Klassik noch in ihren Bildern repräsentieren, wird im psychoanalytischen Dialog zu einer Praxis, die den existenziellen Horizont von Bildung und Erziehung durch die Überbetonung eines *neurotischen* Zusammenhanges wiederum auch verfehlt.

Es hätte natürlich weit reichende Konsequenzen, wenn das Ziel einer »Bildung der Gefühle« in Schule und Unterricht ausschließlich – im Sinn der psychoanalytischen Konzeption – mit der Korrektur verinnerlichter pathologischer Strukturbildungen gleichgesetzt würde.

Dem »Wagenlenker« in Platons Dialog »Phaidros« (1982, S. 445) stehen bekanntlich zwei Rosse gegenüber, in denen sich unschwer die Repräsentanzen psychischer Strebungen erkennen lassen, für welche die psychoanalytischen Theoriebildung den Begriff »Ambivalenz« benutzt: Das eine Ross ist gefügig, edel und zugewandt; das andere stumpfnasig, rebellisch und kaum »der Peitsche und des Stachels« gehorsam. Platon beschreibt nun in seiner paradigmatischen Erzählung, wie sich die beiden Rosse und ihr Wagenlenker verhalten, wenn sie dem »Schönen« begegnen. Das »Begehren« und die »Lust« soll sich in sublimierte Regungen verwandeln können. Ein dramatischer Kampf entsteht, in dem das edle Ross zu sehr zur Annäherung drängt, wohingegen das rebellische sich nun besonders heftig aufzubäumen beginnt.

Im platonischen Mythos dominiert die Gewissheit, *dass es das Schöne gibt*, welches ambivalente Triebregungen in Einklang bringen kann. Die Psychoanalyse akzentuiert hingegen in ihren therapeutischen Dialogen den *Weg, das Drama der Triebentmischung und Integration*, das *vor* aller ästhetischer Erfahrung stattfindet. Platon deutet den Prozess einer Integration ambivalenter Gefühlsregungen aus der Sicht einer an Ideen orientierten *Seinsgewissheit.* Für die Psychoanalyse ist der Verlust von Ambivalenz, also die emotionale Spaltung *ohne* Integration, zunächst *ein klinischer Fall*: Durch Regression und Fixierung kommt es zur Ausbildung eines neurotischen Erlebnismodus, in dem sich libidinöse und aggressive Tendenzen zu entmischen beginnen.

Es ist nun sicher nicht sinnvoll, die beiden Positionen – den platonischen Mythos und die psychoanalytische Deutungspraxis – gegeneinander auszuspielen, wenn es um die »Bildung der Gefühle« im Bereich von Schule und Unterricht geht. Das jeweilige Anliegen akzentuiert die Phänomene jedoch jeweils sehr verschieden und verstellt so den Blick für das, was sich in emotionalen Bildungsprozessen im Unterricht dann möglicherweise *wirklich* ereignet. – Platon ahnt sicher nur die Tiefe der Verstrickung in das neurotische Erleben, die Psychoanalyse abstrahiert von der ubiquitären und existenziellen Dramatik des Geschehens. Man könnte es auch so sagen: *Die Arbeit des Psychoanalytikers endet genau dort, wo die des Lehrers erst beginnen würde.*

Von solchen Vorüberlegungen aus möchte ich nun in einer ersten Annäherung an das Problem zwischen *drei Modellvorstellung* zu einer »Bildung der Gefühle« unterscheiden:

(1) Der *Mythos vom Wagenlenker* bringt noch eine ästhetische Erfahrung »ins Bild«, entwirft für die Fragen einer »Bildung der Gefühle« noch einen völlig offenen Rahmen, der *vor* aller pädagogischen oder therapeutischen Situierung einer *speziellen* professionellen Praxis liegt. Platons Dialog suggeriert die ontologische Gewissheit des Schönen und diese »Idee« soll zum Orientierungspunkt für affektive und emotionale Bildungsprozesse werden, indem sich die Welt der Gefühle und des Begehrens zum Schönen, Wahren und Guten hin öffnet.

(2) Die *Psychoanalyse* verzichtet gänzlich auf eine solche Gewissheit, also auf eine Ontologisierung des Schönen als »Idee«, vertieft und erweitert allerdings das Verständnis der *Wege*, die zu einer Integration der Affekte führen können. Der dramatische Kampf des Ich mit den inneren Mächten des Begehrens, den »Trieb-Pferden«, hat zu tun mit belastenden z. T. unbewussten Gefühlsverstrickungen, mit Gefühlsspaltung, Verdrängung usw.. Das Aufdecken und Durcharbeiten dieser Gefühle ist *schmerzlich.* Im Horizont der psychoanalytischen Deutungspraxis ist dann allerdings die Differenz zwischen dem *psychischen Überleben*, also der Heilung, und dem *guten Leben*, also der moralischen und ästhetischen Bildung, vorerst kein Thema.

(3) Von hier aus lassen sich nun auch neuere Konzepte zum »Training emotionaler Intelligenz« – z. B. »Faustlos« oder »Erwachsen werden« – verorten, die sich z. Z. in der Schule wachsender Beliebtheit erfreuen. Etwas vereinfachend könnte man sagen: *Sie verwenden zwar das Konzept der Ambivalenz, aber sie benutzen es, um dagegen zu immunisieren.* Die »Schulung der Gefühle« (vgl. Göppel 2002, S. 223ff.) soll in solchen

Trainings zur »emotionalen Intelligenz« stattfinden können, indem man übt, sich von tatsächlich erlebter »Gefühlsambivalenz« (Goleman 2002, S. 65) *innerlich zu distanzieren*[1]. Die Formen didaktischer Instruktion zielen dabei darauf ab, das Ich im Sinne der Humanistischen Psychologie *zu unterweisen und zu stärken*, indem es die narzisstische Balance auch in schwierigen Situationen immer wieder herstellt. Also: keine »Pferde«, kein »Drama« – dafür »Training«, wie man die »Zügel fester in die Hand« bekommt.

2. Der »Spielraum« für Gefühlsbildung im Unterricht

In der Institution Schule müssen Personen austauschbar sein. Doch, was bleibt vom Personsein noch übrig, wenn der Mensch das Gefühl bekommt, *nur noch* austauschbar zu sein?

Das bloße Funktionieren in einem »Standard-Rahmen« für Unterricht, der zweckrational organisiert ist, kann zwar effektiv sein – produktiv, fruchtbar ist es sicher nicht. Für den Mechanismus der Austauschbarkeit und das damit verbundene Einfrieren von subjektiven Erlebnisformen bezahlt die Institution – nicht nur die Menschen, die in ihr arbeiten und leben – einen hohen Preis: Es gibt – um das Sprichwort zu variieren – keine »geteilte Freude« mehr, die sich »verdoppeln« könnte. Im zweckrationalen Milieu *verschwindet* die »psychische Realität« als *Wirklichkeit und Wirkmoment* aus dem Horizont der Betreffenden. Sie wäre auf Wahrnehmung dessen angewiesen, was sich in Situa-

[1] In »Das Self Science Curriculum« schlägt Goleman (2002, S. 379) z. B. vor, durch das »Selbstgespräch« die »negativen Gefühle« »*zu überwachen*«. – Das Lehrerhandbuch zum Programm »Erwachsen werden« (Wilms/Wilms 2000, S. 21), formuliert dann ganz im Stile der üblichen Lernzieltaxonomie z. B.: »... *Fähigkeit*, Rückschläge und Enttäuschungen anzunehmen und *positiv* zu verarbeiten«; »... Bewusstsein, etwas bewirken zu können und daraus positive Bestätigung zu erfahren« – Als Aufgaben für Schüler, mit denen diese »Fähigkeiten« und dieses »Bewusstsein« dann erworben werden soll, wird z. B. vorgeschlagen: »Beschreibe eine Situation aus dem Bereich Schule, in der du belastende Gedanken *durch aufbauende ersetzen* könntest«. Oder: »Nimm dir vor, mit Gefühlen, die dir Schwierigkeiten bereiten *besser umzugehen*. Führe zwei Wochen lang ein Tagebuch, in dem du dich mit deinen Gefühlen und mit dem Versuch, sie *zu beherrschen oder zu steuern*, befasst.

tionen der Begegnung, in Prozessen emotionaler *Einigung* (»doppelte Freude«) oder in *Trennungserfahrungen* (»halbes Leid«) ereignet.

Für die Frage nach der »Bildung der Gefühle« unter systemischen Rahmenbedingungen in der Schule sind dabei folgende Gesichtspunkte bedeutsam:

(1) Die weitgehende Austauschbarkeit der Person im System Schule erzwingt im institutionellen Standardrahmen für Unterricht den Verlust dessen, was in der psychoanalytischen Entwicklungstheorie die *»depressive Position«* (Klein 1940; Winnicott 1954; Segal 1964) genannt wird. Denken und Erfahrungsverarbeitung auf der Grundlage ganzheitlicher Erlebnisformen wird durch das Setting strukturell verhindert. Der Standardrahmen für Unterricht bietet keinen Raum, in dem sich emotionale Erfahrungen korrigieren könnten.

(2) Denken und Erfahrungsbildung im unterrichtlichen Setting lösen sich weitgehend von den *vitalen Grundrhythmen*, die – entwicklungspsychologisch gesehen – Denken und emotionale Erfahrungsbildung alleine fördern können: eben Begegnungs- und Trennungserfahrungen und die reflektierte Arbeit in triadischen Beziehungskonstellationen, also im Spannungsfeld Lehrer-Schüler-Stoff.

(3) Lernen im zweckrational orientierten Setting Unterricht verzichtet so auf das, was die psychoanalytische Konzeption den *»intermediären Raum«* (Winnicott 1951) nennt. Es gibt keine beurteilungsfreie Sphäre im Unterricht, in der die Frage »wie wirklich ist denn das alles, wovon ihr da sprecht«, vorübergehend suspendiert würde. Die Omnipräsenz der Leistungsanforderungen erzwingt ein Realitätsprinzip und eine Rationalität ganz eigener Art.

Ein Schulleiter, seit Jahren aufgefordert, über Schulkultur nachzudenken, neue Impulse zu setzen, dass sich etwas entwickelt, erklärt seinem Kollegium kategorisch: Unter den Begriffen »Profilbildung« oder »Schulkultur« könne er sich eigentlich »immer noch nichts Rechtes vorstellen«. Das, was sich im Dialog aller an der Schule Beteiligten als »psychische Wirklichkeit«, als »Schulkultur« und »Surplus-Realität« entwickeln und die zweckrational verwaltete Struktur des Schullebens transzendieren könnte, kann so unter den Bedingungen einer hierarchisch strukturierten Kommunikation zunächst keine Gestalt gewinnen. Der »Möglichkeitsraum«, der sich immer nur in gegenseitiger Anerkennung und im Miteinander entwickelt, wird durch eine hart-

näckige Misstrauensreaktion, ein »Minus-K-Element« im Sinne Bions (1962), an der Spitze der Hierarchie bereits in statu nascendi »de-konstruiert«.

Ein fruchtbarer Boden für emotionale Bildungsprozesse kann nur dann entstehen, wenn sich Lehrer und Schüler auch im emotionalen Erfahrungsraum des Unterrichts *begegnen*. Emotionale Irritation und symbolische Integration müssen sich dabei ergänzen können. Diese Art von Erziehungsarbeit gestaltet sich allerdings nicht einfach: Lehrer sollten die Angriffe der Schüler als »hinreichend gute Objekte« überleben, zugleich die Eigendynamik und insbesondere die Rückzugsbedürfnisse der Adoleszenten empathisch verstehen können und trotzdem in der Lage bleiben, immer wieder durch kreative Angebote das Lernen in einem triadischen Raum zu beleben. Auf den »Spielraum«, der sich so bildet, käme es dabei letztlich an.

Diese recht komplexen Wechselbeziehungen möchte ich zunächst an einem Fallbeispiel erläutern, um zunächst der Frage nachzugehen, welche Funktion man dem *Setting* im Konzept einer »Pädagogik der Gefühle« zusprechen muss.

2.1 Der »Handlungsdialog« der Adolezenten und die »Grammatik« des Settings

17. 09.- Erster Schultag. Es geht zunächst um Begegnung und Organisatorisches. Ich bin Klassenleiter in dieser 11. Klasse und zugleich Deutschlehrer. Die Klasse setzt sich aus 7 Jungen und 11 Mädchen im Alter von 17 und 18 Jahren zusammen; eigentlich eine optimale Klassensituation.

Nach der Kontrolle der Anwesenheit und der Personaldaten ist die Bekanntgabe der Fachlehrer für das gesamte Jahr sicher der aufregendste Teil dieser ersten Schulstunde. Das »Setting« Unterricht, die Lehrer, der Stundenplan, die Sitzordnung, die Hausordnung und die Konfliktregelungsmechanismen bekommen eine erste Gestalt. Dieses Setting und die mit ihm verbundenen Normen für Unterricht werden dabei zunächst von mir in der üblichen Weise zu Beginn des Schuljahres »oktroyiert«. Nur in einzelnen Bereichen bekommen die Schüler die Möglichkeit mitzubestimmen oder Bedingungen auszuhandeln:

- *Ich weise auf die Möglichkeit hin, die Sitzordnung zu bestimmen;*

- *Das Votum der Klasse soll zudem bei der Gestaltung außerschulischer Veranstaltungen (Wandertage, Berlinfahrt) maßgeblich berücksichtigt werden;*
- *Auch auf die inhaltliche Ausgestaltung des Unterrichts können die Schüler Einfluss nehmen.*

Zwei Reaktionen der Schüler beschäftigen mich auch nach dem Unterricht noch anhaltend:
(1) Mein Angebot die Sitzordnung im Klassenraum in eigener Regie neu zu gestalten wird energisch und fast hartnäckig abgewehrt; die Sitzordnung in der bestehenden Form habe sich »in den vergangenen Jahren bewährt« und solle deshalb so bleiben. – Es war dies eine Sitzordnung, in der die Klasse allen Lehrern jeglichen Zugang zum Klassenraum durch eine geschlossene Doppelreihe von Bänken vor dem Pult – barrikadenartig – versperrte.
(2) Zahlreiche Bilder, Skizzen und Schemata zu früheren Unterrichtsprojekten aus der 10. Klasse, die noch an der Wand hängen, werden abgehängt und sozusagen unkompliziert »entsorgt«; lediglich ein riesiges Poster an der Stirnseite des Klassenzimmers unmittelbar neben der Tafel sollte »unbedingt hängen bleiben«. – Der hartnäckige Widerstand, dieses Bild in Frontseite des Klassenzimmers abzuhängen, ging dabei erkennbar von den Mädchen aus. Das Poster zeigt einen jungen, gutaussehenden Mann, der in lässiger Haltung und mit herausforderndem Blick über der Klasse thront. Über dem Bild war in großen Lettern zu lesen: »gifted«, »begabt«. Die scheinbar entspannte Körperhaltung des jungen Mannes stand in merkwürdigem Gegensatz zur unverkennbaren Resignation im Blick … . Das Bild eines sehr liebenswürdigen Opfers?
(3) Obwohl die Schüler mehrere sehr anspruchsvolle Vorschläge zum ersten Wandertag entwickelten, entschieden sie sich am Ende – in einem überraschenden Kontrapunkt zur sonst etwas reservierten und eher gegenabhängigen Einstellung dem Lehrer gegenüber – einstimmig und fast etwas manisch für einen Vorschlag von mir, am ersten Wandertag eine sehr anstrengende, ganztägige Bergwanderung zu unternehmen.

Im Übrigen erschien mir die Klasse eher »brav«, »etwas zurückhaltend«, dennoch »freundlich«, wenn auch immer irgendwie »neben sich stehend«, »kaum erreichbar«.

In meiner Gegenübertragung auf diese Szenen, also meiner emotionalen »Antwort« auf diese Beziehungsangebote der Schüler, entstand in mir nun allerdings das Bild von einem »zu engen Raum« und von einer »zu gut betonierten Mauer zwischen Schülern und Lehrer« und vom »anstrengenden

Leerlauf einer Lernmaschine«, den ich widerspruchslos hinzunehmen hätte ... In zwei Bankreihen verbarrikadierten sich die Schüler gegen den Lehrer vor ihnen? Die Gruppe der Jungen zudem hinter dem Rücken der geschlossenen Mädchenreihe verschanzt? – Wovor hatten sie denn alle so schrecklich Angst? – Spürbar auch, dass keine rechte Freude aufkam, kein Schwung im Unterricht entstand. – Wieso blieb der Unterricht, auch wenn sich andere Möglichkeiten boten, immer nur eine bürokratische Pflichtveranstaltung? –

Experimente, die den routiniert ablaufenden Unterricht öffnen könnten, würde ich – so meine ersten didaktischen Phantasien zum Unterricht in dieser 11. Klasse, wohl vorerst einfach unterlassen. – In einer solchen Klasse macht man keine didaktischen Experimente, das gibt nur eine »Bruchlandung« ...

Die Wahrnehmung und das Verstehen von moderaten Formen des Agierens der Schüler mit dem »Setting« Unterricht ist die erste Aufgabe des Lehrers in der Begegnungsphase. Erst der akzeptierende Umgang mit solchen Formen des Agierens mit dem Setting und das Verständnis dafür, welche Botschaft über den Handlungsdialog der Adoleszenten möglicherweise mitgeteilt werden soll, eröffnet die Möglichkeit, den Unterricht als »Übergangsraum« zu gestalten. »Ein Setting ist ein Ensemble von (teils heterokliten) Elementen, die einander so zugeordnet sind, dass sie gemeinsam einen Effekt produzieren« (Weigand u. a. 1988, S. 249). Ein solches »verbiegbares« Element des Settings ist z. B. die »Sitzordnung«. Aber auch die Frage, wie die Wände des Klassenzimmers ausgestaltet werden, kann so oder so entschieden werden. Die Art und Weise, wie sich Schüler und Lehrer diesbezüglich im Klassenraum situieren, verweist dabei auf implizite und weitgehend unbewusste Einigungsprozesse, die es zu verstehen gilt, soll der Lehrer im *affektiven Resonanzraum* die Bildungsprozesse im Unterricht fördern können (vgl. Hirblinger 1999, S. 115ff.).

In dieser Hinsicht wird nun im oben geschilderten Zusammenhang zunächst deutlich, dass die Klasse zwar an etwas *leidet* – der Verlust an Spontanität, die affektive Eintönigkeit und eine gewisse Blockierung waren nicht zu übersehen – , dieses Leiden aber *nicht aussprechen* kann, sondern eben durch *Agieren* mit den Elementen des Settings zum Ausdruck bringen muss. Die Schüler benutzen sozusagen die »Grammatik des Settings« für ihren »Handlungsdialog«. Die Sprache des Agierens« zeigt dabei ihre Versuche, »Übergangsobjekte« zu benutzen, die aus emotionaler Bedürftigkeit der Adoleszenten heraus wichtig für die Schüler sind. Durch Agieren mit der Sitzordnung und durch den im Poster manifestierten Tagtraum sollte das emotionale Gleichgewicht der Schüler und Schülerinnen in dieser Schulklasse stabilisiert werden.

Diese »Klassenkultur«, aber auch das »Unbehagen« an ihr, erschließt sich in einer psychoanalytisch-pädagogischen Sichtweise als Triebverzicht, als Verschiebung von Triebwünschen auf ein Ersatzobjekt und als soziale Kompromissbildung, in der regressive und sublimierte Impulse vorerst eine nicht ganz einfach zu durchschauende Legierung bilden. In ersten Ansätzen wird allerdings ein *von den Schülern* hergestellter »intermediärer Raum« sichtbar, in dem regressive Prozesse der Adoleszenz ablaufen können, die mit einer »Bildung der Gefühle« in diesem Lebensabschnitt natürlich sehr viel zu tun haben.

2.2 Das Oszillieren zwischen Nähe und Distanz, der Blick, die Stimme und das Dritte

18.09.-24.09. – Die etwas irritierende Mischung aus Distanz und Apathie einerseits und zielgerichteten Interessen andererseits bleibt in den ersten Stunden des Unterrichts zunächst erhalten.

Die Diskussion über einen Gesamtplan zum Deutschunterricht des Jahres (Themen, Aufsatzformen, Arbeitsformen, Lektüren) verläuft unkonzentriert und schleppend, aber in Bezug auf Durchsetzung von Klasseninteressen dann doch wiederum merkwürdig gierig und zielorientiert.

Die Schüler wünschen sich zunächst eine Schulaufgabe zur poetischen Textanalyse; als Lektürewünsche votieren sie mit klarer Mehrheit für das Thema der »Revolte« und für Schillers »Räuber«.

Die Besprechung der ersten Gedichte verläuft von Tag zu Tag verkrampfter und lehrerhafter. Nach wenigen Stunden dominiert dann eigentlich nur noch die Frage, was denn nun für die Schulaufgabe und für Leistungsnachweise zur Analyse poetischer Texte »wichtig« sei. Eine alle Interpretationsversuche zu lyrischen Texten überlagernde regelrechte Prüfungsphobie ist nicht mehr zu übersehen.

Am Ende der Unterrichtsstunde spreche ich dann erstmals offen und vorwurfsvoll mein Unbehagen über den Verlauf des Unterrichts aus.

Die Schüler entschuldigen sich nun. Ich bleibe weiterhin streng und fordernd. Fluchttendenzen sind nicht mehr zu übersehen ...

In der nun folgenden Deutschstunde glänzen die Schüler zu meiner Überraschung mit ausgezeichneten Interpretationsaufsätzen. – Ich spüre allerdings: Irgend etwas stimmt nicht. Doch ich zeige mich begeistert und »voll des Lobs«.

Auf das so plötzlich und unerwartet in Erscheinung tretende »Sachwissen« hingewiesen, gestehen die 17-jährigen nach dem Unterricht mit kindlicher Offenheit, die Hausaufgabe z.T. mit der früheren Deutschlehrerin nach meinem Unterricht besprochen zu haben. Die frühere Lehrerin nutzte ihren Unterricht in Latein, um der Klasse bei der Anfertigung der »zu schwierigen« Hausaufgabe kleinere Hilfestellungen zu geben ...

Verschiedene Wirkfaktoren im Setting, die das emotionale Erleben determinieren, werden nun in ihren Effekten zunehmend klarer erkennbar:
(1) Die Besprechung eines poetischen Textes in den ersten Stunden des Schuljahres kann von den Adoleszenten zunächst noch *nicht* als Angebot genutzt werden, um mit »Vergleichsprozessen« (Bohleber 1993) im »Übergangsraum« Unterricht zu »spielen«. Die unbewusst wirksame Gleichsetzung von »Unterricht« und »Prüfungssituation« verhindert vorerst diese Öffnung. Die Formel zerstört den *Spielraum für emotionale Erfahrungsbildung*. Das »fremde Gedicht« und der »irritierende Lehrer«, werden noch gleichermaßen unerträglich erlebt und verschmelzen zu einem eher belastend empfundenen »Übertragungskommunikat« (Hirblinger 2001, S. 57ff.).
(2) Es ist nicht zu übersehen, dass die Klasse als Gruppe die einzelnen Schüler und ihre Beiträge zum Unterrichtsgeschehen *nicht spiegelt*. Die frontale Sitzordnung verhindert zunächst jede Art von Kontaktaufnahme in dieser Hinsicht. Obwohl sich die Schüler z.T. schon seit der Volksschule kennen, zeigen sie keine emotionale Anteilnahme oder kein Interesse für einander. Alle suchen allerdings begierig die positive Zuwendung des Lehrers.

Seitens des Lehrers stellt sich nun zunächst eine eher komplementäre Tendenz in der Gegenübertragung« (Racker 1982, S. 159; Hirblinger 1990) ein. Er fühlt sich durch das Verhalten der Schüler angespornt, *Leistung zu fordern*, und verliert aus rätselhaften Gründen das Interesse daran, den Spielraum für emotionale Bildungsprozesse, für den gemeinsamen Dialog und für Experimentierverhalten in dieser Klasse offen zu halten. Durch eine merkwürdig Spannung im Unterricht irritiert, *verwandelt sich der Lehrer in ein von Kontrollwünschen beherrschtes Objekt* und übernimmt so in einer ihn selbst befremdenden Haltung jene aktiven Anteile, die den Schülern in ihrer Schulkarriere irgendwann abhanden gekommen sind.

Diese Konfliktspannung löst sich erst etwas auf, als durch das Agieren der Schüler mit einem vertrauten Objekt, der früheren Lehrerin im Fach Deutsch, verständlicher wird, dass sie Schutz suchen und Hilfe brauchen. Durch die Hilfestellung mit dem *vertrauten, früheren Objekt* erstellten sie dann jene Musterlösungen, die ihnen die volle Bewunderung des *neuen und fremden Objektes* sichert.

Indem der Lehrer mitagiert und lobt, bewundert und doch zugleich versteht und nicht tadelt, kann sich dann erstmals eine trianguläre Konstellation einstellen, welche die *weitere Entwicklung* fördert. Die Spaltung des Lehrerimagos, in einen *bösen* verfolgenden (den neuen Lehrer) und ein *gutes* versorgendes Objekt (die frühere Lehrerin), verliert langsam ihre magische Kraft, da sich das vertraute und das fremde Objekt nicht mehr bekämpfen müssen, sondern miteinander verglichen werden können.

2.3 Didaktische Impulse in einem sich polarisierenden Lernmilieu

2.10. – Durch den Konflikt mit der Kollegin irritiert und zugleich bestärkt, entschließe ich mich nun doch, auch mit dieser Klasse offenere Wege im Unterricht zu gehen.

Zwei Gedichte zum Thema »Mensch« sollten durch Moderation vorbereitet werden. Die Schüler sollten zum Thema »Mensch« auf einer grünen Karte ihre »positiven«, auf einer orangen Karte ihre »kritischen« Einfälle spontan notieren. Dann sollten sie die Statements kurz vor der Klasse erläutern.

Die Kartenabfrage bringt nun eine erstaunlichen Intensität der Gefühle ans Licht.

Das einheitliche kritische Urteil lautet: Der Mensch zerstört sich z. Z. selbst und seinen Lebensraum, Kriege und Konflikte beherrschen alles.

Die positiven Voten fallen differenzierter aus: Jeder Mensch ist anders als die anderen; der Mensch kann lieben, verzeihen und verstehen; der Mensch kann aus seinen Fehlern lernen und durch Erfindungen das Leben verbessern.

Als die Schüler ihre Statements vor der Klasse vortragen, fällt wiederum auf, dass die Klasse den jeweils Vortragenden keinerlei Aufmerksamkeit schenkt. Mehrere Schüler sind durch dieses ignorante Verhalten so irritiert, dass sie sich im Blickkontakt regelrecht an mich klammern.

Ich fordere nun – durch die Intensität der Gefühle einerseits und die Gleichgültigkeit der Zuhörer anderseits stimuliert – alle Anwesenden auf, sich zum Ergebnis der Kartenabfrage in der Form eines »Gefühlsbarometers« zu äußern: Welcher Aspekt dominiert hier und jetzt im Erleben?

Das Votum war eindeutig: vierzehn Schüler waren überzeugt, dass sich die Menschheit zur Zeit selbst zerstört; nur ein Schüler glaubte, dass Bildung und Kultur eine optimistische Sicht rechtfertigen; drei Schüler wollten sich nicht entscheiden.

Die anschließende Besprechung des Gedichtes von Matthias Claudius zum Thema »Mensch« geriet nun völlig in den Sog der vorgängig wirksamen Gefühlslage der Klasse. – Das Gedicht bestätigte scheinbar ausschließlich mit jeder Zeile die in der Kartenabfrage antizipierte Sichtweise der Schüler: Auch Matthias Claudius kritisiere nur den Wahn, die Sinnlosigkeit und die Zerstörungswut der Menschheit. Der Dichter war also Bündnispartner, das Gedicht Medium für konsensuelle Bestätigungsbedürfnisse.

Auch der Neuanfang im Rahmen einer Öffnung des Unterrichts hin zu den Erlebnisformen der Schüler zeigt zunächst nur, dass die Klasse zwar zunehmend besser zwischen dem *fremden Lehrer* und dem *fremden Stoff* unterscheiden kann; die in der Verdrängung wirksamen Gefühle beherrschen nun aber die Szene sozusagen auf einer *höheren Ebene*. Die von Machtkampf und Fluchtphantasien dominierte Lernkultur in der Klasse überlagerte die didaktische Ebene, also die Besprechung der poetischen Texte, mit depressiven Phantasien.

Ich möchte meine Überlegungen in einer ersten Zwischenbilanz zusammenfassen. – Was zeigt dieses Fallbeispiel zur Frage der Affektbildung im Unterricht?

Zunächst wird deutlich, dass die wichtigsten Impulse zur Affektbildung im Unterricht offensichtlich nicht vom didaktischen Unterrichtsprozess – also von den Themen, Stoffen und Aktionsformen – ausgehen. Der *entscheidende Wirkfaktor* ist das Setting selbst.

Starke Affekte entwickeln sich dann z. B zunächst im Kampf um die seit Jahren etablierte Sitzordnung – also in Augenblicken, in denen die Schüler aufgefordert werden, ihre gewohnten aber inzwischen disfunktionalen Formen der »Situierung« im Raum neu zu überdenken und neu zu gestalten.

In konflikthaften Prozessen, die sich auf dieser Ebene als Agieren mit dem Setting »artikulieren«, behandeln die Schüler den Lehrer zunächst noch nicht als Person, sondern als »Teil des Settings«, also als »Ding« oder als

»Instanz«, die bestimmte Bedürfnisse erfüllen soll. Affekte haben auf dieser Stufe des Erlebens noch wenig mit der personalen »Beziehung zum Lehrer« zu tun.

Unterrichtsgegenstände, an denen sich emotionale Bildungsprozesse abspielen könnten, entfalten dann – das zeigt die weitere Entwicklung – ihre bildsamen Effekte nur durch den Bezug zu den *tieferen Schichten* des Erlebens. Eine einseitige emotionale Aufladung der gruppendynamischen Matrix im Unterricht kann dabei vorübergehend zu einer weitgehenden Verkennung des Unterrichtsgegenstandes führen.

Die sich unter speziellen Settingbedingungen entwickelnde gruppendynamische Matrix einer Schulklasse ist also der eigentliche »Mutterboden« für emotionale Bildungsprozesse und somit die »Bedingung der Möglichkeit« für alle höheren Organisationsniveaus zu einer didaktischen Arbeit an wissenschaftlichen oder ästhetischen Gegenständen. Die Matrix »konstruiert« sozusagen die »Realität« und entscheidet darüber, ob der Spielraum genutzt werden kann oder ob sich die Schüler durch blinde Anpassung schützen müssen.

3. Das »frühe Ich« und die didaktische Instruktion

Im Gegensatz zu *Trainingskonzepten* zur »emotionalen Intelligenz« im Unterricht geht die *psychoanalytisch-pädagogische Auffassung* zur »Bildung der Gefühle« also von folgenden Vorannahmen aus:

Alle Lernprozesse im Unterricht sind in eine *emotionale Hintergrundfolie* eingebettet, welche Lernen im eigentlichen Sinn erst stimuliert und somit ermöglicht. Die Konzepte zur »emotionalen Erfahrungsbildung« (Bion 1962) und zur Funktion der »Übergangsobjekte« (Winnicott 1951) für die Entstehung einer symbolischen Organisation des Denkens sind unverzichtbar. Denken beginnt *nicht* mit Sprache, sondern ist angelegt in frühen magischen Stadien der Ich-Entwicklung, die auch im Unterricht – sollen sie sich entwikkeln und korrigieren können – immer wieder auf die haltgebende Funktion des Settings und auf die Containingfunktion des Lehrers angewiesen bleiben. Diese Sichtweise fordert eine spezifische Einstellung des Lehrers heraus. Der Lehrer kann durch seinen *Habitus* als »Teil des Settings« emotionale Erfahrungsbildung im Unterricht fördern oder auch zerstören.

Methodisches und didaktisches Handeln im Unterricht, das eine Bildung der Affekte fördern will, bleibt zudem bezogen auf die *gesamte kommunika-*

tive Matrix der Schulklasse als einer Lerngruppe. Nicht die Impulse und die methodischen Vorgaben des Lehrers fördern emotionale Erfahrungsbildung, sondern umgekehrt: Die *Dynamik der Gruppenmatrix* ermöglicht und eröffnet einem spezifischen methodischen Verfahren seine Wirksamkeit. Das methodische Konzept des Lehrers und die Gruppenmatrix der Schulklasse beeinflussen sich dann im günstigen Fall wechselseitig. Also: Der Wind bewegt die Fahne und die Fahne bewegt den Wind.

Von solchen Vorüberlegungen ausgehend wird nun das Kernproblem einer Bildung der Affekte sichtbar: Das Konzept der emotionalen Erfahrungsbildung und der Gefühlsbildung von Adoleszenten ist kein Problem der Instruktion oder der Konditionierung des »reifen Ich«, sondern eines des empathischen Umgangs mit dem »frühen Ich«. Dessen Verwurzelung in der *kommunikativen Matrix* der Lerngruppe muss beachtet werden.

Die selbstverschuldete Zerstörung der Spontaneität und Rezeptivität des »frühen Ich« ist möglicherweise das große Geheimnis der abendländischen Schulpädagogik. – *Groß* ist dieses Geheimnis deshalb, weil diese Zerstörung bereits in der Geschichte nachhaltig Spuren hinterlassen hat. Ein *Geheimnis* ist die Zerstörung des frühen Ich, weil sie, blind machend, weitergereicht wird, als der heimliche Code aller bisher organisierten Erziehungspraxis.

Woran also arbeiten Lehrer, die im Rahmen der herkömmlichen Lehrerrolle – also ohne einen abgesicherten »intermediären Raum«, also ohne Spielraum für die Regungen des »frühen Ich« – Schüler über *»richtige«* und *»falsche«* Gefühle *»aufklären«* wollen?

Die Rückmeldungen aus einer 6. Klasse nach einer Übung aus dem »Life-Skills-Programm« können zunächst der Antwort eine Richtung vorgeben.

Die Übung sollte die 12-jährigen über drei Fragen an das »Erwachsenwerden« heranführen: 1. Was glaubst du, was du gut kannst? – 2. Was glaubst du, was andere an dir schätzen? – 3. Wie oder wo setzt du deine Fähigkeiten ein?

Auf ihre Erfahrungen mit dieser Übung hin befragt, äußerten die Schüler spontan Folgendes:

- *Das Vertrauen in der Klasse reicht nicht aus, um diese Fragen zu beantworten.*
- *Besser wäre es, das Thema in einer kleineren Gruppe zu behandeln, um den Schutz der Gefühle zu sichern.*
- *Die Selbstdarstellung der Mitschüler wirkt oft peinlich.*
- *Es hat mir persönlich nichts gebracht.*

- *Ich habe sowieso nicht gesagt, was ich sagen möchte, das sagt man in der Klasse nicht.*
- *Wirklich wichtige Probleme spricht man vor der Klasse nicht aus.*

Auf die möglichen positiven Effekte der Übung ausdrücklich angesprochen kamen noch folgende Überlegungen zur Sprache:

- *Es ging um neue Themen.*
- *Es hat mir gut gefallen.*
- *Es ist doch jedem überlassen, was er sagt.*

Natürlich können solche Schülerurteile den »ganzheitlichen«[2] Intentionen des Konzeptes einer »emotionalen Intelligenz« (Goleman 2002) nicht gerecht werden. Sie artikulieren zunächst nur wiederum die auch sonst bekannten Widerstände gegen alle neuen Erfahrungen und bringen so jene Demarkationslinie ans Licht, die das System Schule eben gegenüber emotionaler Erfahrungsbildung auch sonst zieht[3].

Das Gespräch über Gefühle, in einem sonst recht stark von Neid, Konkurrenzdruck und Angst beherrschten Klima erscheint Schülern einfach zu schwierig. Dass jener Lehrer oder jene Lehrerin im *Fachunterricht*, die eben noch alle spontanen emotionalen Regungen einzelner Schüler als »Störung«

[2] »Ganzheitlich« sind diese pädagogischen Intention allerdings nur im Horizont einer sehr stark an Thomas Hobbes erinnernden Gefühlsmechanik, die Goleman (2000) durch evolutionsbiologische, marktwirtschaftliche und neurolinguistische Überlegungen noch anreichert: »Jede Emotion weckt eine spezifische Handlungsbereitschaft, *die uns eine Richtung weist* ...« (ebd., S. 20); » ... so hat sich ein überlebenswichtiges Repertoire an Emotionen herausgebildet, die sich als *angeborene, automatische* Tendenz des menschlichen Herzens in unsere Nerven eingeprägt hat.«(ebd.); »Wird eine Emotion ausgelöst, stellen die Präfrontallappen sogleich eine *Kosten-Nutzen-Analyse* auf ...« (ebd., S. 45) usw. usw.

[3] Zurecht vermuten daher die Autoren des Programms »Erwachsen werden« in ihren Überlegungen zur »veränderten Rolle des Lehrers in diesem Konzept« (Wilms/ Wilms 2000, S. 42ff.): »Unterricht mit ›Erwachsen werden‹ stellt Ansprüche an die Rolle der Lehrenden, auf die eine traditionelle Ausbildung viele möglicherweise nicht vorbereitet hat. Die gewohnte Rolle des Wissensvermittlers steht oft zurück hinter der des Moderators, der für eine gute Lernatmosphäre sorgt, psychische Sicherheit vermittelt, Lernangebote macht ... und deren Verarbeitung und Reflexion begleitet, Orientierung und Hilfestellung in (sozialen) Lernprozessen gibt, die gemeinsame Auswertung leitet und so den Rahmen bereitstellt, in dem die Schüler soziale Erfahrungen sammeln und integrieren können«.

etikettiert und sanktioniert hat, nun im Rahmen des *Life-Skills-Programms* durch den technischen Einsatz von »Energizern« die verdrängten Gefühle wieder hervorlockt, ist sicher etwas irritierend. Bezogen auf die Frage nach der Bildung der Gefühle geht es dabei insbesondere um die Rolle der affektiven Äußerungen des »frühen Ich« und deren Verhältnis zum sogenannten »reifen Ich« auch in emotionalen Erfahrungsprozessen im Unterricht.

Die Differenzierungen, die G. Schmidt-Noerr[4] hierzu in seinem Beitrag formuliert, sind daher für das Verständnis emotionaler Bildungsprozesse auch im Unterricht sehr erhellend. Wenn die Bildung moralischer Urteile grundsätzlich ohne emotionales Moment nicht vorstellbar ist, emotionale Erfahrungsbildung aber andererseits in zwei relativ unabhängigen Phasen der Ich-Entwicklung abläuft, so erschließt dies für das Verständnis von Bildungsprozessen in institutionellen Settings einen basalen Aspekt. Schüler stehen nämlich im Gruppenprozess des Unterrichts sozusagen permanent vor dem Dilemma, ihre spontanen, subjektiven emotionalen Sichtweisen *zuzulassen*, also frühe Regungen wie Angst, Neid, Aggression, aber auch Freude, Zärtlichkeit, Besorgnis im vorgängigen Unterricht *selbst ernst zu nehmen* – oder aber das eigenen Selbstwertgefühl im Unterricht auf die Prozesse einer sekundären, rationalisierenden Überarbeitung dieser Affekte zu stützen. Im letzteren Fall muss sich ein Schüler im Unterricht natürlich immer wieder und ganz spontan von allen frühen Affektregungen *distanzieren*, weil seine spontanen Einfälle den erwünschten Affektverarbeitungsmodi der schulischen Lernordnung und der Klasse widersprechen. Durch habituelle Anpassung an das emotionale Milieu der Klasse entsteht die Gefahr der Ich-Einschränkung und des Verlustes der kreativen Potenziale. Definiert sich ein Schüler hingegen auf der Basis seiner *frühen Ich-Impulse*, so läuft er Gefahr, mit seiner Subjektivität, seinen Träumen, seinem »inneren Orakel« sich ständig aus der auf gleiche Erlebnismodi abgerichteten Lerngruppe auszugrenzen und sich dadurch in schwer zu balancierende innere und äußere Konflikte zu verstricken.

Dass diese Polarität im Erleben mit dem Unterricht eigentlich nicht grundsätzlich unvereinbar ist, deutet das Konzept von Schäfer[5] bereits überzeugend an: Wenn sich Kognitionen grundsätzlich nur durch begleitende emotionale Wachstumsprozesse differenzieren können, so ergibt sich für den Unterricht eine idealtypisch vorstellbare Entwicklungslehre in vier Stufen: vom »sinnlichen Körper«, der die basale Voraussetzung für die Integration

---

[4] vgl. den Beitrag in diesem Band
[5] vgl. den Beitrag in diesem Band

von Wahrnehmung und Erleben bildet, zum »szenischen Körper«, in dem sich im Erleben die szenischen Identifizierungen widerspiegeln, schließlich zum »sozialen Körper«, der das emotionales Erleben bereits eigenständig und in Abgrenzung zur sozialen Umgebung balancieren kann, hin zu einem »imaginären Körper«, der diese Ablösung der Repräsentanzenwelt von der Situation voraussetzt, um sie im Spiel für eine eigenständige Modulation der Realität zu nutzen.

Man stelle sich vor: Schüler wären im Unterricht wirklich ganz »bei Sinnen«, experimentierten in der gruppendynamischen Matrix der Klasse mit ihren früheren Beziehungserfahrungen, entwickelten durch die wachsende Distanz zu ihren familiären Erlebnismodi ein zunehmend differenzierteres Bild vom eigenen Selbst und von den Anderen und erweiterten dadurch ihre spielerischen Erfahrungsräume in der kommunikativen Matrix der Klasse – wieviel »Training emotionaler Intelligenz« hätte eine solche Klasse wohl noch nötig?

Ohne Bezug zu den *Erlebnisformen des frühen Ich*, ohne Rücksicht auf die Situation, in der Affekte ihre Wirkung entfalten, ohne *situativen Kontext des Settings Unterricht* und der in ihm wirksam werdenden Elemente soll durch »Fertigmaterialien« und »Gefühlslektionen« die Kompetenz für mehr »Empathie« oder die Fähigkeit zur »Impulskontrolle« hergestellt werden können? – Kann man denn das »empathische Hinschauen« trainieren? Lassen sich Identifizierungsmodi durch technische Anweisungen üben? Werden die eigenen tiefsitzenden Anteile im Erleben durch Perspektiveübernahme und Rollentausch wirklich sichtbar? – Wird da nicht wiederum in allen drei Aspekten nur das *sekundäre*, das *angepasste* Ich trainiert?

Nicht das Was, sondern das Wie prägt doch zunächst das Erleben. Die »restriktive Entemotionalisierung« (Göppel) die durch ein Training der Gefühle zweifellos erzwungen würde, knüpft eben *nicht* an die schöpferischen Potenziale des »frühen Ich« an, sondern optimiert in einem technischen Verfahren wiederum die Skills des »späteren Ich« und seine routinierten affektiven Anpassungsstrategien.

4. Die Wirkung der symbolischen Repräsentanzenwelt im Unterricht – ein Fallbeispiel

Die »Bildung der Gefühle« ist also auf ein basales Verständnis der Manifestationen *gruppendynamischer Prozesse* angewiesen. Erst wenn Lehrer die affektiven Prozesse im Bereich der gruppendynamischen Matrix verstehen und insbesondere die Polarisierungstendenzen – also den naturwüchsigen Wechsel zwischen Gegenidentifizierung und identifikatorischer Mitarbeit der Adoleszenten wahrnehmen können, bildet sich jener »Spielraum«, der emotionale Bildung wirklich möglich macht.

Symbolisches Denken entwickelt sich dabei auch im Unterricht – ganz ähnlich wie in der rekonstruktiven Deutungspraxis der psychoanalytischen Kur – nur im Medium *konkordanter Identifizierungen* und geht doch *über bloße Rekonstruktion* des gestörten Erlebens jeweils hinaus durch Begegnung und Bewältigung von emotionalen Erfahrungen, die den Adoleszenten zugemutet werden müssen.

Es sind regelmäßig vier Indikatoren, an denen man eine positive Entwicklung dann ablesen kann und die aus meiner Erfahrung das Konzept Schäfers bestätigen:

(1) Die Schüler zeigen durch eine entspanntere und zugleich zugewandtere Körperhaltung im Unterricht, dass sie sich auch im Bereich ihrer Grundbedürfnisse angenommen fühlen.

(2) Sie nehmen im Unterricht auch untereinander Blickkontakt auf; Gestik und Mimik spielen in der wechselseitigen Kommunikation in der Klassengruppe eine zunehmend wichtigere Rolle; der emotionale Austausch unter den Schülern selbst wird intensiver.

(3) Ein erkennbares Potenzial an Spontaneität wird frei: Schüler entwickeln Initiativen, üben Kritik, erwerben eine Kompetenz zur Metakommunikation.

(4) Schüler halten bei »Projekten« länger durch.

Dabei ist es wichtig, dass der Lehrer durch Beachtung der eigenen emotionalen Gegenübertragung die Brüche und Widersprüche in der Matrix der Schulklasse erkennt und bearbeitet, um den experimentellen Objektbeziehungswünschen der Schüler und ihren Probeidentifizierungen *Halt* und *Raum* zu bieten. – *Nur die in konkordanten Identifizierungen mit den Schülern gewonnenen klaren »Grenzen« begründen letztlich dann den »Spielraum« für die Bildung der Gefühle.*

Kinder brauchen keine emotionale »Stärkung« von Lehrern, deren emotionalen »Schwächen« sie eigentlich weitgehend durchschauen. Kinder brauchen Lehrer, die ihre eigenen Schwächen wahrnehmen können, um sich dadurch in die Lage zu versetzen, die Schwächen der Kinder *wirklich* anzunehmen. – *Die Verwandlung der Schwächen beginnt im Lehrer. Sie ist ein*

Problem des Containings und der Gegenübertragungsanalyse (Hirblinger 1990, 1999, 2001).

Ich möchte nun an einem zweiten Fallbeispiel zeigen, dass diese Auffassung von der »Lehrerolle« und vom »Setting« Unterricht unerbittlich auf die Fähigkeit angewiesen ist, auch die unbewussten Konflikte im Klassenzimmer in wesentlichen Aspekten empathisch nachzuvollziehen, um Unterrichtsprinzipien wie »Schülerorientierung«, »Situationsbezug«, »Handlungsorientierung« und »modellhafter Unterricht« (Wilms/Wilms 2000, S. 34) tatsächlich zu realisieren.

Erste Phase: Spaltungsprozesse

Die Klasse 5 f, bestehend aus 16 Mädchen und 9 Jungen, beeindruckte mich bereits in der ersten Stunde der Begegnung durch die Tendenz, alle Regeln, die der Lehrer den Schülern vorgab, durch Gegen-Regeln zu kolportieren. Diese spontanen und energisch in Szene gesetzten Gegenaktionen gingen dabei jeweils zunächst von einzelnen Schülern aus; sie wurden dann jedoch durch unbewusste Gleichschaltung der Einstellungen von der Mehrheit der Klasse sofort mit getragen.

Man könnte auch sagen, der Klasse fehlte von Anfang an – stärker als anderen Klassen – das »Dritte«, also ein verinnerlichtes Regulativ zum eigenen Handeln. Oder: Die männlichen Schüler hatten in großer Zahl spürbare Probleme, sich mit dem Lehrer und dem Setting Unterricht positiv zu identifizieren.

15. 09. – Ich erarbeite mit der Klasse, weil sich der Umgang mit der Hausordnung bereits in der letzten Stunde als schwierig erwiesen hatte, einen »Klassenvertrag«:

- *Was bei uns gewünscht wird.*
- *Was bei uns geduldet wird.*
- *Was bei uns verboten ist.*

Im Gegensatz zur ersten Stunde kommen bei der Kartenabfrage zu diesen drei regelungsbedürftigen Bereichen nun viele ernste und wichtige Vorschläge. Gewünscht wird z. B.: »Dass man sich oft meldet«; verboten wird: »Wenn andere etwas Falsches sagen, ihn auszulachen«.

Die Klasse erarbeitet also ein Regelsystem, das dem Unterricht der folgenden Wochen einen durchaus sinnvollen und sehr konstruktiven Rahmen hätte bieten können: Regeln zum Stundenablauf, Ritualisierungen zum Um-

gang miteinander, Gesprächsregeln, Verhaltensregeln, die alle Grundbedürfnisse einer Lerngruppe mit den systemischen Anforderungen der Schule hätten versöhnen können.

Bereits beim Ausarbeiten dieser Regeln wird jedoch wiederum deutlich, dass sich zumindest zwei Schüler nicht an die Rahmenvorgaben halten und erneut, wie in der letzten Stunde, völlig unbekümmert »Gegenregeln« oder »Unsinnsregeln« erfinden.

Mein Eindruck nach dieser Phase: Auch der »Rahmen«, Regeln gemeinsam auszuhandeln, verhindern also nicht, dass einzelne Schüler weiterhin ihr »rahmen-sprengendes«, sozusagen »ver-rücktes« Verhalten an den Tag legen

19. 09. – Zwei Stunden Deutschunterricht, die immer noch ausgefüllt sind mit Klassenleiteraufgaben.

In beiden Stunden entsteht der Eindruck, dass die Jungen in der Klasse bereits mit einer gewissen Routine nun damit beginnen, die »Grenzen zu testen«. Hinweise auf die in der letzten Stunde erarbeiteten »Regeln« die doch gemeinsam gefunden und besprochen wurden, gehen völlig über die Köpfe dieser Schüler hinweg.

Ich gewinne den Eindruck, dass die »Regeln« die in der letzten Stunde »ausgehandelt« wurden, bereits aus früheren Klassenstufen, also aus der Volksschule, stammen. Die emotionale Distanz der Schüler zu diesen Regeln ist nicht zu übersehen. Das konkrete Verhalten bleibt überwiegend durch »Spiele« diktiert, die sich bereits als Ersatzbefriedigung gegen Frustrationen, welche die Schule erzeugt, bewährt haben.

28. 09. – Ich frage zu Beginn des Unterrichts, ob die »Regeln« nun an die Rückwand des Klassenzimmers gehängt werden sollten. – Jene Jungen, die bei der Ausarbeitung der Regeln bereits massiv störten, möchten die Regeln gerne »sofort« an die Rückwand hängen. Alle übrigen Schüler aber, die an der Formulierung wirklich aktiv beteiligt waren, sind skeptisch, und möchten die Regeln an der Stirnseite des Klassenzimmers weiter hängen lassen, damit sie jeder sieht und beachtet.

Nach diesem kurzen Dialog entwickelt sich eine Szene, die blitzartig klarmacht, was das Gespräch über Regeln im Stile einer »Moderation« zum Thema »Klassenvertrag« eigentlich nur brachte: Die Schüler erzählen, noch sichtlich erregt, dass ein Treffen der Klasse mit den Tutoren am vorhergehenden Nachmittag in eine wüste Balgerei überging. Die Tutoren hatten der Klasse angeboten, sich im Rahmen eines Spieles ein Wollknäuel zuzuwerfen.

Jeder, der das Wollknäuel bekam, sollte sich dann kurz vorzustellen. Nach wenigen Versuchen entstand eine wüste Streiterei um den Besitz dieses Wollknäuels.

Ich wollte nun nach diesem Bericht wissen, ob sich denn nach diesem misslungenen »Kennenlernspiel« die Schüler dennoch besser kennen lernen möchten. Es melden sich fünf Schüler, die den Wunsch äußern, ihre Mitschüler hier und jetzt »besser kennen zu lernen«. Unter ihnen wiederum die zwei notorischen Normenbrecher. Sie benutzen erneut die Gelegenheit nur für einen Witz, der darin besteht, die Mitschüler darauf hinzuweisen, dass sie sich schon seit ihrer »Zeit im Kindergarten sehr gut kennen«.

29. 09. – Der Diskurs über die Einhaltung der Regeln verunsichert offenbar die Schüler mehr als er sie stabilisiert. – Ich schlage daher vor, dass die Regeln nun abgenommen werden sollten, wenn sich die Schüler in dieser Stunde diszipliniert benehmen. – Es klappt.

Am Ende der Stunde nehme ich feierlich die Regeln ab und erkläre, ganz sicher zu sein, dass die Regeln nun befolgt würden. – Die Klasse reagiert sichtlich erleichtert. Es scheint, als habe sie eine Prüfung bestanden.

Der schlechte »Ruf« der Klasse unter den Fachlehrern war rasch zum Pool für Belastungsoptimierung geworden. Die Reaktionen des Umfelds in den ersten Wochen des Schuljahres ließen nicht auf sich warten: Die Fachlehrer der Kernfächer begannen sich im Lehrerzimmer konsensuell abzustimmen: »So eine Klasse« hätten sie »noch nie gehabt. – Die Eltern ihrerseits bemühten sich intensiv um einen »Elternstammtisch«.

Zweite Phase: Bilder entstehen und verwandeln

Der erste Impuls, der aus dem geschlossenen System der Affektregulierung und der gegenseitigen Schuldzuweisungen heraus führte, kam aus dem Kunstunterricht. Die Klasse durfte sich porträtieren. Jeder Schüler suchte sich ein Gegenüber und das »Porträt« entstand in wechselseitigem Verfahren. Tatsächlich zeigen die Köpfe später viele individuellen Details: Ich erkannte trotz der plakativen Vereinfachung der Gesichter jeden einzelnen Schüler an charakteristischen Einzelheiten ... Neben der Galerie der Köpfe sollte auf Wunsch der Schüler eine Figur stehen, der Klassenlehrer in Lebensgröße ...

Auf die Szene angesprochen erklärten die Schüler: Die Klasse sitzt auf diesem Bild im Kino und der Lehrer ist eine Art Popcorn-Verkäufer vor dem Eingang. »Hirblingers Popcorn« werden zum freien Verkauf angeboten ...

Die Arbeiten aus dem Kunstunterricht zeigen, dass sich die Kinder mit der Situation der *Begegnung mit Mitschülern* im Unterricht, aber auch mit der *Begegnung mit Lehrern* aktiv und über Bild-Imagination auseinanderzusetzen beginnen. Das Spiel mit der Übertragung und mit Gefühlserwartungen an den Lehrer setzt ein. Die Fähigkeit zur emotionalen Distanzierung war dabei nicht zu übersehen. Dominierend natürlich im Hintergrund der wichtigste *Wunsch*: Dass Unterricht immer spannend sei wie ein Kino und dass der Lehrer wohl immer genügend Popcorn zur Verfügung haben solle, damit der Neid unter den Geschwistern nicht zu groß werde. – *Die Klasse träumt so im Kunstunterricht ihren Initialtraum.*

Dritte Phase: Versuche mit einem Märchen

18. 12. – Durch den Gestaltungsimpuls aus dem Kunstunterricht angeregt, gebe ich – die Schulaufgaben des ersten Halbjahres waren abgeschlossen, und die Weihnachtsferien standen unmittelbar bevor – einen Gestaltungsimpuls.

Ich hatte vor, unmittelbar nach den Ferien mit einem kleinen »Theaterprojekt« zu beginnen und war nun auf der Suche nach einem »Thema«.

Das Märchen »Die drei Sprachen« schien mir geeignet, diesen kreativen Prozess in Gang zu bringen. Es enthält für die Entwicklung der Adoleszenten zahlreiche wertvolle und sehr anregende Motive (vgl. Bettelheim 1975, S. 113 ff.)

- *Es thematisiert die Trennungsproblematik und die Ablösung von den Eltern.*
- *Es zeigt die Schwierigkeiten, mit den durch die Trennung frei werdenden Aggressionen konstruktiv umzugehen.*
- *Es symbolisiert die wachsenden Integrationskräfte, die »Helfer«, beim Finden einer neuen Identität jenseits der Familie.*
- *Es bietet für die Krise der Adoleszenten und für die Konflikte in dieser Krise einen Erzählrahmen, in dem – im Falle einer Fortsetzungsgeschichte – auch eigene Bilder, Imaginationen, unbewusste Phantasien Platz haben würden.*

Die Schüler schreiben faszinierende Märchenerzählungen, aber es entsteht kein »Theaterstück«!!

15. 01. – Durch Pantomimen zum Thema »Mensch und Tier« sollte die Lust an dramatischen Gestalten zusätzlich geweckt werden. – Die Schüler spielen mehrere anschauliche und sehr sinnliche Szenen und der Unterricht beginnt sich mit emotionalen Erlebnisformen zu füllen ... . Doch als die Pantomime durch Dialoge und Sprache ergänzt werden soll, wird deutlich, dass nur das nonverbale Spiel, nicht der Dialog und das Sprechen interessant sind. Die Aufmerksamkeitsspannung in der Klasse reicht auf diesem Niveau der Strukturbildung noch nicht aus, um Dialoge zu schreiben.

16. 02. – Die Schüler teilen in kleinen Gruppen die zwei besten Fortsetzungsgeschichten zum Märchen in Abschnitte ein, die man in Szenen ausgestalten könnte. – Doch nun entstehen wiederum keine »szenischen Entwürfe«, sondern nur sehr »phantasievolle« Erzählungen.

Stunde um Stunde wird bei der Arbeit an dem – von den Schülern so sehr gewünschten – »Theaterprojekt« deutlich, dass die 5.-Klässler zwar ihre Gefühle in *sprachlichen Bildern* und im *Rahmen einer Erzählung* ausdrücken können, dass es ihnen aber noch nicht gelingt, dasselbe »Material« auch schon in *szenischen Situationen* zu gestalten.

Die Dialoge der Kinder zeigen noch keine Tendenz zur Polarisierung und die Phantasien und Einfälle schweben noch beliebig in Raum und Zeit. Es gelingt noch nicht das Gefühlserleben in einem *szenischen* Raum zu verankern. Die andrängenden *körperliche Impulse* und die Welt der *bildhaften Repräsentanzen* – sie können sich noch nicht als *Drama in Raum und Zeit* organisieren. Die Kluft zwischen dem *emotionalen Agieren* und den *szenischen Phantasien* ist noch zu groß.

Mein Märchenimpuls war also nicht völlig falsch – aber bezogen auf ein »Theaterprojekt« zu früh. Die Klasse – aber auch ich selbst – mussten am Ende des Schuljahres mit der Enttäuschung fertig werden, dass wir zwar sehr spannende und beeindruckende Erzählungen produzierten, aber eben kein Theaterstück.

Vierte Phase: Gespräche im Horizont der Ursymbolisierung

Trotz dieses Scheiterns war das Erzählen von Fortsetzungsgeschichten zum Anfang des Märchens »Die drei Sprachen« Entwicklungsarbeit. Eindrucksvoll war bereits die Differenzierung in den Motiven zwischen den *Jungen* und den *Mädchen*. Während die Jungen eher in Phantasien von Machtkampf und Revolte verstrickt erschienen, entwickelten die Mädchen in zahlreichen Geschichten die Phantasie von einem Schatz, den es zu entdecken galt. Beispielhaft hierfür eine Episode aus dem Märchen eines *Jungen*:

»... dann stand er auf einmal in einem ganz dunklen Zimmer. Er konnte nichts sehen, denn seine Augen gewöhnten sich nur langsam an die Dunkelheit. Er atmete nur noch warme, stickige Luft ein. Da hörte er ein grässliches Lachen und die alte Hexe stand vor ihm. Er streckte eine Hand aus und in diesem Moment fühlte sich der Junge ganz schlecht. Er wurde auf einmal sehr schwach und konnte sich nicht mehr bewegen. Er bemühte sich sehr und hob das Schwert. Er stieß zu und die Hexe verschwand. Da merkte er, dass er nur in die Luft gestochen hatte, und die Hexe stand auf einmal hinter ihm. Als sie gerade wieder den Arm ausstrecken wollte, um den Jungen zu verfluchen, wurde der Junge so wütend, dass er das Schwert nahm und der Hexe ganz schnell ins Herz stach. Sie schrie auf und verschwand, und mit ihr verschwand auch die ganze Burg...«

Im Gegensatz hierzu der Schluss im Märchen eines *Mädchens*:

»... wie er dann eine Zeit lang lief, stand plötzlich ein riesiger Frosch vor ihm. Ängstlich trat der Mann ein paar Schritte zurück, als der Frosch zu quaken begann. Dankend quakte der Mann zurück. Der Frosch sagte ihm, dass er nun vier Fuß tief graben müsse und da wäre dann der Schatz. Sofort begann der Jüngling zu graben. Zur elften Stunde des Tages hatte er den Schatz dann geborgen. Es war ein Schriftstück. Darauf war geschrieben: »+-?,+12&§«, was er aber nicht lesen konnte. Da fragte er die Vögli und sie zwitscherten ihm zu, was auf dem Schriftstück stand: »Du bist auf dem richtigen Weg, beeile Dich! ... .«

Während der Junge in seiner Erzählung noch mit dem Thema »Ablösung« und »Kampf um Autonomie« beschäftigt ist, sucht und findet das Mädchen einen »Schatz«, der die wesenhafte Unbestimmtheit eines Ziels zum Inhalt hat. In beiden Erzählungen lassen sich also wichtige Themen der *frühen Adoleszenz* erkennen.

Die weitere Arbeit an szenischen Entwürfen zeigte nun zudem, dass sich die basale Struktur von Ich-Es-Überich-Aspekten im Erleben der Schüler zunehmend klarer auszudifferenzieren begann: Der Vogel erschien als hektisch, aggressiv, unverschämt, unmenschlich; der Frosch war verliebt, passiv, auf die anderen Kaulquappen bezogen; der Hund verhielt sich geistesgegenwärtig, realitätsbezogen, an Lösungen orientiert usw. .

Die Ausbildung eines »Übertragungskommunikats« (Hirblinger 2001, S. 67ff.) im Unterricht war nicht mehr zu übersehen. »Hinter dem Sprechen des bewussten Subjekts werden vergangene Gespräche hörbar, die indessen selbst wieder im Horizont einer Ursymbolisierung spielen« (Lang 1986, S. 229).

Fünfte Phase: Unbewusste Phantasien betreten die Bühne

01. 10. – Die ersten Wochen im neuen Schuljahr verliefen sehr frostig. Ich führte diese reservierte Haltung auf das Scheitern des Theaterprojektes zurück.

Heute wollte ich endlich die Schüler auf ihr reserviertes Verhalten ansprechen.

Tatsächlich bricht es aus ihnen heraus wie aus einem Vulkan: Theaterspielen! – Das Theaterprojekt sollte wieder aufgegriffen werden!

Spürbar ist ein mächtiger Wunsch, der das emotionale Klima der Klasse sofort völlig verändert. Ein neues Denken scheint Raum zu gewinnen. Alle sind fasziniert, was nun kommt, und passen auf.

Die Schüler machten nun erste Vorschläge, mit welchem »Stoff« sie sich auseinandersetzen wollten. Ich bin etwas überrascht und verstehe zunächst nicht:

- *Peter: Die Eltern kommen nicht mehr zurück. Die Kinder gehen zu einer Tante. Auch die Tante stirbt. Kinder suchen nun verzweifelt die Eltern. Freunde helfen bei der Suche. Die Kinder finden die Eltern schließlich auf einer Insel.*
- *Carla: Vor einer Insel versinkt ein Schiff und die Eltern ertrinken. Zwei Jungen verlieben sich in ein Mädchen. Es entsteht Streit.*
- *Sebastian: Ein Kind flieht von den Eltern und hilft den Feinden bei der Planung eines Krieges.*

- *Jan: Ein Junge will Ritter werden. Die Eltern wurden im Krieg getötet. Der Junge wird zum Anführer einer Ritterschaft und rächt sich an den Mördern seiner Eltern.*

12.10. – Erneute Besprechung der ersten Ideen zu einem Theaterstück. – Mehrere Mädchen hatten sich telefonisch gestern Nachmittag verständigt. Es wird deutlich, dass der Einfall, die Eltern seien »ertrunken«, »gestorben«, »im Krieg getötet worden« zum Schlüsselmotiv geworden ist, das zugleich das Denken der Kinder etwas verunsichert.

Die Mädchen vertreten deshalb eine neue Idee, eine Geschichte, die ohne den »Tod der Eltern« auskommen soll. Die Eltern sollten nicht gestorben sein, sondern eine Frau, die sich auf ein Klassentreffen vorbereitet, erinnert sich an die schönen, entscheidenden Augenblicke in ihrer Karriere. Sie hatte Fehler gemacht und möchte nun alles besser machen. Die Frau wird dabei ohnmächtig ...

Die Entwicklung von den Bildern der *»toten Eltern«* zu einer Frau, die *»ohnmächtig wird«* und sich an ihre *»Fehler erinnert«* zeigt bereits die einsetzende dynamische Arbeit an den inneren Bildern. – Es geht vorerst um *Erinnerungsarbeit, in der zunächst noch die aggressive Auseinandersetzung mit den Eltern vermieden werden soll.* Die Eltern beschuldigen sich noch selbst. Dennoch war nun das Theaterstück auf den Weg gebracht ... .

Dass die »Eltern sterben«, ihre »Kinder verlassen« und die ihrerseits nun »Kinder Unfälle« erleben oder »die Eltern suchen« müssen, blieb die leitende, im Hintergrund ständig wirksame Bilderwelt, der weiteren Theaterarbeit. – Die Unterbrechung durch die vom Lehrplan vorgegebenen Ziele des Unterrichts, also durch Übungen, Sprachunterricht, Schulaufgaben, usw. konnte die Entstehung eines faszinierenden Textes nicht mehr verhindern. Am Ende des Schuljahres war das Stück fertig und wurde von der Klasse vor ca. 90 Zuschauern, Eltern und interessierten Angehörigen, unerhört spannend in Szene gesetzt.

Die Schüler entwickelten in diesem Theaterstück in drei Szenenfolgen drei Möglichkeiten eines Kindes, *seine »eigene Sprache« zu finden.* Ausgangspunkt blieb das Märchen »Die drei Sprachen«.

Wieder spielen Tiere beim Erlernen und Erfinden dieser Sprache eine Schlüsselrolle. Doch in Ergänzung zu den früheren Märchenerzählungen kommen nun die Auseinandersetzungen mit den Eltern und mit den eigenen inneren Konflikten hinzu.

- *In einer Szenenfolge, die mit dem Titel »Die Gummibärchensprache« überschrieben war, ging es um Überwindung einer von kindlichem Wunschdenken beherrschten Realitätsverleugnung.*
- *Eine zweite Szenenfolge, die mit dem Titel »Die Umkehrsprache« überschrieben war, spielte mit dem Motiv der Gegenidentifizierungen, das bereits in der ersten Begegnung mit der Klasse so drastisch in Erscheinung trat: Der Umkehrung aller Normen und Werte. Die Szene endet nun damit, dass eine Gruppe von Schülern in der »Umkehrsprache« lyrische Nonsens-Gedichte verfasst, deren Kritik an gesellschaftlichen Missständen nun die Eltern zu tobendem Beifall animierte.*
- *Eine dritte Szenenfolge zum Thema »Sprache der Tiere« nahm dann alle wichtigen Motive des Märchens »Die drei Sprachen« wieder auf und fokussierte die Aussage in einem mehr von den Mädchen der Klasse bestimmten Phantasieraum: Wie könnte man in unserer Zeit die »Sprache der Gefühle« wieder lernen.*

Etwas schüchtern fragte diese Mädchengruppe, als sie am Text zu dieser dritten Szenenfolge arbeitete, ob sie »so etwas« auch in ihrer Szene spielen dürfe. Mit »So-Etwas« war ein »Rap« gemeint, der ihnen eben und ganz spontan im Unterricht eingefallen war und den sie dann in ihrer Aufführung am Schluss des Schuljahres hinreißend sangen und tanzten.

Los geht's Mädels,
Die Zeit ist gekommen,
Wir sind jetzt alle da,
Das ist klar
Und lassen unsere Hüften schwingen
Und beginnen.
Wir sind die Hits von Morgen,
Es ist uns allen klar, ja, ja, ja.
Uns liegt der Pfeffer im Hintern,
So wie die Hummeln im
Punkt, Punkt, Punkt.
Und wir sollten jetzt endlich beginnen
Und ein paar Spinnen verdimmen,
Denn ich halt es jetzt nicht mehr aus,
Du alter Klaus!

Der »alte Klaus«, das war nicht schwer zu erraten, das war ich. Immer noch erlebten sie mich als den, der die »Grenzen« markiert.

Die Methode des Unterrichtens, in der ein Lehrer auf diese Weise zum »Mitspieler« in den Inszenierungen der Klassengruppe wird, um im »intermediären Raum« des Unterrichts innerpsychische Vergleichsprozesse der Adoleszenten zu fördern, und so adoleszente Identitätsbildung zu ermöglichen, unterscheidet sich von traditionellen Auffassungen der Lehrerolle essentiell:

- Der Lehrer situiert sich im Unterricht als *Teil in der Lerngruppe*; d.h. er muss seine auktoriale Position verlassen können und empathischer, personaler Lehrer sein können.
- Der Lehrer kann nicht mehr anordnen, durchsetzen, seine Steuerungsmittel sind nun völlig im Bereich des *Mitspielens* angesiedelt. Dies setzt ein entwickeltes Gruppenniveau und einen relativ *verinnerlichten Umgang mit Aggressionen* bereits voraus.
- Die Gruppe selbst muss nun, wenn sie aus sich aus irgendwelchen Gründen »zerstörerische Aggressionen« entwickelt, in der Lage sein, ihre Projektionen *wieder zurückzunehmen*.
- In Ergänzung hierzu muss der Lehrer, wenn er zum »Container« für unangemessenes Ausagieren von Impulsen geworden ist, durch Analyse seiner *Gegenübertragungsgefühle* die eigene Blockierung immer wieder lösen können.

Die Bildung der Gefühle kann aus dieser Sicht keine Frage eines »Trainings« der »emotionalen Intelligenz« sein, – eines Trainings, das dazu dienen soll, die offenkundigen Defizite des derzeitigen Bildungssystems durch eine neue Reparaturtechnologie zu beheben. – Die Bildung des Gefühls ist und bleibt eine genuine Frage der »Pädagogik«, also eine des »Settings«, in welchem die »Bestimmung der Lehrerrolle« natürlich den wesentlichen Aspekt ausmacht.

Freuds aufklärerische Kulturkritik und sein Diktum »Wo Es war soll Ich werden«, lässt vieles offen. – Sicher ist eigentlich nur, dass er dabei an Sublimierung, Kultivierung dachte. Offen bleibt, von welchem *Ich* Freud eigentlich ausgeht, wenn er die Möglichkeit eines Zugewinns an sublimierter Energie durch kulturelle Praxis unterstellt. – Zu klären wäre u. a. natürlich, ob die Doppelnatur des Ich, das *technische* und das *kulturelle* Ich, das *empirisch-rationale* und das *symbolisch-kreative* Ich, nicht doch auch jeweils eine andere Sichtweise von Sublimierung und Enkulturation herausfordern.

Wird hier nicht doch wieder eine unüberwindbare Differenz sichtbar? – Ist der Mensch nur dann ganz Mensch, wenn er »spielt« und sich in solchem Spiel Gewissheit verschaffen kann über seine Existenz? – Oder ist er bereits Mensch, wenn er eine bornierte technologische und zweckrationale Überlebensstrategie perfekt beherrscht, mit der er die Dinge und sich selbst grenzenlos manipulieren kann?

Literatur

Bettelheim, B. (1975): Kinder brauchen Märchen. München 1987.

Bion, W. R. (1962): Lernen durch Erfahrung. Frankfurt/M. 1990.

Bohleber, W. (1993): Seelische Integrationsprozesse in der Spätadoleszenz. In: Leuzinger, M., Mahler, E. (Hg.) (1993): Phantasie und Realität in der Spätadoleszenz. Opladen, S. 49-63.

Goleman, D. (2002): Emotionale Intelligenz. München, 15. Auflage.

Göppel, R. (2002): »Wenn ich hasse, habe ich keine Angst mehr ...« Psychoanalytisch-pädagogische Beiträge zum Verständnis problematischer Entwicklungsverläufe und schwieriger Erziehungssituationen. Donauwörth.

Hirblinger, H. (1990): Die Gegenübertragungsreaktion im Unterricht. In: Jahrbuch für psychoanalytische Pädagogik 2, S. 7-26.

Hirblinger, H. (1999): Erfahrungsbildung im Unterricht. Die Dynamik unbewusster Prozesse im unterrichtlichen Beziehungsfeld. Weinheim u. München.

Hirblinger, H. (2001): Einführung in die psychoanalytische Pädagogik der Schule. Würzburg.

Hirblinger, H. (2003): Unterricht als Setting, Rahmen und Prozess – Der Beitrag der psychoanalytischen Pädagogik zur »inneren Schulentwicklung« – Probleme und Perspektiven. In: Fröhlich, V., Göppel, R. (2003) (Hg.): Was macht die Schule mit den Kindern? – Was machen die Kinder mit der Schule? Gießen.

Klein, M. (1940): Die Trauer und ihre Beziehungen zu manisch-depressiven Zuständen. In: Dies.: Das Seelenleben des Kleinkinds. Stuttgart 1983, S. 95-130.

Lang, H. (1986): Die Sprache und das Unbewusste. Jaques Lacans Grundlegung der Psychoanalyse. Frankfurt a. M.

Platon (1982): Phaidros. In: Platon (1982): Sämtliche Werke Bd. II, Heidelberg, 8.Auflage der Berliner Ausgabe, S. 409-481.

Racker, H. (1982): Übertragung und Gegenübertragung. Studien zur psychoanalytischen Technik. München.

Segal, H. (1964): Melanie Klein. Eine Einführung in ihr Werk. Frankfurt/M., 1983.

Weigand, G. u. a. (1988) (Hg.): Institutionelle Analyse. Frankfurt/M.

Wilms, H., Wilms, E. (2000): Erwachsen werden – Life-Skills-Programm für Schülerinnen und Schüler der Sekundarstufe I – Handbuch für Lehrerinnen und Lehrer. 2. Ausgabe, Wiesbaden.

Winnicott, D. W. (1951): Übergangsobjekte und Übergansphänomene. In: Ders.: (1983): Von der Kinderheilkunde zur Psychoanalyse. Frankfurt/M., S. 300-319.

Winnicott, D. W. (1954): Die depressive Position in der normalen emotionalen Entwicklung. In: Ders.: (1983): Von der Kinderheilkunde zur Psychoanalyse. Frankfurt/M., S. 276-299.

Karl Gebauer

Die Bedeutung des Emotionalen in Bildungsprozessen

Vorbemerkungen

Ich schreibe diesen Text aus der Perspektive eines Schulleiters einer zweizügigen städtischen Grundschule und möchte aus der Rückschau an den Problemen anknüpfen, die wir gegen Ende der achtziger Jahre wahrgenommen haben.

Zunächst waren es die gewalttätigen Auseinandersetzungen unter unseren Schülerinnen und Schülern, die uns zu schaffen machten. Nach der Analyse von vielen Gewaltsituationen kamen wir zu dem Ergebnis, dass es in der Mehrzahl aller Fälle um den untauglichen Versuch geht, über Gewaltanwendung und Demütigung eine emotionale Stabilisierung zu erreichen (Gebauer 1996). Ab Mitte der neunziger Jahre bereiteten uns vor allem Kinder Probleme, die sich nicht mehr angemessen auf Lerninhalte konzentrieren konnten.

Beide Erfahrungen führten zu einer großen emotionalen Verunsicherung einzelner Kolleginnen und Kollegen. Es traten Schuld- und Schamgefühle auf, weil sie das nachlassende Lernvermögen ihrer Schüler und Schülerinnen auf eigene Inkompetenz zurückführten. Da die Hintergründe der Veränderungsprozesse, die wir bei unseren Schülern feststellten konnten, nicht klar waren und zu Verunsicherungen führten, begannen wir mit einer intensiven Ursachenforschung. Zentrales Ziel dieser Aktivitäten war es, über ein besseres Grundlagenwissen wieder eine sichere Handlungsfähigkeit zu erreichen.

1. Zur gegenwärtigen Situation

Im Zentrum der pädagogischen Arbeit stand die wöchentliche Teamsitzung, die pädagogische Runde. Hier wurden die Probleme, die wir bei unserer Arbeit wahrnahmen, thematisiert und nach jeweils angemessenen Methoden bearbeitet. Viele Methoden haben wir im Verlauf der Jahre selbst entwickelt, manche sind Modifizierungen bekannter gruppendynamischer Arbeitsformen

(Gebauer 2000a). Immer dann, wenn wir nicht weiter wussten, haben wir Experten aus Nachbarbereichen zu uns eingeladen. Vor genau 12 Jahren stellten wir auf Grund unserer Alltagsbeobachtungen die Frage: »Was ist bloß mit den Kindern los?« (Gebauer, u. a. 1991). Die damals 6–jährigen Schülerinnen und Schüler sind heute 18 Jahre alt.

Schulinterne Evaluation

Jedes Jahr im November führten wir eine schulinterne Evaluation zum Lern- und Sozialverhalten unserer Schüler und Schülerinnen durch. Die inhaltliche Definition ist über einen Diskurs erfolgt. Seit 1990 gilt diese Beschreibung.

Kurzfassung der Beurteilungskriterien:
Schüler und Schülerinnen mit Lernschwierigkeiten sind solche Kinder, die über das normale Maß des Erklärens und der individuellen Hilfe persönliche Zuwendung durch die Lehrerin benötigen. D. h., ein Fundament in den Bereichen Lesen, Schreiben und Mathematik kann nur gelegt werden, wenn sich die Lehrerin in Ruhe über einen längeren Zeitraum von jeweils 10 bis 15 Minuten dem einzelnen Kind oder einer Kleingruppe zuwenden kann.

Schüler und Schülerinnen mit Verhaltensauffälligkeiten sind solche Kinder, die ihr soziales Verhalten oft nicht steuern können. Sie provozieren häufig Konflikte, sind aber nur wenig bereit und in der Lage, zu einer angemessenen Konfliktregelung beizutragen. Im Erkennen sozialer Beziehungsgefüge sind sie wenig geübt und können Ergebnisse aus Erörterungssituationen nicht oder nur kurzfristig in ihr Verhalten übernehmen. Zur Gruppe der im sozialen Bereich auffälligen Kinder gehören auch Schülerinnen und Schüler, die ein stark introvertiertes Verhalten zeigen. Manche von ihnen sind extrem auf sich selbst bezogen. Es fällt ihnen schwer, neue Strategien aufzunehmen und anzuwenden. Anweisungen der Lehrkräfte ignorieren sie oft.

Die quantitativen Ergebnisse unserer Untersuchung über Probleme im Lern- und Sozialverhalten bei Kindern der Klassen 1 bis 4 sahen im November 2000 und 2001 so aus:

	2000	2001
Lesen	20%	19%
Schreiben	29%	22%
Mathematik	26%	28%
Motorik	32%	21%
Sprache	24%	22%
Sozialverhalten	35%	37%
Selbstbezogenheit	17%	12%

Bei den Kindern der Vorschulklassen (Fünfjährige) sehen die Zahlen so aus:

Motorik	62%	41%
Sprache	54%	65%
Sozialverhalten	69%	53%
Kognitiver Bereich	46%	nicht erhoben

Die Erhebung aus dem Jahr 2000 ergibt u. a., dass 115 von 162 Kinder der Vorklasse und der Klassen 1-4 mindestens in einem Bereich Probleme haben. Das sind 71 % der gesamten Schülerschaft. Manche Schüler haben in mehreren Bereichen Probleme.

Betrachten wir nun das Verhältnis von Jungen und Mädchen bei den Kindern der Klassen 1 bis 4 (Nov. 2000):

Lesen	J 24%	M 14%
Schreiben:	J 38%	M 19%
Mathematik:	J 19%	M 33%
Sprache:	J 23%	M 23%
Sozialverhalten	J 49%	M 19%
Selbstbezogenheit	J 23%	M 11%
Motorik:	J 30%	M 26%

Interpretation der Daten:
Hervorzuheben ist die hohe Zahl der Kinder, die ein gravierendes Problem haben. Im November 200 sind dies 71 Prozent. Hellhörig muss das Ergebnis der Jungen und Mädchen im Vergleich machen. Die Jungen stehen insgesamt

nicht gut da. Das müsste Konsequenzen haben in der familiären Erziehung ebenso wie in der Erziehung im Kindergarten und in der Schule.

Betrachten wir die Ergebnisse zur Selbstbezogenheit etwas genauer: Von den 61 Kindern, die als sozial auffällig gelten (38% der Gesamtschülerschaft), fallen 26 Schüler unter die Bezeichnung: Selbstbezogenheit, d. h. 43% der sozial auffälligen Kinder sind nur schwer von uns zu erreichen. Von den 26 Kindern sind 18 Jungen (69 %) und 8 Mädchen (31 %).

Im November 2001 sieht die Situation ähnlich aus: Von den 151 Kindern haben 106 Kinder Probleme mindestens in einem Bereich, das sind 70 % der gesamten Schülerschaft. Probleme in zwei oder gar drei Bereichen haben 67 Kinder, das sind 44% aller Schüler.

Die Auswertung der Daten der Anfangsklassen mit denen der 4. Klassen macht aber auch deutlich, dass wir mit unserer Arbeit im Verlauf der Grundschule durchaus Erfolge erzielen konnten.

Einschränkend möchte ich festhalten, dass es sich um Daten einer Grundschule handelt und dass es keine Vergleichsgruppen gab. Aber es ist der Versuch, eine eigenständige interne Evaluation vorzunehmen und daraus Folgerungen für die Arbeit zu ziehen. Manche Kolleginnen haben die Ergebnisse unserer eigenen Untersuchung angezweifelt. Sie wollten die Zahlen nicht wahr haben. Wir überprüften daraufhin unsere Kriterien und die Art der Erhebung. Die kritische Sichtung hat allerdings an den Ergebnissen nichts geändert. Die Ergebnisse der schulinterne Evaluation werden durch die Schuleingangsuntersuchungen des Gesundheitsamt Göttingen gestützt. Im Wohnbereich der Leinebergschule diagnostizieren die Ärzte bei 32 % der Kinder zentrale Wahrnehmungs- und Verarbeitungsstörungen (Göttinger Tageblatt, 21.3.02). Auf diese Weise mit der schulischen Realität konfrontiert, standen wir vor der Frage, ob wir diese Situation als Herausforderung würden annehmen können.

Diese Ergebnisse zeigen, dass schon in einem sehr jungen Alter erhebliche Defizite im Lernvermögen und im sozialen Verhalten vieler Schüler vorliegen. Vor dem Hintergrund der so umfangreichen und gründlichen PISA-Studie sind sie deswegen so wichtig, weil sie deutlich machen, dass schon lange vor dem Alter, in dem die »PISA-Schüler« getestet wurden, erhebliche Probleme sichtbar werden, die nur begrenzt dem Versagen des Schulsystems angelastet werden können. Sie haben ihren Ursprung nämlich in einer Zeit, die weit vor der Schule liegt.

Oft mangelt es in den Familien an den erforderlichen Rahmenbedingungen, an emotionaler Zuwendung, an vielfältigen Anregungen und an einer angemessenen Grenzsetzung. Wir leben in einer Zeit, in der die Beziehungen zwischen vielen Eltern und ihren Kindern brüchig geworden sind. Viele Kinder erfahren keine ausreichende emotionale Sicherheit. Nach neueren Untersuchungen der Bindungsforschung trifft dies bei 40 bis 50 % der Kinder zu (Brisch 1999, S. 48). Die unzureichende, fehlende oder gestörte emotionale Bindung an eine nahe Bezugsperson entpuppt sich mehr und mehr als Ursache für viele Lern- und Verhaltensprobleme. Die Ergebnisse der Säuglings- und Bindungsforschung halfen uns, die veränderten Verhaltensweisen unserer Schüler und Schülerinnen besser verstehen und differenzierter beschreiben zu können. (Brisch 1999; Dornes 2000; Gebauer/Hüther 2000).

Emotionale Unsicherheit als Ausgangspunkt für Suchbewegungen

Die skizzierte Situation führte zeitweise bei allen Mitgliedern der Lehrergruppe zu einer großen Verunsicherung hinsichtlich der eigenen Kompetenz. Zum Glück konnten wir diese Unsicherheitserfahrung ausbalancieren. Wir verfügten über Ressourcen, die es uns ermöglichten, die Situation als Herausforderung zu sehen und anzunehmen. Neben der Suche nach möglichen Ursachen für das veränderte Schülerverhalten bemühten wir uns um Wahrnehmung und Bearbeitung unserer eigenen Gefühle. Wir wollten nicht hilflos und ohnmächtig in den unterschiedlichsten Unterrichtssituationen sein und uns auch gegenüber den Attacken mancher Eltern zur Wehr setzen können. Wir sahen uns äußerst kritischen Berichten in den Medien ausgesetzt. In den Reden vieler Politiker zeigte sich ein großen Unverständnis gegenüber unserer Situation. Darüber hinaus fanden wir kein Verständnis hinsichtlich unserer Kritik an den unzureichenden Rahmenbedingungen.

Neben unserer reflektierenden Schularbeit kam es durch Studien und Diskussionen mit Fachleuten zu einem neuen Wissenserwerb. Wir erlangten eine größere Kompetenz im Bereich des Verstehens. Die neu erworbenen Kenntnisse konnten wir nicht nur bei unserer Arbeit berücksichtigen sondern auch an einige Eltern weitergeben. So stellte sich bei uns das Erlebnis einer zunehmenden emotionalen Sicherheit ein. Als Ziel unserer Arbeit kristallisierte sich mehr und mehr heraus, dass es in der Schule darum gehen müsse, sowohl für die Schüler und Schülerinnen als auch für die Lehrkräfte eine emotionale Sicherheit zu erreichen. Diese gibt es nur über eine Beziehungssicherheit. Also mussten wir die vielfältigen Beziehungen darauf überprüfen, ob sie eher zu einer emotionalen Verunsicherung oder zu einer Stabilisierung führen würden. Wir fingen an, die gesamte Schulkonzeption daraufhin zu überprüfen und neu zu gestalten. Ausgangspunkt dafür waren Ergebnisse aus der Säuglings-, Bindungs- und Hirnforschung.

2. Ergebnisse der Säuglings- und Bindungsforschung können Schuld- und Schamgefühle lindern

Ein Kind tritt mit seiner Geburt aktiv in die Gestaltung seines Lebens ein. Es ist mit Anlagen und Potenzialen ausgestattet, die soweit ausgebildet sind, dass es lebensfähig ist. Zunächst braucht es natürlich die Zuwendung, die Fürsorge und Hilfe erwachsener Personen. Seine Motivation zum aktiven Tun, seine Suchaktivitäten zu seinem Selbst- und Weltverständnis setzen unmittelbar ein. Entscheidend ist die Resonanz, die ein Kind von seiner ersten Bezugsperson erfährt.

Es entsteht eine emotional tragende Bindung zwischen Mutter und Kind, wenn sich eine Mutter ihrem Baby gegenüber einfühlsam verhält. Bindung meint eine zwischenmenschliche Qualität, die von beiden Interaktionspartnern – in der Regel sind dies Mutter und Kind – getragen wird. Kommt es zu anhaltenden Störungen, wie sie in vielen Versuchsanordnungen nachgewiesen und belegt wurden, dann wird ein Kind zunächst alles versuchen, den Zustand von Sicherheit und Geborgenheit zurück zu gewinnen. Gelingt dies nicht, bleibt der Weg in die Resignation oder Aggression.

Die Münchner Forscherin Mechthild Papousek musste bei ihren Untersuchungen und Beratungen feststellen, dass schon bei vielen noch ganz jungen Kindern eine *Spiel-Unlust* zu beobachten ist. Und das nicht nur bei Kindern sondern auch bei deren Eltern. ›Ich tue alles für mein Kind, aber das Spielen liegt mir nicht‹, würden mehr und mehr Mütter sagen. Sie stellt fest: »*Die Fähigkeit zum Spielen ist auf breiter Ebene in Gefahr geraten*« (Papousek 2001). So verfügen viele Kinder nicht mehr über ausreichende positive Erfahrungen ihrer *Selbstwirksamkeit.* Denn im Spiel setzt sich ein Kind durch permanente Gestaltung mit sich und der Welt auseinander. Hier werden die Grundlagen für die später so wichtige intrinsische Motivation gelegt oder verbaut. In ihren Filmen zeigt sie z. B. ein Baby das ein Mobile in Bewegung bringt. Zunächst sind es zufällige Bewegungen, die zum Antrieb des Mobiles führen, später werden sie gezielt eingesetzt. Das Kind macht die Erfahrung, dass das Ereignis etwas mit ihm zu tun hat. Wenn dann Mutter und/oder Vater in der Nähe sind und die Freude mit ihrem Kind an dessen Tun teilen, dann erhält die Aktivität eine umfassende *emotionale Komponente.*

Entscheidend ist, dass ein Kind immer wieder diese oder ähnliche »Mobile-Erfahrungen« machen kann. Es braucht immer wieder die Bestätigung, dass ein Ereignis etwas mit ihm zu tun hat. So beginnt die Entwicklung des Selbst und die innere Motivation, aktiv auf die Suche zu gehen. So wird die Erfahrung der Selbstwirksamkeit gemacht.

Die Säuglingsforschung legt die Vermutung nahe, dass eine der Ursachen für spätere Demotivation und Unkonzentriertheit u. a. im Rückgang der Spiellust bei kleinen Kinder zu suchen sei. Ein grundlegendes Interesse an sich und der Welt ist auf Anregung durch Eltern und auf Kommunikation mit ihnen angewiesen. Das Fernsehen kann die in der konkreten Interaktion erfahrene *emotionale Bedeutsamkeit* des eigenen Tuns nicht ersetzen.

Wenn Eltern diese Form der Zuwendung und die Ruhe zum Spielen nicht mitbringen, hat dies erhebliche Einflüsse auf die Motivation oder auf das Desinteresse an künftigen Entdeckungs- und Lernprozessen. Oft werden diese Kinder sehr unruhig und können sich nicht angemessen konzentrieren. Manchmal werden sie gegen sich oder andere Menschen aggressiv. Wichtige Entwicklungsprozesse im kindlichen Gehirn finden nicht oder nur eingeschränkt statt. Für das Lernverhalten der Kinder bedeutet dies ein Rückgang an Motivation, Verstehen, Behalten, Erinnern, Erkennen von Zusammenhängen und eine eingeschränkte Fähigkeit beim Erkennen und Lösen von Konflikten. Bei ihrer Suche nach emotionaler Sicherheit kreisen sie immer mehr um sich selbst, bis sie keinen Ausweg mehr sehen und ihr Suchverhalten stark nachlässt oder auch versiegt (Gebauer/Hüther 2000).

Ohne sichere Bindung können sich Kinder nicht zu eigenständigen, sozial kompetenten und verantwortlichen Persönlichkeiten entwickeln. Nicht nur die Säuglingsforschung gibt uns wichtige Hinweise, auch die Ergebnisse der Bindungsforschung zeigen, dass ein Kind von seiner Geburt an, die Bedeutung der Gesten und Handlungsweisen von erwachsenen Personen emotional erfasst. Es nimmt die Vorgänge immer in einem emotionalen Bedeutungszusammenhang wahr. Dabei spielen Erfahrungen von Geborgenheit und Schutzlosigkeit eine wichtige Rolle. Es nimmt wahr und bildet in der Resonanz zur Mutter elementare Strukturen seines Selbst- und Weltgefühles aus. Die Art, wie es gehalten und geschützt wird oder wie es vernachlässigt oder fallengelassen wird, macht sein subjektives Grunderleben aus. Nur wenn Kinder diese beiden Grunderfahrungen von emotionaler Geborgenheit und eigener Kompetenz machen konnten, sind sie später in der Lage, eine eigene Vorstellung von sich selbst zu entwickeln (Hüther 2001).

Entscheidend bei der Identitätsentwicklung eines Menschen ist auch seine Fähigkeit zum symbolischen Verstehen. Unser Gehirn enthält nicht Erinnerungen an einzelne Objekte. Zunächst geht es um unsere Beziehungen zu diesen Objekten. Es ist die Bedeutsamkeit, es sind die Szenen, die Erzählungen, die persönlichen Erlebnisse, die als erste Repräsentanten so etwas wie eine Grund-Matrix ausbilden, auf der sich später abstrakte Gedanken und Erinnerungen abbilden. Kinder brauchen also vielfältige Reize, die es ihnen zunächst ermöglichen, ihre Erfahrungen in inneren Bildern, Geschichten und Erzählungen anzulegen, zu speichern.

Wichtig ist in diesem Zusammenhang nicht nur die Vergangenheit, sondern auch der Blick in die Zukunft. In Rollenspielen können Kinder zum Beispiel erlebte Konflikte darstellen, nacherleben und darüber sprechen. So können sie ihre Handlungen und die der beteiligten Personen verstehen. Auf dieser Grundlage sind Entwürfe in die Zukunft möglich. Damit ist der innere Verarbeitungsprozess der Selbst- und Welterkundung angedeutet. Allerdings tut sich hier ein großer Mangel in der Erziehung heutiger Kinder auf. Viele Kinder haben nicht mehr diesen Selbstentwicklungsraum, in dem eine erwachsene Person Zeit und Muße hat, ihnen Märchen oder Geschichten vorliest, das Verlorensein und Gerettetwerden miterlebt und mit ihnen darüber spricht. Sie sind den auf sie hereinstürmenden Vorstellungen hilflos ausgesetzt.

Über das Sprechen werden die gemachten Erfahrungen auf einer symbolischen Ebene gespeichert. Die Erfahrungen werden sozusagen in und mit der Sprache geordnet. So können sie mit früheren Erfahrungen verglichen werden, stehen auch für künftige Erfahrungen zur Verfügung.

Innere Verarbeitung von Erfahrungen ist mehr als eine Aneignung von isolierten Wahrnehmungen, ist mehr als das Speichern von Einzelheiten. Es ist das Erleben und das Sprechen mit den beteiligten Personen, das z. B. beim Fernsehkonsum entfällt. In der emotional gestützten Kommunikation werden die Strukturen für späteres Lernen gelegt. Hier bilden sich aktive innere Schutzfilter, die ein Kind dringend benötigt, um die vielen auf es hereinstürzenden Eindrücke angemessen bearbeiten zu können. Wenn heute bei vielen Kindern Defizite in ihrem sozialen und kognitiven Vermögen festgestellt werden, dann hat dies primär damit zu tun, dass der Aufbau neuronaler Verschaltungen im kindlichen Gehirn nicht altersentsprechend verlaufen ist. (Braun 2001; Ciompi 1997, Hüther 2000).

Die herausragende Bedeutung früher Bindungen

Das Bindungssystem, das sich im ersten Lebensjahr entwickelt – in der Regel zwischen Mutter und Kind – bleibt das ganze Leben über aktiv. Der menschliche Säugling hat die angeborene Neigung, die Nähe einer vertrauten Person zu suchen. Das räumliche Ziel dieser Verhaltensweise ist Nähe, das Gefühlsziel ist Sicherheit (Dornes 2001, S. 44).

Reagiert eine Mutter angemessen – feinfühlig – auf die Bedürfnisse ihres Kindes, so wird es wahrscheinlich mit einem Jahr »sicher gebunden« sein. Das bedeutet, dass ein Säugling diese spezifische Person bei Bedrohung und Gefahr als sicheren Hort mit der Erwartung von Schutz und Geborgenheit aufsuchen wird. Reagiert die Mutter eher zurückweisend auf sein Bindungsbedürfnis, so entwickelt sich daraus eher ein »unsicher-vermeidender« Bindungsstil. Der Säugling verinnerlicht, dass seine Wünsche nach Nähe und Geborgenheit von der Mutter nicht mit Zuwendung sondern mit Ablehnung und Zurückweisung beantwortet wird.

Sind die mütterlichen Antworten auf das Bedürfnis ihres Kindes eher inkonsistent und wenig vorhersagbar, dann entwickelt ein Kind voraussichtlich eine »unsicher ambivalente« Bindung. Diese Kinder weinen lautstark in der Trennungssituation und klammern sich an der Mutter fest. Über lange Zeit sind sie nicht zu beruhigen und können nicht mehr zum Spiel in einer emotional ausgeglichenen Verfassung zurückkehren. Einerseits klammern sie andererseits zeigen sie auch aggressives Verhalten.

Wenn ein Kind die Erfahrung macht, dass es von seiner Mutter in einer Bedrohungssituation manchmal getröstet, dann aber nicht beachtet oder geschlagen wird, dann können diese Erfahrungen zu einem ambivalenten Bindungsmuster führen, das auch in späteren Situationen wieder aktiviert werden kann. Die Wirkung von Bindungsmustern ist auch hinsichtlich ihrer Langzeitwirkung untersucht und dokumentiert (Dornes 2000). Eine Übersicht über die potenzielle Wirkung sicherer und unsicherer Bindungserfahrungen im Kindergarten und in der Grundschule bezogen auf die Bewältigung von Konflikten, das Spielverhalten, die Einschätzung einer zwiespältigen Situation, das Kommunikationsverhalten und die Qualität von Freundschaften gibt die nachfolgende Tabelle.

Langfristige Effekte früher Bindungserfahrungen				
	Im Kindergarten			*mit 10 Jahren*
	Konflikt	*Spiel*	*Zwiespältige Situation*	*Kommunikation mit Freunden*
Sicher gebunden	Bleiben realistisch, suchen selbständig nach Lösungen	Mehr Phantasie und Ausdauer, erfindungsreicher, höhere Frustrationstoleranz	Äußern sich abwägender und differenzierter	Weniger Probleme mit Gleichaltrigen, realistische gute Freunde
Unsicher gebunden	Ängstlich, aggressiv, brauchen fast ständig Hilfe	Häufig verärgert, geringe Toleranz, geben oft auf	Interpretieren diese primär als aggressiv	Weniger Freunde, viele Probleme, unrealistisch große Zahl bester Freunde, sprechen kaum über Gefühle

Neben einer ausreichenden materiellen Sicherheit der Familien erweisen sich insbesondere ein gutes Familienklima und regelmäßige gemeinsame familiäre Aktivitäten als bedeutsam für das Wohlergehen und für die Zukunftschancen eines Kindes. Die ungünstigste Konstellation liegt dann vor, wenn materielle Defizite mit geringer Zuwendung einhergehen.

Wichtige Anhaltspunkte dafür liefert die Shell-Jugendstudie (2002). Danach beurteilt die Hälfte aller Jugendlichen ihre persönliche Zukunft ›eher zuversichtlich‹. Gut vorbereitet fühlen sich diejenigen, die über gute Voraussetzungen (Bildung, Unterstützung durch die Eltern, klare Lebensplanung und Persönlichkeitsressourcen wie Selbstvertrauen) verfügen. Die Familie wird als Ressource, als emotionaler Rückhalt, als Ort von Verlässlichkeit (...) verstanden. Elterliches Zutrauen begünstigt jene Persönlichkeitsressourcen, die gute Voraussetzungen für eine gelingende Lebensbewältigung bieten. Emotionale Sicherheit ist ein wichtiger Faktor bei der Entwicklung der kindlichen Persönlichkeit.

Kinder, die aus »nicht hinreichend guten« familiären Verhältnissen kommen, sind in ihren Verhaltensweisen oft nur schwer zu verstehen. So standen wir in den vergangen Jahren oft vor großen Rätseln. Die Bindungsforschung lieferte Ansatzpunkte für Verstehensmöglichkeiten.

Beispiel:
Im Verlauf eines dritten Schuljahres kommt Alexandra neu zu uns in die Schule. Zunächst versucht sie eine Freundin zu finden. Aber alle Versuche scheitern. Bis uns eine zufällige Beobachtung weiterbringt: Ich höre, wie sie drei Mitschülerinnen fragt, ob diese mit ihr bei Regen unter ihrem Regenschirm über den Pausenhof rennen würden. Die Mädchen stimmen zu. Es ist ein schönes Bild. Die Situation strahlt Harmonie und Freude aus. Im nächsten Augenblick faltet Alexandra den Regenschirm zusammen und schlägt damit auf ihre Mitschüler ein. Die scheinbar harmonische Situation kippt um. Die Kinder rennen auseinander, holen sich Stöcke aus dem Gebüsch und setzen sich zur Wehr. In diesem Augenblick kommt die Klassenlehrerin. Sie sieht, wie die mit Stöcken bewaffneten Schülerinnen auf Alexandra losgehen und stoppt sie durch einen lauten Zuruf. Dann erfolgt eine Belehrung ohne weitere Klärung der Situation. Sie sei ärgerlich gewesen, sagt die Kollegin später. Beendigung einer so emotional geladenen Situation ohne Klärung verfestigt bestehende Muster. Erst in den nachfolgenden Reflexionen unserer Interpretationsarbeit wird deutlich, dass Alexandra von ihrer Mutter abgelehnt wird. Sie ist ein unerwünschtes Kind. Kurz nach der Geburt hat der Vater die Familie verlassen. Die Augen ihrer Tochter erinnere sie an die Augen ihres verhassten Mannes, sagt die Mutter. Sie fühle sich schuldig, wisse aber nicht, was sie tun solle. Sie kümmere sich um ihre Tochter, weise sie aber dann auch wieder deutlich zurück. Eine Interpretationsmöglichkeit lautet, dass im Hintergrund ein unsicher-ambivalentes Bindungsmuster wirkt. Bei den beteiligten Lehrkräften setzt nun ein langer und intensiver Prozess des reflektierenden Handelns gegenüber dieser Schülerin ein (Gebauer 2000, S. 127ff.).

3. Pädagogische Konzeption

Emotionale Kompetenz

Wie kann ein Kollegium konstruktiv mit dieser Situation umgehen? Ich beschreibe das Ergebnis – nicht den Prozess eines mehrjährigen Bemühens. Voraussetzung für das Gelingen ist neben der Kompetenz in inhaltlichen und methodischen Fragen eine grundlegende *emotionale Kompetenz*. In Anlehnung an Antonovsky (1998) hebe ich drei Aspekte hervor: Bedeutsamkeit, Verstehbarkeit und Handlungsfähigkeit (vgl. Sizze 1).

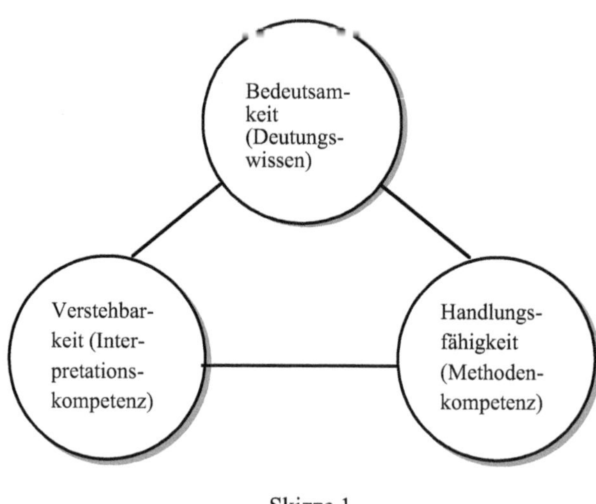

Skizze 1

Bedeutsamkeit

Alle Verhaltensweisen eines Menschen – auch dann, wenn uns diese nicht passen – haben in seiner »Selbstkonstruktion« eine Bedeutung. Voraussetzung für das Erkennen dieser Zusammenhänge ist ein Wissen, das sich Lehrer und Lehrerinnen zusätzlich zu ihrem bisherigen Studium aneignen müssen. Fundgruben zur Wissenserweiterung liegen vor allem in den Nachbarwissenschaften der Psychologie, Psychoanalyse, Psychotherapie, Säuglings-, Bindungs- und Hirnforschung.

Verstehbarkeit
Lehrer und Lehrerinnen müssen sich in der Interpretation bestimmter Schülerverhaltensweisen üben. Sie sollten auch lernen, die emotionale Dynamik, die in einer Klasse herrscht, zu verstehen. Eine wichtige Grundlage für die konstruktive Bearbeitung von belastenden Situationen ist eine hinreichende Interpretationskompetenz. Das Bemühen von Lehrerinnen und Lehrern bei der Lösung von Konflikten ist oft deswegen so erfolglos, weil eine falsche oder unzureichende Interpretation des Gesamtgeschehens vorliegt und weil sich viele nicht klar darüber sind, dass auch ihre erworbenen Bindungsmuster mit allen daran hängenden emotionalen Erlebnissen durch bestimmte Verhaltensweisen ihrer Schüler reaktiviert werden und somit das Gesamtgeschehen beeinflussen. können. Professionell verhält sich ein Lehrer, wenn er sich in die Situation eines Schülers einfühlen kann sich aber nicht in sie verstrikken lässt. Oft inszenieren Kinder in der Schule ihre inneren Probleme. Wenn wir uns nicht in ihre Inszenierungen verstricken lassen, sondern als Regisseure aktiv werden, dann helfen wir ihnen bei der Entwicklung ihres Selbst und ihrer sozialen Kompetenz. Unsere Aufgabe besteht darin, genau wahrzunehmen, was sie in Szene setzen, ihre Handlungen zu interpretieren und selbst Ideen einzubringen.

Beispiel: Ich will die Schule kaufen
Ich hatte mit dem Mathematikunterricht in einer dritten Klasse begonnen, als es an die Klassentür klopft. Nach meiner Aufforderung einzutreten, steht ein Schüler dieser Klasse in der Tür. Er hat sich einen Sakko angezogen, trägt eine Fliege und hält in der Hand einen Aktenkoffer. Er sagt freundlich: »Guten Tag« und fährt fort, er sei Immobilienmakler und wolle die Schule kaufen. Als seine Mitschüler das hören, packen sie ihre Sachen und wollen gehen. Ich interpretiere die Gesamtsituation als eine Inszenierung, schlüpfe innerlich in die Rolle eines Regisseurs und fordere die Schüler auf, zu bleiben, denn die Schule sei noch nicht verkauft. Ich akzeptiere die Situation und lasse mich auf das Ansinnen des Immobilienmaklers ein. Im Gespräch erkläre ich ihm ruhig und schlicht, die Schule sei nicht zu verkaufen. Im übrigen könnte ich sie auch nicht verkaufen, denn sie sei im Besitz der Stadt Göttingen. Ich füge hinzu: »Auch wenn sie mir gehörte, ich würde sie nicht verkaufen.« Auch durch das Winken des Immobilienmaklers mit Spielgeldscheinen lasse ich mich nicht erweichen. Ich bitte ihn, die Realität zu akzeptieren und zu gehen. Das tut er und kommt kurze Zeit später als Schüler in die Klasse zurück. Ich begrüße ihn freundlich und drücke mein Bedauern darüber aus, dass er eine

interessante Situation verpasst habe, da sei eben einer da gewesen, der habe die Schule kaufen wollen. Nun nimmt der Unterricht seinen normalen Verlauf. Ich habe Zeit für erste Interpretationen, komme aber erst am nächsten Tag mit Hilfe des »Immobilienmaklers« einen Schritt weiter. Er fragt mich, ob ich einen Moment für ihn Zeit habe. Dann erzählt er mir, seine Mutter und er würden wieder umziehen, das bedeute für ihn einen erneuten Schulwechsel. Das sei dann schon die 4. Grundschule, die er besuchen müsse. Er legt mir eine Skizze vor, aus der hervorgeht, dass er sich schon an seinem neuen Wohnort umgesehen hat. Er kennt flüchtig einige Jungen und Mädchen, sieht aber keine Möglichkeit zu einer dieser Gruppen einen Zugang zu finden. Darüber reden wir.

Das also war es. Jetzt kann er sein Problem klar benennen. Am Vortag hat er versucht auf einer anderen Ebene seine Situation zu spielen. Er mag fantasiert haben, wenn er im Besitz der Schule sei, so interpretiere ich, dann gehöre sie ihm und er müsse sie nicht verlassen. Ich bin für ihn im Spiel realistisch geblieben und habe ihm somit geholfen, den Bezug zur Realität zu finden. Nun kann ich mit ihm offen über seine Situation sprechen

Mein situatives pädagogisches Handeln orientiert sich an der psychoanalytischen Erkenntnis, dass Kinder ihre Probleme auch in der Schule inszenieren (Leber 1986). Das Beispiel habe ich in einem meiner Bücher in einem größeren Zusammenhang dargestellt und begründet (Gebauer 1996, S. 185ff.)

Handlungsfähigkeit

Bei Fortbildungsveranstaltungen sagen immer wieder Kolleginnen und Kollegen, dass sie sich angesichts permanenter Störungen durch Schüler und durch sich wiederholende Inszenierungen oder Gewaltsituationen hilflos und ohnmächtig fühlen. Damit ist die emotionale Komponente im Bildungsprozess angesprochen. Über 90 % der Befragten geben an, dass sie mit den Verhaltensweisen vieler Kinder nicht mehr zurecht kommen. Hier sehen sie in ihrem beruflichen Bereich den Stressfaktor Nummer 1. Diese Einschätzung wird auch durch unterschiedliche wissenschaftliche Untersuchungen belegt. Eine Chance für diese große Zahl von Lehrern und Lehrerinnen zu einer angemesseneren Handlungsfähigkeit zu kommen liegt primär in der Bearbeitung der eigenen emotionalen Anteile am Misslingen von Unterricht. Dies ist erfolgversprechend über eine gruppendynamische Arbeit möglich. Dabei können unterschiedliche Verfahren genutzt werden. Sie liegt nicht primär in einer verbesserten Diagnostik, einer ausgereifteren Unterrichtsmethodik oder einer außengesteuerten Evaluation.

Emotionale Bildungsprozesse bei Erwachsenen

Die Veränderungsprozesse, die wir bei unseren Schülerinnen und Schülern wahrnahmen, blieben nicht ohne Wirkung auf uns. Oft wurden wir von den Ereignissen überrascht und hatten das Gefühl, ungeschützt in einem emotionalen Regen zu stehen. In der Folgezeit entwickelten wir ein *Netz von Methoden*, die uns nicht nur halfen, die Verhaltensweisen unserer Schüler und Schülerinnen besser zu verstehen, sondern auch unsere Emotionen, die die Schüler durch ihr Verhalten in uns auslösten. So erlangten wir eine größere emotionale Kompetenz. (Gebauer 2000).

Emotionale Kompetenz, Methodenkompetenz und Handlungskompetenz bildeten die Grundlage bei der Fortentwicklung unserer pädagogischen Konzeption. Vor diesem Hintergrund haben wir ein Schulkonzept entwickelt, das neben der fachorientierten Lernspur immer auch die Beziehungs- und die Selbst-Entwicklungs-Spur eines Kindes beachtet. Wir nennen sie *Dreispurpädagogik.*

Im Kern geht es um den Erwerb emotionaler Sicherheit über Angebote von Beziehungssicherheit. Diese wird über bestimmte Methoden ermöglicht (Methodenebene) und auf der Handlungsebene realisiert (vgl. Skizze 2).

Körpererfahrung

Als Alternative zu den oft abrupt ausbrechenden Gewalttätigkeiten ermöglichen wir unseren Schülerinnen und Schülern möglichst einmal in der Woche Ringkämpfe nach Regeln. Gekämpft wird auf einem Weichboden in einem dafür hergerichteten Flur. Die Kinder sollen sich in ihrer Kraft, ihrer nachlassenden Kraft und auch in ihrer Schwäche erleben. Auch den Gegner können sie so erleben. Es wird ihnen nicht die für unser Überleben so dringend erforderliche Aggression weg trainiert, sondern es geht um Selbstwahrnehmung und um Wahrnehmung des anderen. Es werden Nähe-Erfahrungen gemacht. So können körperliche Erfahrung zu einer sozialen Erfahrung werden. Ringkämpfe in der Schule ermöglichen Stärke- und Schwäche-Erfahrungen mit der gesamten Skala emotionaler Gefühle.

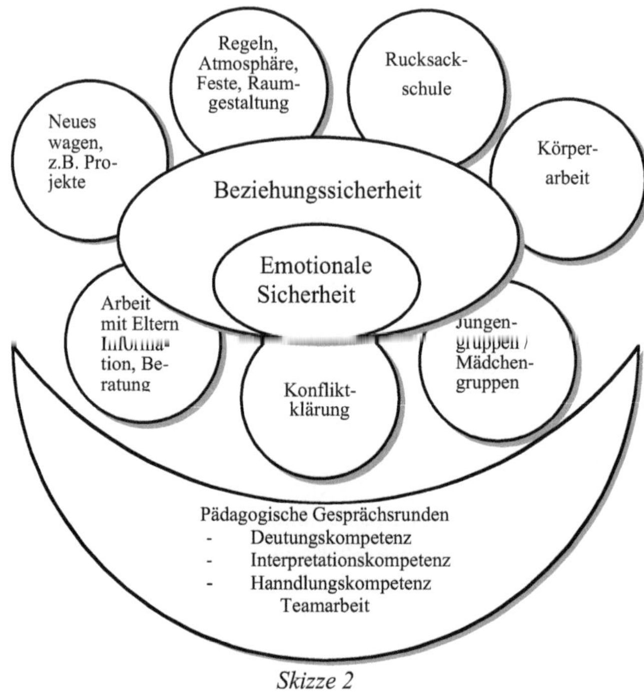

Skizze 2

Aufsuchen außerschulischer Lernorte (Feld, Wald, umliegende Dörfer)
Möglichst einmal im Monat fahren wir mit unseren Schülerinnen und Schülern in den Wald. Keine Wetterlage hält uns davon ab. Wenn wir – wie in einigen Märchen – die Kinder mit dem Hinweis in den Wald schicken, sie dürften sich von uns entfernen, müssten allerdings immer zu uns zurückfinden können, dann bleiben die Kinder, die uns in der Schule durch ihre Gewalttätigkeiten auffallen, meistens ganz in unserer Nähe. Angst und Unsicherheit sind oft Ursachen für Gewalttätigkeiten, das wird hier sehr anschaulich klar.

Arbeit in Jungengruppen mit einem Mann, in Mädchengruppen mit einer Frau
Für Jungen und Mädchen ist dieses Angebot, das wir in einigen Klassen einmal in der Woche machen, in gleicher Weise wichtig. Die Gespräche in den

Jungengruppen drehen sich um Vertauen, Angst, Alpträume, Liebe, Sex, Umweltzerstörung, Krieg.

Die konkrete Arbeit in allen Jungengruppen führte immer dann, wenn es um sexuelle Identität ging, zu großer Unruhe. Danach wurde regelmäßig von den Jungen die Vertrauensfrage gestellt. Vertrauen untereinander und zu ihren Lehrern. Erst wenn die Vertrauensfrage geklärt war, waren sie bereit, über ihre innersten Anliegen zu sprechen. Nach einigen Monaten zeigte sich eine deutliche Kompetenzerweiterung in ihrem Sozialverhalten. Bezogen auf Gewaltprävention bei Jungen heißt das: Zuwendung und Zumutung, die Jungen von einer männlichen Person in Stärke- und Schwächesituationen erleben, sind für Veränderungen sozialer Verhaltensdispositionen von großer Bedeutung. Gewalttätige Auseinandersetzungen nahmen sichtbar ab, die Bereitschaft, in Klärungsgesprächen nach Lösungen zu suchen, wurde stärker. Die Jungen verstanden es mehr und mehr, sich von den Mädchen abzugrenzen. Erst auf der Grundlage neu erworbener Selbstsicherheit suchten sie neue Kontakt zu den Mädchen.

Klärungsdialoge

Gerade Gewaltsituationen machen es erforderlich, immer wieder die inneren und äußeren Abläufe miteinander in Beziehung zu setzen. Meistens werden diese Dialoge nur mit den beteiligten Kindern im Gruppenraum, auf dem Flur, in der Sitzecke des Klassenraumes geführt. Der Lehrer befindet sich mit ihnen auf der Klärungsspur, während sich die übrigen Kinder der Klasse auf der Inhaltsspur befinden, indem sie z. B. Mathematik machen. Hier sind natürlich offene Formen des Unterrichts, bei denen die Kinder Selbstständigkeit und Selbstverantwortung gelernt haben, eine wichtige Grundlage. So können unterschiedliche Tätigkeiten gleichzeitig nebeneinander herlaufen, ohne das dies als etwas besonderes angesehen wird. Innerhalb der Klärungsdialoge ist es wichtig, dass die erwachsene Person eine gefühlsmäßige Nähe zu den Erlebnissen der Kinder hat. Sie sollte nach- und mitfühlen können, und sich gleichzeitig davor hüten, ihre eigenen Affekte unkontrolliert auf die Kinder auszuschütten. Lehrerinnen und Lehrer, die nach Gewaltsituation nicht mit Ärger, Wut oder Hilflosigkeit reagieren, sondern aus einer reflektierten Perspektive handeln, haben eine große Chance, den beteiligten Schülern zu helfen, selbst ihre inneren Turbulenzen unter Kontrolle zu bringen. Im Vordergrund steht dabei immer die Gegenwartssituation. Die in ihr sichtbar werdende Problematik wird über die Rekonstruktion der äußeren Abläufe (Interaktionen) und über die symbolische Darstellung innerer Wahrnehmungen bearbeitet. Gefühle wie Ärger, Wut, Zorn werden in »Messbechern für Gefühle« dargestellt. So lernen Schüler und Schülerinnen konstruktiv mit ihren inneren Turbulenzen umzugehen. Für das Handeln im Außen werden Formen des erfolgreichen Miteinander erprobt und praktiziert.

Beispiel
In einem ersten Schuljahr herrscht eine heitere Atmosphäre. Einige Mädchen malen bunte Girlanden an die Tafel. Die sich ausbreitende Freude hält Tobias nicht aus. Er fährt mit dem Schwamm dazwischen. Als Jessica ihn daran hindern will, schlägt er ihr mit der Hand vor die Brust. Sie taumelt. Ich erwarte von Tobias eine Entschuldigung. Er ist dazu bereit. 10 Minuten später kommt David während einer sehr ruhigen Mathematikstunde zu mir und beschwert sich. Tobias habe ihm eine Ohrfeige gegeben. Auch hier mache ich den untauglichen Versucht, die Situation schnell und damit oberflächlich zu klären. Auch in diesem Fall entschuldigt sich Tobias. Fünf Minuten später ein Aufschrei. Alle Kinder blicken von ihrer Arbeit auf. Tobias hat erneut David eine Ohrfeige gegeben – aus heiterem Himmel. Während David seine Backe hält, deutet Tobias mit verzweifelten Armbewegungen an, er habe dies gar nicht gewollt. Es sei ihm so passiert. Dann hält er sich die Ohren zu.

Erwartungsvolle Stille im Klassenzimmer. Ich fordere Tobias auf, nach der Stunde zu mir in mein Büro zu kommen. Schon während ich dies tue wird mir bewusst, dass ich mich abseits meines pädagogisch-psychologischen Wissens bewege. Zu spät. Aber dann gelingt mir eine innere Bearbeitung der Situation. Ich bitte Tobias zu mir und sage. »Ich möchte das doch mit dir hier klären. Was passiert ist, weiß ich, sag mir bitte, was du in der Situation gefühlt hast.« Ich gehe mit ihm unmittelbar auf die Ebene der Gefühle. »Weiß nicht«, so lautet seine Antwort. »War es eher ein gutes oder ein schlechtes Gefühl?« frage ich. Es sei eher schlecht gewesen, antwortet er. Ich zeichne nun einen Messbecher für sein schlechtes Gefühl. Er füllt ihn zu 80 %. »Als ich dann zu dir gesagt habe, du sollst zu mir in mein Büro kommen, was hast du da gefühlt?« Noch schlechter sei es ihm da gegangen, sagt er. Ich bitte ihn dieses Gefühl in einen zweiten Becher zu malen. Er füllt ihn zu 100 %. Dabei sagt er: »Ruf bitte nicht meine Mutter an, die schlägt mich und mein Vater ist nicht da. Der kommt nicht wieder.« »Guck mal zu David«, fordere ich ihn auf. »Wie mag es ihm gehen?« »Auch schlecht«, sagt er. »Und jetzt ist noch einmal eine Entschuldigung dran!« sage ich. Tobias geht zu David, entschuldigt sich. David nimmt die Entschuldigung an. »Tobias, hier ist noch ein

Messbecher für dich. Male bitte hinein, wie es jetzt mit dem schlechten Gefühl ist.« Tobias füllt den Becher zu 5 %.

Entscheidend für eine erfolgreiche Klärung ist, ob die erwachsene Person dabei den eigenen Gefühlen Beachtung schenkt. Ich wollte in dieser Situation schnell Ruhe haben. Mein primäres Anliegen war auf den Unterricht gerichtet, ein Interesse an einer Klärung der Situation war nicht vorhanden. Als ich mit meinen oberflächlichen Interventionen keinen Erfolg hatte, stellte sich Ärger ein, es folgte eine Drohung. Ich, der mächtige Schulleiter, befahl dem Jungen, anschließend in mein Büro zu kommen. Was war bloß in mich gefahren? Zum Glück bemerkte ich die Unangemessenheit meines Handelns, spürte auch das Aufkommen einer gefühlsmäßigen Nähe zu dem Jungen und fand schließlich eine adäquate sprachliche Aufforderung zu mir an den Tisch zu kommen. Wenn bei der Konfliktklärung auch die emotionalen Anteile Beachtung finden, dann haben die betroffenen Kinder nach erfolgreicher Klärung ein Gefühl von Erleichterung. Die Hilfe, die sie erfahren haben, führt zu Dankbarkeit gegenüber der helfenden Person. Dankbarkeit ist die Grundlage für Vertrauen. Dieses ist wiederum elementarer Bestandteil einer emotional tragenden Beziehung. Klärungsdialoge führen über den Aufbau einer tragenden Beziehung zu einer emotionalen Sicherheit (vgl. Skizze 4).

Bei den Ursachen von Gewalt, die wir in der Schule beobachten, handelt es sich um ein komplexes Zusammenspiel mehrerer Faktoren. Zum Teil resultieren sie aus der konkreten Situation. Ihre Entstehungsgeschichte und die Art der Bearbeitung liegen aber überwiegend in der familiären Erfahrung begründet. Eine Rolle können dabei spielen: Beziehungsproblematiken in den Familien; Abwesenheit der Väter oder ihr Desinteresse an den Erziehungsprozessen ihrer Kinder; unklare Beziehungssituationen in der Familie. Oft fehlt das richtige Maß an Zuwendung und Grenzsetzung in der Erziehung; Umkehrung der Eltern- Kind Rolle; Selbstlosigkeit der Mütter kann ebenso wie übermäßige Autorität der Väter dazu führen, dass Kinder gewalttätig werden; Erfahrene Gewalt führt zu Minderwertigkeitsgefühlen. Ein Muster zur Überwindung der erlittenen Demütigung und zur Tilgung der dabei empfundenen Scham führt zu Gewalttätigkeiten gegenüber Schwächeren oder Außenseitern; In einer vernachlässigenden oder verwöhnenden Erziehung werden Frustrationen nicht angemessen erlebt und bearbeitet. Diese Erfahrungslücke führt in der Folge oft zu Gewalttaten. Übermäßiger Fernsehkonsum mit gewalttätigen und brutalen Szenen.

Bei der Analyse von Gewalttätigkeiten, die in der Schule auftreten, wird eine große Beziehungsunsicherheit und damit verbunden eine starke emotionale Unsicherheit der beteiligten Kinder sichtbar. Beziehungen unter Kindern und ihre Persönlichkeitsentwicklung gehören in der Pädagogik der Gegenwart leider zu einer vernachlässigten Dimension.

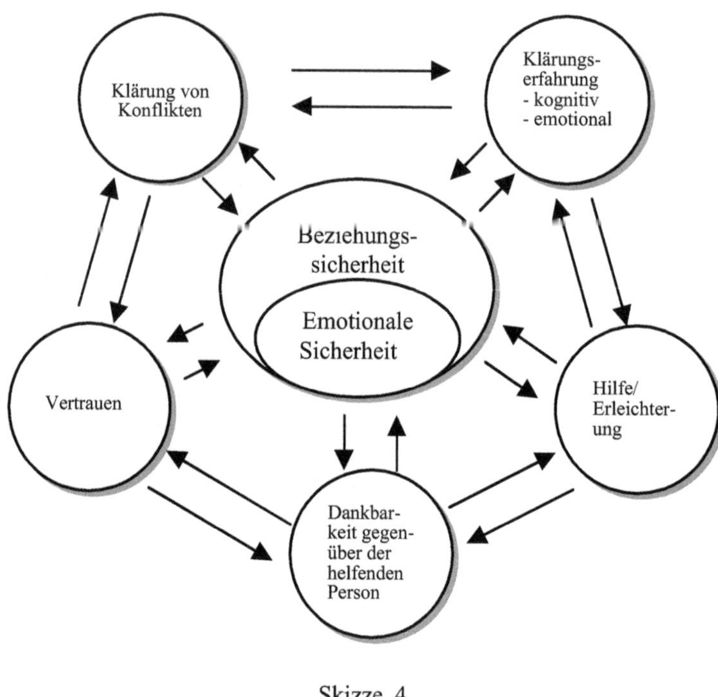

Skizze 4

4. Erwerb einer emotionalen Kompetenz für die Arbeit in der Schule

Viele Lehrerinnen und Lehrer empfinden den Umgang mit Kindern, die gewalttätig werden, als besonders schwer und belastend. Sie können sich weder das Verhalten der Kinder erklären noch verfügen sie über angemessene Strategien des Umgangs mit auffälligen Kindern. In der aktuellen pädagogischen Diskussion sollte es darum gehen, wie Lehrer und Lehrerinnen im Rahmen ihrer Tätigkeit Beziehungsarbeit unter Berücksichtigung der emotionalen Gestimmtheit leisten können. Emotionen wahrnehmen, benennen, bearbeiten, ihre Veränderung wahrnehmen, die darin liegende Selbstwirksamkeit erfahren, darum geht es.

Emotionen sind die ständigen Begleiter unserer Beziehungen. In Konfliktsituationen werden Beziehungsprobleme sichtbar und mit ihnen die sie begleitenden Emotionen. Wenn in der Schule Konflikte bearbeitet werden, dann geht es immer um Beziehungsarbeit und um Arbeit mit und an den Emotionen.

Emotionales Lernen ist kein isoliertes Ereignis, das über den Einsatz von bestimmten Materialien trainiert werden kann. Es ist eingebettet in die unterschiedlichen Situationen und findet in einem ganzheitlichen Zusammenhang statt. So geht es bei der Klärung von Konflikten nicht nur um die Rekonstruktion der äußeren Ereignisse, sondern auch um die Wahrnehmung der emotionalen Anteile. Es geht um ein tieferes Verstehen und um das Erkennen von Zusammenhängen des Handelns im individuellen Kontext eines Menschen und im sozialen Zusammenhang des Systems Schulklasse.

Eine wichtige Voraussetzung für die konstruktive Bearbeitung von emotionalen Problemen ist die *eigene Affektarbeit der Erwachsenen.* Die emotionale Souveränität, die Lehrer bei der Klärung von Konflikten ausstrahlen, wirkt sich positiv auf die Wahrnehmungs- und Verarbeitungsprozesse der Schüler und Schülerinnen aus. Zu ihren bisherigen Erfahrungen kommen neue Verarbeitungsmöglichkeiten hinzu.

Auffällige Gesten und Verhaltensweisen sind Botschaften, oft lebenswichtige Signale der Kinder, hinter denen sich ernstzunehmende Probleme verbergen. Oft werden diese Kinder nicht verstanden. Sie müssen nun stärker mit sich selbst kommunizieren und ziehen sich in ihre innere Welt zurück. In der Folge können sie sich nicht mehr angemessen auf Lerninhalte konzentrieren. Es entstehen Lernlücken. In vielen Fällen entwickeln sich Lernstörungen. Manche Kinder bringen ihre Lebensprobleme verstärkt in der Außenwelt zur Darstellung. Sie werden unruhig und oft auch aggressiv. Da sie nicht verstanden werden, sich auch nicht verstanden fühlen, müssen sie zu immer stärkeren Mitteln der Darstellung ihrer emotionalen Unsicherheit greifen.

Mit ihrem Verhalten lösen sie bei Lehrkräften und Eltern Gefühle wie Hilflosigkeit und Wut aus. Diese spontan auftretenden Gefühle bei Lehrerinnen/Lehrern in einer kritischen Situation (zum Beispiel bei der Demütigung eines Schülers oder einer Schülerin durch Mitschüler) sind Ausdruck einer funktionierenden Emotionalität. Nun kommt es in der pädagogischen Situation auf angemessenes Handeln an. Darin zeigt sich unsere Professionalität.

Wir handeln professionell, wenn wir unsere Gefühle nicht nur zulassen, sondern sie als Ausdruck unserer Einfühlungsfähigkeit (Empathie) annehmen und schätzen lernen. Gefühle öffnen Zugänge zur Welt desjenigen, der sie in uns auslöst. Damit dies gelingt, braucht es das Element der Reflexion. Leider haben wir das Zusammenspiel von Emotion, Ratio und Handlung im Rahmen unserer Aus- und Fortbildung nicht oder in nicht ausreichendem Maße gelernt. Viele von uns fürchten sich auch vor der Betrachtung der eigenen Emotionen im pädagogischen Prozess. Dabei stellen unsere Emotionen, als wesentlicher Teil unserer Persönlichkeit, die entscheidende Öffnung zum Verstehen unserer Schüler dar. Dazu braucht es Kommunikationsfähigkeit, die wiederum angewiesen ist auf ein gewisses Maß an Empathie.

Spontanes Handeln erfolgt in kritischen Situationen oft ohne ausreichende Reflexion. Diese muss aber hinzukommen, wenn wir erfolgreich sein wollen. Sollten uns Fehler unterlaufen, können wir sie in der Regel wieder gut machen. Erfolgreiche Formen der Konfliktklärung scheinen nicht möglich zu sein ohne die Komponenten der wohlwollenden Zuwendung (hier muss man sich kritisch prüfen) und der realitätsvermittelnden Anregung (kognitiver Aspekt) zu einer Problembearbeitung. Schon in der Motivation, sich mit Konflikten zu beschäftigen oder sie abzutun, sind Lösungen oder Nicht-Lösungen vorgegeben. Aus einer durch Ablehnung des Schülers gekennzeichneten Haltung, was auch immer passiert sein mag, kann man nicht erfolgreich handeln. Diese Handlungskompetenz können wir lernen, indem wir zum Beispiel direkt oder unmittelbar im Anschluss an eine Konfliktsituation nicht nur das Verhalten der Schüler, sondern auch das eigene Verhalten mit den Aspekten der beteiligten Emotionen betrachten. Dabei können Rollenspiele eine große Hilfe sein. Das Erlernen dieser Fähigkeit beansprucht in der Anfangsphase viel Zeit und Geduld. Mit zunehmender Kompetenz hat es sich als spontanes Handlungspotenzial etabliert. In der Regel können wir dann Konflikte relativ schnell und auch erfolgreich klären. Die Kinder und wir werden durch unser Verhalten immer sicherer. So erhalten wir uns unsere Energie, die sonst durch unbefriedigende Klärungsformen abgezogen wird.

Eine Konfliktsituation löst in der breiten Palette unserer Emotionen ein bestimmtes Gefühl aus. Unser spontanes Handeln folgt oft in Bruchteilen von Sekunden diesem emotionalen Impuls. Die Erfahrung könnte uns lehren, wenn wir nur genügend kritisch wären, dass wir damit nur selten erfolgreich sind.

Professionelles Handeln zeichnet sich dadurch aus, dass wir um diesen Sachverhalten wissen und deswegen über Übungsformen versuchen, entsprechende Fehlverhaltensweisen möglichst auszuschließen oder doch gering zu halten.

Wer sich scheut, sein emotional beeinflusstes Handeln mit einer kritischen Selbstreflexion zu verbinden, hat kaum Aussicht auf erfolgreiche Interaktionen mit seinen Schülerinnen und Schülern.

Es könnte sich herausstellen, dass letztlich Schüler und Schülerinnen durch ihr hohes emotionales Potenzial, das besonders in Konfliktsituationen erlebbar wird, uns, ihren Lehrerinnen und Lehrern, quantitativ und qualitativ weit überlegen sind. Das bedeutet, dass der einzelnen Lehrer sich seiner Emotionen sehr sicher sein sollte, damit er im Umgang mit seinen Schülern den emotionalen Interaktionen gewachsen ist. Dies nehmen viele Lehrkräfte auf die leicht Schulter. Sie geraten in Stress mit den bekannten Folgen.

Die Professionalität zeichnet sich aber nicht nur dadurch aus, dass ein Lehrer dem Tanz der Emotionen gewachsen ist, er müsste selbst seinen Schülerinnen und Schülern eine emotional tragende Beziehung anbieten können, damit der Tanz auch einen guten Abschluss findet.

Landschaft der Gefühle

Lehrer und Lehrerinnen haben im Rahmen ihrer Ausbildung diese Kompetenzen oft nicht erworben. Es ist daher notwendig vor dem Hintergrund der Alltagserfahrungen über bestimmte Methoden einen Zugang zum Lernfeld »Emotionale Kompetenz« zu schaffen.

Beispiel 1

Ich lege auf dem Boden 6 Seile aus, bezeichne sie als Hauptwege einer Landschaft der Gefühle und gebe ihnen die Namen: Freude, Interesse, Angst, Trauer, Wut Desinteresse. Dann füge ich zu jedem Hauptweg potenzielle Seitenwege (vgl. Skizze 5).

Ich halte andere Formen dieser An- und Zuordnung für denkbar. Entscheidend ist in unserem Zusammenhang, dass überhaupt der Versuch gemacht wird, emotionale Erlebnisse aus dem Schulalltag emotional wahrzunehmen, zu benennen und zu bearbeiten. Die Teilnehmer werden nun zum Beispiel gebeten, eine Gewaltsituation unter Schülern zu erinnern. Die Sätze könnten lauten: »Erinnern Sie bitte eine Situation, in der Schüler untereinander gewalttätig wurden. Was haben Sie gesehen? Hören Sie einzelne Sätze oder Wörter? Sehen Sie das Gesicht eines Kindes? Wo befanden Sie sich in der Situation? Was haben Sie getan? Was haben Sie gefühlt? Vielleicht waren es mehrere und auch unterschiedliche Gefühle. Geben Sie dem Gefühl, das sich am stärksten nach außen drängt einen Namen. Sagen Sie für sich den inneren Satz: ›In der Situation habe ich mich ...gefühlt.‹ Halten Sie dieses Gefühl fest, auch dann, wenn es unangenehm sein sollte. Verorten Sie bitte nun Ihr Gefühl in der Landschaft der Gefühle. Stellen Sie sich bitte auf den Haupt- oder einen seiner Seitenwege, der Ihr Gefühl beschreibt.« Die Teilnehmer gehen nun real in die Landschaft der Gefühle und verorten ihr Gefühl. In der Regel stehen die meisten Teilnehmer auf den Hauptwegen Wut, Angst und Trauer. Ich bitte nun einige darum, nicht die Geschichte zu erzählen, die sie erlebt haben, sondern meinen Satz: »Ich stehe hier, weil...« zu ergänzen. Alle Teilnehmer sehen und hören nun, wie sie selbst und die anderen Gewaltsituationen emotional erleben. Diese Übung ist sehr eindrucksvoll. Anschließend ist es möglich, über andere Methoden (Gebauer 2000a) an diesen Gefühlen zu arbeiten. So ist es möglich, zum Beispiel über Rollenspiele auf den Weg des Interesses zu kommen und damit eine reale Bewältigungsmöglichkeit der als unangenehm erlebten Situation zu kommen.

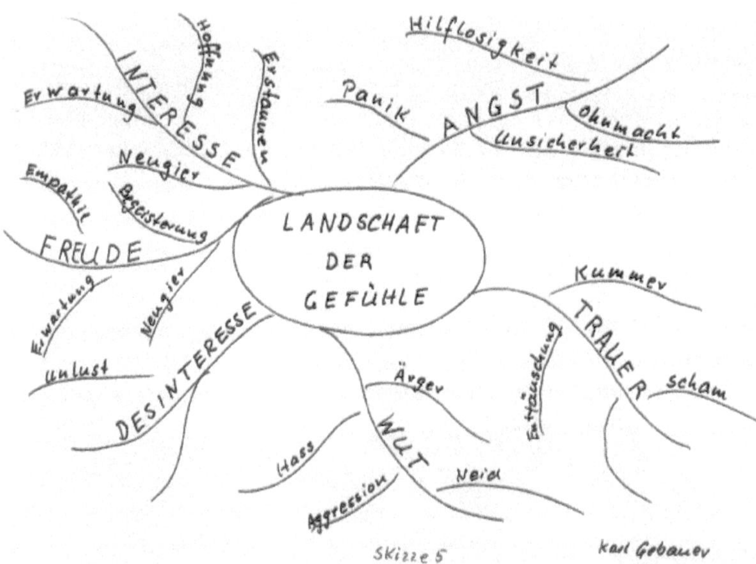

Beispiel 2

Gelegentlich bitte ich die Kinder ein kleines Bild zu malen, auf dem sie darstellen, wie sie sich fühlen. Wenn ich alle Bilder, die auf diese Weise entstehen, nebeneinander lege, habe ich so etwas wie eine Gefühlslandschaft. Ich kann mir ein Bild davon machen, welche Gefühle an diesem Tag das Leben in der Klasse bestimmt haben. Tim sagt zu seinem Bild: »Ich könnte einen umbringen. So fühle ich mich.« Wochen später sagt er zu einem andern Bild: »Da steht einer am Fenster und will runterspringen. Er will das nicht. Da drüber steht einer, der schreit: ›Lass das‹« (Gebauer 2002, Tafel 3). Gibt seine erste Gefühlsdarstellung einen Hinweis auf starke Aggressionen, die sich gegen einen anderen richten könnten, so bezieht er sich in einer nachfolgenden Darstellung auf sich selbst. Natürlich muss man solche Erkenntnisse zum Ausgangspunkt für Gespräche mit den Eltern nehmen, was wir im vorliegenden Fall auch getan haben. Sind viele oder gar alle Kinder einer Klasse bereit, ein Bild ihres augenblicklichen Gefühls zu malen und es dem Lehrer zu geben, dann kann er zum Beispiel am Nachmittag diese Bilder nach bestimmten Kriterien anordnen und erhält auf diese Weise eine Landschaft der Gefühle, wie sie sich in dieser Situation in seiner Klasse darstellen.

4. Rückblick und Ausblick

Ich habe versucht darzustellen, auf welche Weise das Kollegium der Leinebergschule, deren Schulleiter ich 25 Jahre lang war, die Veränderungen im Schülerverhalten als Herausforderung angenommen hat. Handlungskompetenz war vor allem durch Einbeziehung von Ergebnissen aus der Säuglings- und Bindungsforschung und unter Berücksichtigung psychoanalytischer Studien und den Erfahrungen verschiedener Therapieformen möglich. So kam es im Verlauf interner und externer Weiterqualifikation zu Veränderungen auf der Handlungsebene. Damit verbunden war eine Kompetenzerweiterung auf der reflektierenden Methodenebene. Es kam auch zur Erfindung neuer Methoden. Deutlich wurde, dass es einer emotionalen Kompetenz bedurfte, wenn wir untereinander und im Umgang mit unseren Schülerinnen und Schülern erfolgreich sein wollten. Am Ende dieses Prozesses halte ich Aspekte eines kompetenten Lehrerverhaltens fest:

Kompetentes Verhalten zeigen Lehrerinnen und Lehrer, die ihren Schülerinnen und Schülern eine emotional tragende Beziehung anbieten. Sie ziehen den Beziehungsfaden in ihre Überlegungen mit ein und reflektieren ihre Arbeit nicht nur unter didaktisch-methodischen Gesichtspunkten. Beziehungen sind konstruktiv, wenn sie eine zugewandte emotionale Komponente haben. Voraussetzung dafür ist das Wahrnehmen eigener Gefühle im Wechselspiel mit denen anderer Menschen.

Kompetente Lehrerinnen und Lehrer verfügen über Deutungswissen und Interpretationsverfahren. So können sie individuelle und gruppendynamische Verhaltensweisen ihrer Schülerinnen und Schüler verstehen und angemessen handeln.

Sie können ihre eigenen Kräfte richtig einschätzen und sich somit auch vor Überforderung schützen. Sie verfügen mindestens über Strategien eines erfolgreichen Umgangs mit Stresssituationen.

Ihre Kompetenz zeigen Lehrerinnen und Lehrer nicht nur in der Umsetzung des Bildungsauftrages der Schule. Sie können sich auch gegenüber anderen Arbeitsfeldern abgrenzen und zur Wehr setzen gegenüber ungerechtfertigten Angriffen von Eltern, Journalisten und Politikern. Versagen in Erziehungs- und Bildungsaufgaben muss dort bearbeitet werden, wo es entsteht und darf nicht auf jeweils andere projiziert werden.

Kompetentes Lehrerverhalten zeigt sich vor allem in der Wahrnehmung und Analyse von Verhaltensweisen, die aus frühkindlichen Bindungsmustern resultieren. So ist es möglich, dass sich Lehrkräfte nicht in die Inszenierungen ihrer Schüler und Schülerinnen verstricken lassen. Sie gehen konstruktiv mit Verhaltensweisen um, die aus unsicheren Bindungsmustern entstehen. So eröffnen sie ihren Schülerinnen und Schülern eine Chance, emotionale Sicherheit zu erwerben.

Sie regen das Lern- und Sozialverhalten ihrer Schülerinnen und Schüler nicht nur an, sie sind auch Unterstützer und Berater. Die Ergebnisse ihrer Arbeit halten sie fest. Sie stehen einer internen und externe Evaluation ihrer Arbeit positiv gegenüber.

Kompetente Lehrkräfte wissen, dass sie nicht nur Vermittler von Lerninhalten sind, sondern dass ihr Verhalten in den unterschiedlichsten Situationen Vorbildcharakter hat. Damit werden sie selbst in ihrem emotionalen, sozialen und kognitiven Habitus zum Inhalt von Lernprozessen.

Kompetente Lehrkräfte befinden sich in einem lebenslangen Lernprozess. Sie praktizieren Teamarbeit. Sie wissen und beherzigen, dass ein Gelingen ihrer komplexen Arbeit nur möglich ist, wenn sie sich den Zugang zu ihren Gefühlen offen halten. Sie wissen und beachten, dass emotionale Kompetenz das Fundament erfolgreicher Lernprozesse ist.

Literatur

Antonovsky, A. (1998): Vertrauen, das gesund erhält. Warum Menschen dem Stress trotzen. In: Psychologie heute (Heft 2), 51-58.

Baumert, J. u. a. (2001): PISA 2000, Basiskompetenzen von Schülerinnen und Schülern im internationalen Vergleich. Opladen (Leske & Budrich).

Braun, A.K. (2001): Die Bedeutung der Umwelt für die Entwicklung des kindlichen Gehirns. In: frühe Kindheit. Zeitschrift der deutschen Liga für das Kind. (Heft 4).

Brisch, K.H. (1999).: Bindungsstörungen. Von der Bindungstheorie zur Therapie. Stuttgart (Klett-Cotta).

Brügelmann, H., Heymann, H.W. (2000): PISA 2000: Befunde, Deutungen, Folgerungen. In: Pädagogik (Heft 3).

Ciompi, L. (1997): Die emotionalen Grundlagen des Denkens. Göttingen (Vandenhoeck & Ruprecht).

Deutsche Shell (Hg.) (2002): Jugend 2002. Frankfurt/M. (Fischer).

Dornes, M. (2000): Die emotionale Welt des Kindes. Frankfurt/M. (Fischer).

Gebauer, K. u. a. (1991): Was ist bloß mit den Kindern los? In: Grundschulzeitschrift (Heft 11).

Gebauer, K. (1996): »Ich hab sie ja nur leicht gewürgt.« Mit Schulkindern über Gewalt reden. Stuttgart (Klett-Cotta).

Gebauer, K. (1997): Turbulenzen im Klassenzimmer. Emotionales Lernen in der Schule. Stuttgart (Klett-Cotta).

Gebauer, K. (2000a): Stress bei Lehrern. Probleme im Schulalltag bewältigen. Stuttgart (Klett-Cotta).

Gebauer, K. (2000b): Wenn Kinder auffällig werden – Perspektiven für ratlose Eltern. Düsseldorf (Walter Verlag).

Gebauer K., Hüther, G. (Hg.) (2001): Kinder brauchen Wurzeln. Neue Perspektiven für eine gelingende Entwicklung. Düsseldorf (Walter Verlag).

Gebauer, K., Hüther, G. (2002): Kinder suchen Orientierung. Anregungen für eine sinn-stiftende Erziehung. Düsseldorf (Walter Verlag).

Hilgers, M. (1997): Scham. Gesichter eines Affekts. Göttingen (Vandenhoeck & Ruprecht).

Hüther, G. (1997): Biologie der Angst. Wie aus Stress Gefühle werden. Göttingen (Vandenhoeck & Ruprecht).

Hüther, G. (2001): Bedienungsanleitung für ein menschliches Gehirn. Göttingen (Vandenhoeck & Ruprecht).

Hüther, G., Bonney, H. (2002): Neues vom Zappelphilipp. Düsseldorf (Walter Verlag).
Leber, A. (1986): Psychoanalyse im pädagogischen Alltag. Vom szenischen Verstehen zum Handeln im Unterricht. In: Westermanns Pädagogische Beiträge (Heft 11), S. 26-32.
Ledoux, J. (1998): Das Netz der Gefühle. Wie Emotionen entstehen. München, Wien (Hanser Verlag).
Papousek, M. (2001): Die Rolle des Spiels für die Selbstentwicklung des Kindes. In: frühe Kindheit. Zeitschrift der deutschen Liga für das Kind (Heft 4).
Schaarschmidt, U., Fischer, A.W. (2001): Bewältigungsmuster im Beruf. Göttingen (Vandenhoeck & Ruprecht).

Wilfried Datler

Erleben, Beschreiben und Verstehen: Vom Nachdenken über Gefühle im Dienst der Entfaltung von pädagogischer Professionalität

1. Zur Einleitung: Frau A. hat Schwierigkeiten mit ihrem »Schüler« Peter

Frau A. fühlt sich wie gelähmt: Sie ist ausgebildete Kindergärtnerin, studiert zur Zeit Pädagogik mit einer deutlichen Schwerpunktsetzung im Bereich der Sonder- und Heilpädagogik und arbeitet überdies als »Kulturtechniklehrerin« einige Stunden pro Woche in einer Behindertenwerkstätte. Dort soll sie »Klienten« im Einzelunterricht oder paarweise im Lesen, Schreiben und Rechnen fördern. Zu ihren erwachsenen Schülern zählt auch der achtzehnjährige Peter.

Peter kennt die Buchstaben, ohne zusammenhängend lesen zu können, und rechnet bis 30. Er kommt so wie die anderen »Klienten«, mit denen Frau A. zu tun hat, ein Mal pro Woche für eine Stunde »zur Schule« – wie es im Jargon der Männer und Frauen heißt, die in der Behindertenwerkstätte arbeiten und betreut werden. Und genau diese Stunden mit Peter machen Frau A. zu schaffen:

> Peter macht Frau A. immer wieder *ratlos*, weil er mit den Übungsbeispielen und Aufgaben, die er von Frau A. erhält, sehr oft unzufrieden ist. Entweder klagt er darüber, dass die Übungsbeispiele und Aufgaben zu einfach sind, oder er beschwert sich darüber, dass sie zu schwierig wären. Erlebt er sie als zu schwierig, so ist Peter nicht in der Lage, genauer anzugeben, womit er Schwierigkeiten hat: Peter spricht dann in allgemeiner Form davon, dass er sich nicht konzentrieren könne oder dass Frau A. in ihrem Vorgehen zu schnell wäre.
>
> Peter macht Frau A. überdies immer wieder *wütend*: Er wirkt auf sie unmotiviert und in seinem Auftreten herablassend und machoartig. Das findet Frau A. unangenehm-provokant, ohne auch nur in Ansätzen zu wissen, wie sie Peter in solchen Situationen anders als bisher begegnen könnte.

Als Frau A. dann von konkreten Szenen in einem Seminar berichtet, das über mehrere Wochen hindurch einem Konzept folgt, von dem noch die Rede sein wird, vermittelt sie wiederholt den Eindruck, unter Druck zu stehen und auf der Stelle zu treten. Ihren Darstellungen ist Folgendes zu entnehmen:

> Frau A. hat nicht den Eindruck, in ihrer Arbeit mit Peter pädagogisch hilfreich zu sein; und sie hat auch keine präzise Vorstellung davon, wie sie ihre Rolle als Kulturtechniklehrerin in der unmittelbaren Arbeit mit Peter in pädagogisch sinnvoller Weise begreifen und gestalten kann.
> Frau A. ringt mit der Frage, wie die Dynamik des Beziehungsgeschehens, das sich zwischen Peter und ihr etabliert hat, zu verstehen ist. Und sie findet keinen rechten Ansatzpunkt, von dem aus sie über die Bedeutung, die dieses Beziehungsgeschehen für alle Beteiligten haben mag, differenziert nachzudenken vermag.
> Zugleich ist Frau A. der Überzeugung, dass solch ein Verstehen und Nachdenken dringend nötig ist, um gezielt den Schwierigkeiten begegnen zu können, in denen sie steckt – und um auf diesem Weg zu einem sinnvolleren Wahrnehmen ihrer Aufgaben und der Situationen zu kommen, in die sie mit Peter immer wieder gerät.

Demgemäss sucht Frau A. in dreifacher Hinsicht Unterstützung: Sie sucht nach Möglichkeiten, die es ihr erlauben, zu einer differenzierteren Sicht des Beziehungsgeschehens zwischen ihrer Person und ihrem »Schüler« Peter zu gelangen. Sie sucht nach Hilfen, die es ihr erlauben, differenzierter wahrzunehmen und zu verstehen; mögliche Alternativen der Beziehungsgestaltung zu entwickeln; und solche Alternativen auch zu realisieren.

2. Ein kritischer Blick in die aktuelle Professionalisierungsdebatte

Die Frage, wie solch eine Unterstützung gegeben werden kann, verweist auf einige zentrale Punkte der Diskussion, die zur Zeit von Repräsentanten der erziehungswissenschaftlichen Professionalisierungsforschung geführt wird. Ein Blick in das erste Heft des 48. Jahrgangs der Zeitschrift für Pädagogik (2002) zeigt in diesem Zusammenhang, dass weite Bereiche dieser aktuellen Professionalisierungsdebatte der Frage gewidmet sind, in welcher Weise das *Nachdenken* über Praxis dann auch tatsächlich in die *konkrete Gestaltung* von

Praxis einfließen kann. Den ersten vier Beiträgen des erwähnten Heftes ist zu entnehmen, dass die angesprochene Thematik vor allem in jenen Auseinandersetzungen, die von Schule und Schulpädagogik handeln, gemeinhin als ein Problem von Wissen und Können dargestellt und in folgende doppelte Frage gebracht wird: Welches Wissen benötigen Pädagoginnen und Pädagogen, damit sie professionell handeln können? Und welcher Schritte bedarf es, damit Pädagoginnen und Pädagogen »in der Praxis« ihrem Wissen gemäß auch tatsächlich handeln?

Diese Debatte ist seit geraumer Zeit von der ernüchternden Einsicht geprägt, dass die Differenz zwischen »Wissen und Können« beziehungsweise zwischen »Wissen und Handeln« im Regelfall markanter zu Tage tritt, als gemeinhin gehofft und angenommen wird: Pädagoginnen und Pädagogen, die sich – mitunter durchaus differenzierte – Kenntnisse über bestimmte Theorien angeeignet haben und sich auch vornehmen, diesen Theorien gemäß zu arbeiten, handeln »in der Praxis« nur zu oft in einer Weise, die von diesen Theorien und Vorhaben (oft empfindlich) abweicht. Um dieser Spannung gerecht zu werden, wird dann in Anknüpfung an Polanyi (1966) etwa davon gesprochen, dass sich Menschen in ihren Praxisvollzügen nicht so sehr an »explizitem, bewusst repräsentiertem Wissen« orientieren, sondern an »implizitem Wissen«, das man sich nicht durch Lektüre und den Besuch von Vorlesungen, sondern bloß erfahrungsgestützt aneignen kann. Eine ähnliche Stossrichtung verfolgt Schön (1983, S. 49), wenn er davon spricht, dass sich professionell Handelnde über weite Strecken an implizitem Wissen orientieren, dem Angehörige einer Profession im Regelfall »unausgesprochen« folgen. Zum Prozess der Ausbildung von Professionalität gehöre demnach in Anlehnung an Steinhardt (2003) der Erwerb von professionstypischen Konfigurationen von »implizitem Wissen«, dem dann »in der Praxis« unmittelbar handlungsleitende Bedeutung zukommen kann.

Profunde Darstellungen dieser Diskussionen finden sich bei Neuweg (1999, 2000, 2002) und Altrichter (2000). Doch so differenziert die Positionen, die diesen Diskussionen zugrunde liegen, auch nachgezeichnet und mit weiterführenden Überlegungen angereichert werden – solange das Hauptaugenmerk auf die Bedeutung von implizitem und explizitem *Wissen* gerichtet wird, solange verbleiben diese Diskussionen in den Grenzen des Nachdenkens über den Zusammenhang zwischen *Wissen* und Können bzw. *Wissen* und Handeln.

Unberücksichtigt bleibt dabei ein Aspekt, mit dem sich insbesondere psychoanalytisches Denken in seiner Auseinandersetzung mit der Frage nach den entscheidenden Gründen menschlicher Praxisgestaltung immer schon befasst hat: der Aspekt des Erlebens. Ich möchte im Folgenden (a) am Beispiel der Arbeitssituation von Frau A. die Aufmerksamkeit darauf richten, welche Bedeutung Gefühle für das Erleben und in der Folge für das konkrete Zustandekommen von pädagogischen Beziehungsprozessen haben; werde in Verbindung damit (b) eine bestimmte Form von Praxisbeschreibung und Praxisreflexion vorstellen, in deren Zentrum das Bemühen steht, zur emotionalen Bedeutung bestimmter Beziehungsprozesse Zugang zu finden; und möchte (c) einige knappe Bemerkungen zur Frage machen, was unter pädagogischer Professionalität zu verstehen ist und weshalb es problematisch ist zu meinen, in einschlägigen Ausbildungsgängen, die auf die Ausbildung von pädagogischer Professionalität abzielen, könnte in einer ersten Phase auf die Reflexion von Praxis ohne größere Bedenken verzichtet werden. Gliedern werde ich meine weiteren Ausführungen in ein umfangreicheres drittes und ein schmäleres viertes Kapitel.

3. Die psychoanalytische Frage nach der Bedeutung von Gefühlen für pädagogische Beziehungsprozesse

Frau A. ist ein Beispiel für die These, dass sich zumindest »explizites Wissen« nicht unmittelbar in Können niederschlägt: Frau A. befindet sich in ihrem Studium im zweiten Studienabschnitt; sie hat zahlreiche Vorlesungen und Seminare besucht, die sich mit pädagogischer Praxisgestaltung, psychoanalytisch-pädagogischem Verstehen und Praxisreflexion befassten; und ihr Engagement ist ebenso überdurchschnittlich wie die Noten, die sie auf ihre Prüfungen und Seminararbeiten bislang erhalten hat. Dennoch gelingt es ihr zunächst nicht, über ihre eigene Praxissituation im Sinne der angeeigneten Theorien so nachzudenken, dass sie sich selbst neue Wege des Verstehens und der Praxisgestaltung eröffnen könnte.

Dies mag durchaus damit zusammenzuhängen, dass in den Situationen des Zusammenseins mit Peter jene praxisleitenden Momente des Interpretierens, Bewertens oder Entscheidens stärker zum Tragen kommen, die dem »impliziten Wissen« von Frau A. zuzurechnen sind; denn Elemente des »impliziten Wissens« können im Vergleich zu den Inhalten des »expliziten Wissens« nur mit großer Anstrengung ausgemacht, überdacht und modifiziert werden.

Vor dem Hintergrund psychoanalytisch-pädagogischer Theoriebildung ist darüber hinaus davon auszugehen, dass Beziehungsprozesse wie jene, von denen Frau A. berichtet, nur dann angemessen verstanden werden können, wenn nach dem Erleben jener Menschen gefragt wird, die in diese Beziehungen und somit auch in einzelne Prozesse der Beziehungsgestaltung eingebunden sind. Auszugehen wäre demnach davon, dass die Schwierigkeiten, in denen Frau A. steckt, auf das Engste mit der Art und Weise zusammenhängen, in der zumindest Frau A. und Peter die Situationen des Zusammenkommens und Zusammenarbeitens erleben. Und in Verbindung damit ist anzunehmen, dass es Frau A. aufgrund dieses Erlebens auch schwer fällt, über die Beziehungsdynamik, von der sie erzählt, so nachzudenken, dass sich für sie ebenso neue wie hilfreiche Perspektiven des Verstehens und Handelns eröffnen.

3.1 Über die Allgegenwärtigkeit von Gefühlen und den Stellenwert der Affektregulation

Die Bedeutung, die aus psychoanalytisch-pädagogischer Sicht dem Bereich des Erlebens beigemessen wird, hängt mit folgenden Annahmen zusammen:

(1.) Gefühle sind allgegenwärtig: Es gibt keine Zeitpunkte in unserem Leben, in denen wir völlig frei von Emotionen wären. Gefühle verspüren wir folglich auch in allen Situationen, in denen wir mit anderen Menschen zu tun haben.

(2.) Diese Gefühle stehen mit sinnlichem Wahrnehmen und Denken in einem Verhältnis der Interdependenz: Unsere sinnlichen Wahrnehmungen und unser Denken beeinflussen die Intensität, die Qualität und den Verlauf unserer Gefühle. Doch nehmen unsere Gefühle auch Einfluss auf unser Wahrnehmen und Denken. Das bedeutet, dass es von unseren Gefühlen mit abhängt, wie wir bestimmte Gegebenheiten interpretieren, woran wir uns erinnern, was wir erwarten oder befürchten und welche bewussten und unbewussten Entscheidungen wir in Hinblick auf unser Verhalten treffen. In diesem Zusammenhang nehmen unsere Gefühle auch Einfluss darauf, was uns an anderen Menschen auffällt, was uns im Zusammensein mit anderen Menschen innerlich beschäftigt und welche Folgen einzelne Beziehungen zu anderen Menschen nach sich ziehen.

(3.) Nehmen wir an, dass Schüler einem ihrer Lehrer Neugier und Interesse entgegenbringen. Und nehmen wir weiter an, dass den Schülern deutlich auffällt, dass dieser Lehrer über Kenntnisse und Fähigkeiten verfügt, die sie selbst gerne hätten, im Moment aber nicht haben. Das kann in Anlehnung an Salzberger-Wittenberg (1970, S. 138ff; 1987, S. 48) Gefühle des Neides in Verbindung mit dem Gefühl der Bewunderung wecken und zur Folge haben, dass sich manche Schüler darum bemühen, ihrem Lehrer nachzueifern und von ihm zu lernen. Wenn andere Schüler aber schmerzlichere, kaum erträgliche Gefühle des Neides und vielleicht auch Gefühle der Entmutigung empfinden, können sie dazu neigen, jene Kenntnisse und Fähigkeiten, um die sie den Lehrer beneiden, abzuwerten und sich in Verbindung damit auch gar nicht bemühen, das, was ihnen der Lehrer nahe zu bringen versucht, in sich aufzunehmen – was sie davor schützen könnte, Gefühle des Neides und der Entmutigung allzu stark und heftig zu verspüren.

In diesem Sinn nehmen Gefühle von Heranwachsenden auch auf den Erfolg pädagogischer Bemühungen maßgeblichen Einfluss; so wie umgekehrt Gefühle, die auf Seiten von Lehrenden oder Erziehungsverantwortlichen verspürt werden, auch Einfluss auf die Art und Weise haben, wie sie pädagogische Aufgaben wahrnehmen und verfolgen.

Hat abwertendes Schülerverhalten – um im holzschnittartig vereinfachten Beispiel zu bleiben – etwa zur Folge, dass sich Lehrer gekränkt fühlen und das Verlangen verspüren, sich zu rächen, so können sich Lehrer etwa dazu gedrängt fühlen, ihren Schülern auch ihrerseits feindselig zu begegnen und sie schmerzlich spüren zu lassen, wie abhängig Schüler in vielerlei Hinsicht vom Wohlwollen ihrer Lehrer sind. Nehmen Lehrer ablehnendes Schülerverhalten aber als pädagogische Herausforderung wahr und verspüren sie vielleicht sogar den Wunsch, zu verstehen, mit welchen inneren Schwierigkeiten Schülerinnen und Schüler, die solch ein Verhalten zeigen, zu kämpfen haben, so könnten sie sich veranlasst sehen, sich um die Schülerinnen und Schüler besonders zu bemühen.

(4.) Die Bedeutung, die Gefühlen in einzelnen Situationen und Beziehungen zukommt, ist in präziser Form schwer ausmachbar. Dies hat nicht nur mit der Komplexität jener Prozesse zu tun, von denen in den Punkten (2.) und (3.) bereits die Rede war, sondern überdies mit einem Umstand, der immer schon im Zentrum psychoanalytischer (und somit auch psychoanalytisch-pädagogischer) Aufmerksamkeit stand: mit dem Umstand nämlich, dass Gefühle zumeist das Verlangen nach Affektregulation nach sich ziehen.

Aus psychoanalytischer Sicht ist in diesem Zusammenhang davon auszugehen, dass »unsere Psyche« beständig bestrebt ist, unangenehme Gefühle zu lindern und angenehme Gefühle festzuhalten oder herbeizuführen. Dabei kann sich »unsere Psyche« auf die Fähigkeit stützen, Gefühlszustände auszumachen, noch ehe diese von uns bewusst wahrgenommen werden, und verschiedenste Aktivitäten einzuleiten, die dazu dienen, das Aufkommen oder Stärkerwerden von unangenehmen Affekten zu behindern und das Zustandekommen oder Bestehenbleiben von angenehmen Affekten nach Möglichkeit zu fördern (vgl. Sandler/Joffe 1969; Holderegger 2002).

Diese Prozesse beeinflussen unser Verhalten und das Ausgestalten unserer Beziehungen in tiefgreifender Weise (Salzberger-Wittenberg 1970); doch weil wir diese Prozesse über weite Strecken in nicht-bewusster Weise verfolgen, ist es für uns so schwierig zu erfassen und zu verstehen, welche Gefühle – und welche Akte der Affektregulation – am Zustandekommen bestimmter Verhaltensweisen und an der Ausgestaltung bestimmter Beziehungsprozesse welchen Anteil haben. Dazu kommt, dass es in Prozessen der Affektregulation auch zum permanenten Einsatz unbewusster Abwehraktivitäten kommt, die in ihrem Kern darauf abstellen, dass beunruhigende Erlebnisinhalte aus dem Bereich des bewusst Wahrnehmbaren ausgeschlossen und damit verbundene unangenehme Gefühle in bewusster Form kaum verspürt werden können.

3.2 Work paper discussion – eine Form des psychoanalytischen Nachdenkens über die Bedeutung von Gefühlen für Beziehungen

Wie innerpsychische Prozesse der Affektregulation in ihrer Genese und aktuellen Bedeutung ausgemacht werden können und welche Möglichkeiten es gibt, zur Bedeutung von bewussten und nicht-bewussten Gefühlen in verstehender Weise Zugang zu finden, beschäftigte die moderne Tiefenpsychologie seit dem ausgehenden 19. Jahrhundert in methodischer und erkenntnistheoretischer Hinsicht. Zugleich ist es geradewegs zum Common sense geworden, dass aus psychoanalytisch-pädagogischer Sicht die Ausbildung von differenzierten Fähigkeiten, Gefühle zu regulieren und zur Bedeutung von Gefühlen verstehend Zugang zu finden, einen zentralen Aspekt von Bildung darstellt. Die Fähigkeit, Emotionen und deren Bedeutung nicht bloß bei anderen, sondern auch bei sich selbst ausmachen, kontrollieren und zum Gegenstand des inneren Verstehens, »Verdauens« und somit bewussten Nachdenkens machen zu können, stellt aus psychoanalytischer Perspektive überdies ein unverzichtbares Moment von pädagogischer Professionalität dar. Denn zum einen ist das Vorhandensein dieser Fähigkeit eine Voraussetzung dafür, dass die Ausgestaltung von pädagogischen Beziehungen nicht unbedacht in den Dienst der Affektregulation der jeweils handelnden Pädagoginnen und Pädagogen gestellt wird; und zum andern bedarf es der Kompetenz, zum eigenen Erleben in subtiler Weise verstehenden Zugang zu finden, weil dies aus heutiger Sicht einen unverzichtbaren Ausgangspunkt sowohl für das Verstehen unbewusster Beziehungsprozesse als auch für das Verstehen der inneren Welt jener darstellt, mit denen es Pädagoginnen und Pädagogen beruflich zu tun haben. (Exemplarisch verweise ich in diesem Zusammenhang auf Salzberger-Wittenberg 1970; Trescher 1985; Mataschiner-Zollner 2001; W. Datler 1995, 2002; Finger-Trescher u.a. 2002; Hirblinger 2002; M. Datler 2003, Figdor 2003).

3.2.1 Traditionelle und jüngere Möglichkeiten der Aus- und Weiterbildung

Zumindest seit den 20er Jahren wurde von Repräsentanten der Psychoanalytischen Pädagogik darüber nachgedacht, wie die eben skizzierte Fähigkeit im Rahmen von Aus- und Weiterbildung entfaltet und gefördert werden kann. In diesem Zusammenhang wurde wiederholt auf die Sinnhaftigkeit von psychoanalytischer Selbsterfahrung verwiesen sowie auf den hohen Stellenwert, der verschiedenen Varianten der psychoanalytisch orientierten Supervision beizumessen ist; zumal Supervision die Möglichkeit bietet, sich nicht nur mit dem Zusammenhang zwischen (unbewusstem) Erleben und Verhalten des Supervisanden in Hinblick auf die Wahrnehmung seiner beruflichen Aufgaben zu befassen, sondern auch mit der inneren Welt seiner »Adressaten« sowie mit der (unbewussten) Bedeutung der Beziehungen, die sich in seinem Arbeitsfeld unter dem Einfluss der jeweils gegebenen institutionellen, organisationsspezifischen und strukturellen Bedingungen in der Begegnung mit anderen entfalten.

Zu den – erst allmählich weithin bekannt werdenden – Elementen der Aus- und Weiterbildung, die der Entfaltung der Kompetenz des psychoanalytischen Verstehens dienen, zählen die Beobachtungsseminare, die am Tavistock Center in London entwickelt wurden. Diese Seminare folgen dem Konzept der Infant Observation, das Esther Bick in den 50er Jahren an der Tavistock Clinic kreierte. Es sind vier Aspekte, welche die Arbeit in solchen Infant-Observation-Seminaren auszeichnet:

(1.) Teilnehmer eines Infant-Observation-Seminars besuchen zwei Jahre hindurch einmal pro Woche eine Familie mit einem Baby, um sich als lernende Beobachter eine Stunde lang auf das Baby und all die Situationen zu konzentrieren, in denen sich das Baby in seinem Alltag befindet. Die primäre Aufgabe des Beobachters besteht darin, eine zurückhaltende Position einzunehmen, die es ihm erlaubt, durch Zusehen und Hinhören in sich aufzunehmen, was dem Baby zur Zeit der Beobachtung widerfährt und was es an Aktivitäten zeigt.

(2.) Im unmittelbaren Anschluss daran wird all das, woran sich der Beobachter erinnert, in deskriptiv-narrativer Weise zu Papier gebracht.

(3.) Die so entstehenden »Beobachtungsprotokolle« werden anonymisiert und in die einmal wöchentlich stattfindenden Seminarsitzungen gebracht. Meist ist es ein ausgewähltes Protokoll, das dann im Seminar besprochen wird und vor allem der Beschäftigung mit der Frage dient, welche Beziehungserfahrungen das Baby in den beschriebenen Situationen gemacht und wie es dabei sich und seine Welt erlebt haben mag.

(4.) In der Absicht, diesen Lernprozess zu dokumentieren und zu vertiefen, werden von den Gesprächen im Seminar Notizen gemacht. Diese Notizen erleichtern es den Seminarteilnehmern, zu einem späteren Zeitpunkt das Nachdenken über ein Baby, seine Beziehungserfahrungen und das Entstehen seiner inneren Welt wiederum aufzunehmen.

In den letzten Jahren sind mehrere deutschsprachige Veröffentlichungen erschienen, in denen die Entstehung dieses Seminarkonzepts nachgezeichnet, Beispiele aus Infant-Observation-Seminaren dargestellt und die Relevanz dieser Seminare für die Ausbildung von psychoanalytisch-pädagogischer Kompetenz zu präzisieren versucht wurden (vgl. W. Datler u.a. 2002, S. 154ff.). Manchen Veröffentlichungen wie jenen von Diem-Wille u.a. (1998), Adamo/Rustin (2002) oder W. Datler (2003) ist überdies zu entnehmen, dass Bicks Methode der Beobachtung von Säuglingen variiert wird, um zu Aus- und Weiterbildungszwecken Beobachtungen auch in anderen Kontexten durchzuführen und zu besprechen.

3.2.2 Das Konzept der »work paper discussion«

Eine weitreichendere Variante von Bicks Konzept des Infant-Observation-Seminars stellt das Konzept der *work paper discussion* dar, das von Martha Harris in den 70er Jahren eingeführt wurde. Den Darstellungen von Harris

(1977), Klauber (1999) und Miller (2002) zufolge nehmen an diesem Seminar Personen teil, die in unterschiedlichen psychosozialen Feldern arbeiten und sich dazu verpflichten, regelmäßig Protokolle zu verfassen, die in der Ich-Form gehalten sind, in Gestalt einer Beschreibung von ihrem Arbeitsalltag handeln und das Interaktionsgeschehen mit Kollegen, Klienten, Vorgesetzten etc. wiedergeben. Diese *work paper* werden in den Seminarsitzungen präsentiert mit dem Ziel, die unbewusste Dynamik zu verstehen, die in den geschilderten Interaktionen und Beziehungen jeweils zum Ausdruck und zum Tragen kommt. Auf diese Weise befassen sich die Seminarteilnehmer durchgängig mit der Frage, wie der Verfasser des Protokolls, der ja im Zentrum der Beschreibung steht, aber auch die im Protokoll erwähnten Personen die geschilderten Situationen erlebt haben mögen und welchen Einfluss dieses Erleben auf die Entstehung und Entwicklung der jeweils geschilderten Interaktionen und Situationen gehabt haben mag.

Seine theoretische Basis, so kann ergänzt werden, findet dieses Vorgehen in der Annahme, dass in der Art und Weise, wie in den Protokollen über Arbeitssituationen geschrieben wird, unbewusste Bedeutungszusammenhänge in einem höheren Ausmaß zum Ausdruck kommen, als dies dem Verfasser des Protokolls unmittelbar bewusst ist. Die Inhalte der Protokolle und ihre Präsentation im Seminar wecken auf Seiten der Teilnehmer verschiedenste Bilder, Stimmungen und Phantasien, die als Reaktionen auf diese Protokolle begriffen werden können und die damit Zugänge zum emotionalen Bedeutungsgehalt der beschriebenen Situationen eröffnen. Entscheidend ist dabei allerdings, dass im Seminar »eng am Papier« gearbeitet wird: Ähnlich wie in den Infant-Observation-Seminaren werden die Protokolle Passage für Passage durchgegangen; es wird nach der emotionalen Bedeutung auch jener beschriebenen Vorgänge gefragt, die beim ersten Lesen vielleicht gar nicht ins Auge gesprungen sind; und es ist Aufgabe des Seminarleiters und der Seminarteilnehmer, immer wieder zu prüfen, ob die genaue Lektüre der Protokolle und die Berücksichtigung mancher ergänzender Erinnerungen des Protokollanten es tatsächlich erlauben, an diesem oder jenem Gedanken festzuhalten – oder ob weiter nach neuen Gedanken gesucht werden muss, die im vorliegenden Protokoll eine bessere Abstützung finden und zugleich ein tieferes Verständnis des Beschriebenen eröffnen.

3.3 Zurück zu Frau A.

Frau A., von der ich eingangs erzählt habe, nahm als Studentin an einem Seminar teil, in dem nach dem Konzept der *work paper discussion* gearbeitet wurde. Dieses Seminar bot ich an der Universität Wien in Zusammenarbeit mit Gastprofessor Ross Lazar sowie unter Mitwirkung der Tutorin Barbara Lehner über zwei Semester hindurch an.

Die Studierenden mussten zumindest zwischen November und April dieses Studienjahres Praxis leisten, denn in diesen Monaten galt es wöchentlich Praxisprotokolle zu schreiben, die im Seminar besprochen wurden. Gerahmt war diese mehrmonatige Seminarphase von einigen Veranstaltungseinheiten, in denen Studierende in die Arbeitsmethode eingeführt wurden, sowie von einer zweimonatigen Schlussphase, in der Seminararbeiten zu schreiben waren.

Um zu illustrieren, wie die Arbeit nach dem Konzept der *work paper discussion* darüber nachzudenken hilft, welche Bedeutung Gefühle für bestimmte Beziehungsprozesse haben, möchte ich mich zwei Ausschnitten aus dem ersten Praxisprotokoll zuwenden, das Frau A. im Seminar vorgestellt hat, und nachzeichnen, zu welchen Überlegungen uns die Besprechung dieser Protokollausschnitte führte.

3.3.1 Der erste Protokollausschnitt

Frau A. berichtet in ihrem Papier, dass Peter etwa 18 Jahre alt, groß und schlank ist. Er hat »kurze, schwarze Haare und mehrere Unreinheiten im Gesicht«. Daran schließt sich im Praxisprotokoll folgender Textausschnitt:

> »Die erste Begegnung mit Peter an diesem Tag findet um ca. 8 Uhr 30 Uhr in der Früh statt, als ich gerade nach zwei meiner Klienten – es handelt sich um einen Buben namens R. und ein Mädchen namens N., beide zwischen 20 und 25 Jahre alt – auf dem Gang Ausschau halte. Beide sind um diese Uhrzeit an der Reihe, bei mir etwas zu lernen. Ich stehe vor dem Aufenthaltsraum und sehe in diesen hinein. Ungefähr zwei Meter von mir entfernt steht Peter gemeinsam mit anderen Arbeitskollegen.
> In diesem Moment höre ich, dass es N. nicht gut geht und dass sie sich hingelegt hat. Plötzlich fragt mich Peter, ob ich einen Geist gesehen hätte. Daraufhin antworte ich mit: ›Ja ... dich.‹

Der zweite Klient (R.), der eben zu dieser Uhrzeit zu mir in den Unterricht kommt, fragt nun Peter, seit wann er denn ein Gespenst sei. Dessen Antwort höre ich leider nicht.
Während die beiden jungen Männer miteinander sprechen, gehe ich wieder in mein Zimmer hinein und setze mich an die linke Seite des Tisches. Die beiden folgen mir und R. betritt den Raum. Peter steckt seinen Kopf ins Zimmer hinein und sagt zu R.: ›Bist Du jetzt in der Schule?‹ Der Angesprochene erwidert: ›Ja, und du kommst nach mir.‹ Anscheinend ist Peters Frage ungenügend beantwortet und er informiert sich bei mir noch einmal, ob er nach R. drankomme. Seine Frage beantworte ich mit einem Ja. Danach verlässt er das Zimmer und ich beginne mit R. zu arbeiten.«

Inwiefern kann solch ein kurzer Textausschnitt erste Einblicke in die Beziehungsdynamik eröffnen, die sich zwischen Frau A. und Peter etabliert hat und die Frau A., wie ich eingangs erwähnt habe, erheblich belastet? Im Seminar tritt diese Frage zunächst in den Hintergrund, während sich die Seminarmitglieder der ersten Textstelle zuwenden, in der von Peter berichtet wird. Es ist diese jene Passage, in der Frau A. zunächst erfuhr, dass es N. nicht gut ging, daraufhin wohl eine ebenso überraschte wie besorgte Mine zeigte und von Peter unversehens gefragt wurde, ob denn Frau A. einen Geist gesehen hätte. Frau A. erinnert sich, dass sie sich in diesem Moment von Peter bedrängt und auch abschätzig behandelt fühlte. Sie ergänzt, dass sie in der Situation das Verlangen verspürte, Distanz zu Peter zu schaffen und ihm eine Art »Retourkutsche« zu verpassen, die ihn in Bedrängnis bringt. Befriedigend war es für sie, zu bemerken, wie ihre Antwort *›Ja ... dich.‹* bei Peter Verblüffung auslöste und dazu führte, dass Peter nun von seinem Kollegen gefragt wurde, seit wann er denn ein Geist wäre.

All dies erweckt im Seminar den Eindruck, dass hier ein Kampf – oder zumindest ein kleines Scharmützel – zwischen Frau A. und Peter stattfand, in dem sich jeder darum bemühte, den anderen zu verblüffen und vielleicht auch zu verletzen, um so ein Gefühl der Stärke und Überlegenheit zu empfinden. Offen bleibt aber die Frage, was Peter veranlasst haben mag, dieses Scharmützel zu eröffnen, und weshalb sich Frau A. von der vergleichsweise harmlosen Frage, ob sie denn einen Geist gesehen hätte, primär *bedrängt* fühlte?

Die Bemerkung einer Seminarteilnehmerin, dass der Kampf zwischen Frau A. und Peter »irgendwie pubertär« wirke, lenkt die Aufmerksamkeit darauf, dass Frau A. ihre Klienten und Klientinnen als »Mädchen« und »Buben« bezeichnet, obwohl es sich doch um Männer und Frauen handelt, die zwischen 20 und 25 Jahre alt sind. Der Gedanke taucht auf, dass Frau A. die erwachsene Genitalität der »Behinderten«, mit denen Frau A. arbeitet, leugnet. Und dies führt dazu, dass im Seminar folgende Vermutung geäußert wird: *Frau A., die selbst etwa 25 Jahre alt ist, gefällt dem achtzehnjährigen Peter als junge Frau. Er möchte gerne engeren Kontakt zu ihr haben, ihr gefallen, ihr imponieren. Gleichzeitig erlebt er sich Frau A. gegenüber aber auch unsicher. Dies drängt ihn dazu, Frau A. gegenüber betont männlich aufzutreten; denn auf diese Weise gelingt es ihm, sich als Mann zu präsentieren, Frau A. emotional nahe zu kommen und zugleich zu verbergen, wie schwach er sich in seinem tiefsten Inneren fühlt. Die Attitüde, die sein Verhalten dadurch erhält, erlebt Frau A. als machohaft-bedrängend. Darin könnte zum Ausdruck kommen, dass Frau A. zwar realisiert, dass sich Peter als junger Mann um sie bemüht, dass sie es aber zugleich beunruhigt, für Peter sexuell attraktiv zu sein.*

Frau A. sagt etwas zögernd, dass ihr die Vorstellung, von Peter begehrt zu werden, unangenehm sei. Und sie spricht davon, dass diese Vorstellung auch jetzt, in der Seminarsituation, das Verlangen wecke, Peter von sich fern zu halten, ihn zurückzustoßen, ihn klein zu machen. Ich äußere den Gedanken, dass Frau A. einem ähnlichen Impuls folgte, als sie auf Peters Frage, ob sie einen Geist gesehen hätte, mit *›Ja ... dich.‹* antwortete. Und ich füge hinzu, dass das Verlangen von Frau A., Distanz zwischen sich und Peter zu schaffen, Peter vielleicht erst recht veranlasst, sich um mehr Nähe zu Frau A. zu bemühen.

Als wir uns wieder dem Protokoll zuwenden, fällt uns auf, dass Frau A. nach dem »Scharmützel« mit Peter zu ihrem Zimmer geht, sich von Peter somit wegwendet – und Peter nun tatsächlich versucht, mit Frau A. wiederum in Kontakt zu kommen.

Zunächst folgt er ihr, indem er R. zum Schulzimmer hin begleitet. Dann steckt Peter im Zusammenhang mit der Frage, ob R. nun unterrichtet werde, den Kopf ins Zimmer, um letztlich Frau A. dazu zu bringen, sich – zumindest einen Moment lang – Peter zu widmen und ihm zu versichern, dass Peter in absehbarer Zeit eine Stunde mit ihr verbringen werde. Dies schien Peter in ausreichendem Ausmaß zu beruhigen und zu befriedigen, sodass es ihm nun gelang, Frau A. mit R. alleine zulassen.

3.3.2 Der zweite Protokollausschnitt

Zusammenfassend lässt sich festhalten, dass die Besprechung der ersten Passagen des Protokolls den Gedanken nahelegt, dass sich der junge Mann Peter um die junge Frau A. bemüht und in seiner Weise versucht, ihr gegenüber stark und männlich aufzutreten. Frau A. erlebt dies als beunruhigend; sie kämpft gegen die Vorstellung, für Peter attraktiv und begehrenswert zu sein, an; und sie tendiert dazu, ihn zurückzuweisen – was Peter erst recht dazu drängt, in ihre Nähe zu kommen und sie dazu zu bringen, sich mit ihm zu befassen.

Die weitere Besprechung des Protokolls führt die Seminargruppe zu einigen zusätzlichen Gedanken, die in ersten Ansätzen auch verstehen lassen, in welchen emotionalen Prozessen die Spannungen und Schwierigkeiten gründen dürften, mit denen sich Frau A. vor allem dann immer wieder konfrontiert sieht, wenn sie Peter zu unterrichten versucht. In diesem Zusammenhang wird für die Seminargruppe ein Protokollausschnitt besonders wichtig, der ein Stück Unterrichtsgeschehen wiedergibt, an dem Frau A., Peter und – untypischer Weise – die Klientin N. beteiligt waren.

Untypisch war N.s Involviertheit deshalb, weil die Interaktionssequenz, von welcher der Protokollausschnitt berichtet, Peters Unterrichtsstunde entstammt, in der zumeist nur Peter und Frau A. anwesend sind. Doch da der Klientin N. am Morgen schlecht gewesen war, konnte sie am gemeinsamen Unterricht mit R. nicht teilnehmen. Statt dessen war sie nun in Peters Stunde anwesend und registrierte, dass Peter Arbeitsblätter mit Rechnungen vorgelegt bekam, deren Lösungen in Rechtecken einzusetzen waren, die wie ein Puzzle zu einem Gesamtbild zusammengesetzt werden sollten. Das weitere Geschehen wird von Frau A. folgendermaßen geschildert:

> »Peters erste Fragen zu seiner Aufgabe sind: ›Wo hast du das her? Hast du dir das selber ausgedacht oder hast du das aus einem Buch?‹ Ich antworte ihm, dass ich dieses Arbeitsblatt aus einem Buch habe. Darauf erwidert er: ›Naja.‹ Er schaut nun auf die Rechnungen und mit seiner rechten Hand, deren Finger einen Bleistift halten, geht er von einer Rechnung zur anderen. Plötzlich sagt er: ›Das wird ja immer schwerer.‹ Ich erkläre ihm, dass es einmal schwierigere Rechnungen und einmal leichtere sind. Danach verkündet er: ›Aha, gemischt!‹ Gerade als ich mich zu N. nach links drehen will, fragt er mich, ob ich weiß, was bei dem Puzzle herauskommt. Ich antworte ihm, das ich das nicht wisse. Die darauffolgende Frage von ihm lautet: ›Naja, hast du das

> schon wieder vergessen, hm?‹ Ich gebe ihm keine Antwort und zucke nur mit den Schultern.
>
> Im selben Augenblick beginnt er zu raten, was denn die Lösung sein könnte. Er sagt: ›Das wird sicher ein Wort, nein das ist ein Fünfer oder doch ein B?‹ Ich erkläre ihm nochmals, dass ich es nicht wisse, und hebe meine Schultern einige Sekunden lang in die Höhe, um meine Aussage zu bekräftigen.«

Frau A. erinnert sich im Seminar, wie innervierend sie Peters Kommentare und Fragen empfunden hatte. Sie wünschte sich, dass Peter still und konzentriert seine Aufgaben lösen möge, und merkte, dass er sich davor »drückte«. Dies machte sie ungeduldig und ärgerlich, aber auch ratlos, weil sie nicht mehr wusste, wie sie seine »Ablenkungsmanöver« unterbinden und ihn zum Arbeiten bringen könnte.

Als sich Frau A. nun gemeinsam mit der Seminargruppe den Protokollausschnitt genauer vor Augen führt, entsteht der Eindruck, dass nicht nur Frau A., sondern auch Peter in einer schwierigen Situation befindet, die sich folgendermaßen charakterisieren lässt: *Peter möchte von Frau A., seiner Lehrerin, begehrt werden. Diese will, dass Peter die Aufgaben löst, die sie ihm vorlegt. Versucht er aber die Aufgaben ernsthaft zu lösen (und den Erwartungen von Frau A. zu entsprechen), so droht offensichtlich zu werden, wie intellektuell schwach er gerade in jenen Bereichen ist, die für Frau A. so wichtig sind.*

In Verbindung mit der Entwicklung dieses Gedankens wird zunächst verständlich, weshalb Peter mit dem Gedanken spielte, die Arbeitsblätter könnte Frau A. extra für ihn angefertigt haben: Wäre dies der Fall gewesen, so hätte sich Peter zum einen dem befriedigenden Gedanken hingeben können, dass Frau A. auch dann, wenn sie keinen Unterricht gibt, an Peter denkt und etwas herstellt, um es Peter mitzubringen. Zum andern, so fällt Frau A. ein, wertet Peter in so manchen Situationen Anregungen, Unterlagen oder Erklärungen, die von Frau A. kommen, ab, um dann ihr dafür die Schuld zu geben, dass er – auf Grund *ihrer* unzulänglichen Hilfen – bestimmte Aufgaben nicht lösen kann. Vielleicht, so vermuten wir, wollte sich Peter auch in der beschriebenen Situation eine günstige Position schaffen, um dann die Schuld für ein mögliches Scheitern Frau A., der »Herstellerin der Arbeitsunterlagen«, zuschieben zu können. Manchmal, so ergänzt Frau A., schafft es Peter ja nicht einmal, einfachste Beispiele zu rechnen.

Letzteres deutet darauf hin, dass Peter im nächsten Moment, als er die Arbeitsblätter durchsah, große Angst davor bekam, die vorgelegten Aufgaben nicht lösen zu können und sich vor der Klientin N. sowie vor Frau A. als dumm zu erweisen: In seiner Bemerkung *›Das wird ja immer schwerer.‹* kommt diese Angst zum Ausdruck, zugleich aber auch Peters Unvermögen, über diese seine Angst ungeschminkt zu sprechen. Peter scheint sich vielmehr gedrängt zu fühlen, das Offensichtlichwerden seiner intellektuellen Schwächen vor sich und den Anwesenden so lange wie möglich zu verhindern und verschiedenste Aktivitäten zu setzen, um als möglichst souverän, wissend und überlegen zu erscheinen. Diesem Drang schien er gefolgt zu sein, als er die Auskunft von Frau A., manche Rechnungen wären schwierig und manche leicht, mit der Kompetenz vorspielenden Bemerkung quittierte: *›Aha, gemischt!‹* Um das Deutlichwerden seiner Schwächen hinauszuzögern, dürfte es für ihn attraktiver gewesen sein, mit der Arbeit an den Aufgaben zu warten, um statt dessen Frau A. zu fragen, ob sie denn wisse, was beim Puzzle herauskomme. Und als sie sagte, sie wisse das nicht, kam es seinem Verlangen nach einem vordergründigen Gefühl der Stärke entgegen, nun Frau A. wie eine Schülerin mit dem spöttischen Vorwurf kritisieren zu können: *›Naja, hast du das schon wieder vergessen, hm?‹*

Mit diesem seinem Verhalten gelang es Peter, entsprechende komplementäre Gefühle bei Frau A. auch tatsächlich zu wecken. Denn in diesen Situationen, so erzählt Frau A., erlebte sie sich tatsächlich abgewertet und fest entschlossen, ihm dann, als er zu raten begann, keine Hilfe zu geben, um ihm nur ja keine andere Möglichkeit offen zu lassen als eine: ernsthaft zu lesen und zu rechnen. Auch ihr Achselzucken vorher und ihre kargen Antworten wären nicht nur ihrem Ärger, sondern auch ihrer Absicht entsprungen, ihn endlich »dazu zu bringen«, konzentriert an den mitgebrachten Aufgaben zu arbeiten.

Letzteres scheint zu erkennen zu geben, *dass der Kampf um Nähe und Distanz zwischen Peter und Frau A. eng verknüpft ist mit einem Ringen darum, wer von beiden sich – vordergründig – als souverän, kompetent und überlegen erleben darf und wer sich mit dem Gefühl herumschlagen muss, schwach, inkompetent und unterlegen zu sein.*

Erinnert man sich daran, über welche Verhaltensweisen Peters sich Frau A. zu Beginn des Seminars besonders stark beklagt hat, so wird man nun festhalten dürfen: *Peters mitunter herablassendes Auftreten; seine Hinweise darauf, dass manche Arbeitsaufgaben zu einfach wären; seine diffuse Kritik an Frau A., die er vorbringt, wenn er Aufgaben nicht lösen kann; seine spürbare Unlust, sich an die Lösung von Aufgaben zu machen, und seine Tendenz, von der Arbeit an den Aufgaben abzulenken – all diese Verhaltens-*

weisen scheinen zumindest auch im Dienst des (weitgehend unbewussten) Bemühens zu stehen, das Aufkommen von Gefühlen der Schwäche, der Inkompetenz und der Unterlegenheit nach Tunlichkeit zu verhindern. Solche Gefühle scheinen dann in Frau A. zu entstehen. Und im weitgehend unbewussten Verlangen, sich vor dem bewussten Gewahrwerden dieser Gefühle zu schützen, dürfte sich dann Frau A. darum bemühen, Peter immer wieder zu drängen, sich den vorgelegten Aufgaben zuzuwenden – was letztlich dazu führt, dass sich Peter dann doch immer wieder dem Drängen fügt und es dazu kommt, dass er an den vorgelegten Aufgaben scheitert. Peter scheint sich dann tatsächlich beschämt, hilflos und minderwertig zu fühlen (was sein Verlangen nach Gefühlen der Stärke, Kompetenz und Überlegenheit erst recht wiederum schürt), und er dürfte besonders stark spüren, wie enttäuschend und unattraktiv er für Frau A. ist, um deren Zuneigung er wirbt (was wiederum seinen Drang intensiviert, andere Wege zu suchen, die es ihm ermöglichen, sich Frau A. nahe zu fühlen).

3.4 Über die eine Protokollbesprechung hinaus

Die zuletzt angeführten Überlegungen stützen sich auf die Diskussion von mehreren Praxisprotokollen, die Frau A. verfasst hat und die im Seminar besprochen wurden. Ich kann diese Diskussionen an dieser Stelle nicht weiter nachzeichnen, möchte aber festhalten, dass sich das erste Praxisprotokoll im Sinne von Lazar (2000, S. 410) wie eine »Probe« erwiesen hat, die von Frau A. »gezogen wurde« und an der wir im Seminar Zusammenhänge zwischen dem Erleben von Frau A., dem Erleben von Peter und der Beziehungsdynamik zwischen beiden ausmachen konnten, auf die wir in der Besprechung anderer Protokollausschnitte in vergleichbarer Form immer wieder stießen. Dabei wurde das Bild, das entstand, zusehends reichhaltiger und differenzierter und führte beispielsweise auch zu einem Nachdenken darüber, was es für Frau A. bedeutete, in einer Behinderteneinrichtung als »Kulturtechniklehrerin« angestellt und ohne weitere Einbindung in die Institution der Erwartung ausgesetzt zu sein, den erwachsenen »Klienten« in einer Stunde »Unterricht« pro Woche Lesen, Schreiben und Rechnen beizubringen.

Die Tatsache, dass Frau A. während des Seminars etwa sechs Monate lang kontinuierlich angehalten war, sich während des Protokollschreibens sowie im Seminar einzelne Arbeitsprozesse vor Augen zu halten und sich damit zu befassen, wie sie und ihre Klienten einzelne Situationen erlebt haben dürften, führte dazu, dass Frau A. einzelne Arbeitssituationen anders wahrzunehmen und in einigen Punkten auch anders zu gestalten begann.

Frau A. nahm Peters machoartiges Auftreten und sein Verhalten in Lernsituationen allmählich etwas weniger bedrohlich wahr und konnte es zusehends als Ausdruck seiner Angst verstehen, sich als intellektuell schwach, hilflos und abgelehnt zu erleben. In Verbindung damit fühlte sich Frau A. in geringerem Ausmaß gedrängt, Peter demonstrativ deutlich auf Distanz zu halten oder in die Position des Unterlegenen zu bringen. Sie entwickelte seinen Lernschwächen gegenüber etwas mehr Nachsicht und konfrontierte ihn in geringerem Ausmaß mit Arbeitsaufgaben, die ihn eindeutig zu überfordern und folglich zu beschämen drohten. Darüber hinaus führte sie andere Lernformen ein und begann beispielsweise mit Lernspielen zu arbeiten, denn sie entdeckte, dass das Nicht-Lösen-Können von Lernspielaufgaben für Peter weniger schlimm war als das Nicht-Lösen-Können von Aufgaben, die den Charakter von konventionellen Schulaufgaben hatten. Auch wenn sich dadurch die Beziehungsdynamik zwischen Peter und Frau A. nicht völlig veränderte, so schien sich Peter nun doch etwas weniger stark abgelehnt, hilflos und bloßgestellt erleben zu müssen, was wiederum zu Folge hatte, dass er in ersten Ansätzen begann, einige jener Verhaltensweisen etwas zurückzunehmen, die für Frau A. so schwer erträglich waren.

Die Veränderungen, die auf Seiten von Frau A. einsetzten, entsprachen *zum einen* den pschoanalytischen Theorien, die Frau A. in ihrem Studium kennengelernt hatte und die auch der Arbeit im *work discussion seminar* zu Grunde liegen. Diesen Theorien sind jene Annahmen inhärent, die im Kapitel 3.1 skizziert wurden, und somit auch der Grundgedanke, dass das Nachdenken über Beziehungsprozesse zu einer Ausweitung jenes »inneren Raumes« führt, den Lazar (2000, S. 409) »mental space« nennt und dessen Ausbildung die Voraussetzung dafür darstellt, dass man bedrohliche Gefühle und deren Bedeutung sowohl bei sich selbst als auch bei anderen »emphatisch« wahrnehmen kann, ohne sie aus dem Bereich des bewusst Wahrnehmbaren ausgrenzen sowie unbewusst agierend lindern zu müssen. – *Zum andern* deuten erste Diplomarbeiten, die im Anschluss an das Seminar von Reidl (2002), Baráková (2002), Kloimstein (2002) und Lindorfer (2002) verfasst wurden, darauf hin, dass die Veränderungen, die sich im Seminar abzeichneten, auch mit dem Ansatz von Donald Schön (1983) kompatibel sind. Folgt man seinen Unterscheidungen, so werden Seminarteilnehmer durch die wöchentlichen Seminardiskussionen sowie durch die Auflage, regelmäßig Praxisprotokolle schreiben zu müssen, zu einem kontinuierlichen »Reflektieren über Praxissituationen« angehalten (Steinhardt 2003, S. 57). Dies führt dazu, dass bestimmte Situationen rückblickend neu verstanden werden, fördert aber auch die Neigung, auf neu entwickelte Formen des Verstehens in künftigen Situationen »zurückzugreifen«. Dadurch kommt es zu entsprechenden Weisen des »Reflektierens in der Praxissituation« selbst und überdies zur Neuausbildung von Haltungen, die in der Praxissituation auch ohne bewusste Reflexion zum Tragen kommen (können).

Über Schön (1983) hinausgehend möchte ich allerdings betonen, dass die Zunahme an professioneller Kompetenz, die durch solche Reflexionsprozesse verfolgt wird, maßgeblich mit der Veränderung der Art und Weise verbunden ist, in der professionell Tätige sich sowie ihre Beziehungen zu anderen *erleben*. Wird im Seminar beispielsweise an der Modifikation von Interpretationsschemata oder intendierten Handlungsstrategien gearbeitet, während die Gefühle, die in einschlägigen Praxissituationen verspürt werden, ebenso unverändert bleiben wie die überkommenen Modi der Affektregulation eines professionell Tätigen, so muss davon ausgegangen werden, dass diese einschlägigen Praxissituationen vom professionell Tätigen nach wie vor als äußerst bedrohlich empfinden werden. Unbewusst wird er weiterhin versuchen, sein Verhalten in den Dienst des Verlangens zu stellen, sich vor dem Aufbrechen und Gewahrwerden beängstigender Gefühle bestmöglich zu schützen – und er wird daher »in der Praxis« weiterhin in altbekannter Weise agieren.

4. Ein Plädoyer für Praxisreflexion in der ersten Phase der Ausbildung pädagogischer Professionalität

Das hier vorgetragene Plädoyer dafür, dass die Auseinandersetzung mit den praxisleitenden Aspekten des Erlebens von (angehenden) Pädagogen unverzichtbar ist für die gezielte Entfaltung von pädagogischer Professionalität, wirft nicht nur die Frage nach den Möglichkeiten, sondern auch die Frage nach den Grenzen einer entsprechenden Förderung von pädagogischer Professionalität auf. Das nüchterne Wissen darum, dass erziehungswissenschaftliche Studiengänge zumindest an Universitäten stark überlaufen sind, legt den Gedanken nahe, von der Forderung nach dem Aufspüren praxisleitender Momente des Erlebens (angehender) Pädagogen und von der Forderung nach der Auseinandersetzung mit diesen praxisleitenden Momenten gleich von vornherein Abstand zu nehmen.

Solch ein Gedanke würde nicht nur konventionellen Formen des universitären Lehrens und Lernens folgen, sondern läge auch im Trend; denn jüngst hat beispielsweise Neuweg (2002) dafür plädiert, in einer ersten »akademischen« Phase der Lehrerbildung die Konzentration auf die Vermittlung und Aneignung von »Theorien und Modellen« zu richten, ehe dann in der zweiten und dritten Phase der methodisch geleiteten Reflexion von Praxiserfahrungen Raum gegebenen werden soll.

So differenziert Neuwegs Vorschlag gehalten ist, so deutlich möchte ich vor dem Hintergrund der Überlegungen, die ich hier angestellt habe, ein Gegenargument ins Treffen führen, das ich in drei Schritten skizzieren will:

(1.) Damit in einer zweiten oder dritten Phase der Ausbildung von pädagogischer Professionalität Praxisreflexion aus der Perspektive bestimmter theoretischer Positionen durchgeführt werden kann, bedarf es der Fähigkeit des Applizierens, mithin also der Fähigkeit, sinnhafte Verbindungen zwischen Erfahrungsausschnitten und Theorieausschnitten herzustellen. Diese Fähigkeit muss spezifisch geschult werden.

(2.) Nun scheint zunächst nichts gegen den Vorschlag zu sprechen, die Ausbildung dieser Fähigkeit des Applizierens möge in einer zweiten und dritten Phase der Ausbildung von pädagogischer Professionalität angestrebt werden, nachdem in einer ersten Phase jene Theorien vermittelt werden, die dann mit Praxiserfahrungen in Verbindung gebracht werden sollen. Dieser Vorschlag erweist sich bei näherem Hinsehen aber als problematisch; denn wenn Theorien von Erfahrungen handeln, die der ungeschulten Alltagswahrnehmung über weite Strecken verborgen bleiben und erst dann in den Blick geraten, wenn sie in methodisch geleiteter Weise erschlossen werden, dann ist es im Regelfall unmöglich, den jeweiligen Gegenstand dieser Theorien und somit die Grundzüge dieser Theorien ohne entsprechender Erschließung von Erfahrung zu erfassen.

(3.) Psychoanalytisch-pädagogische Theorien handeln von solchen Erfahrungen. Sollen daher psychoanalytisch-pädagogische Theorien, die der Reflexion von praxisleitenden Momenten des Erlebens dienen, zumindest in Grundzügen vermittelt werden, so bedürfen Lernende geeigneter methodischer Arrangements, die es ihnen erlauben, solcher praxisleitender Momente des Erlebens gewahr zu werden. Dies bedeutet aber, dass es bereits im Dienst der Aneignung von psychoanalytisch-pädagogischer Theorie pädagogische Praxiserfahrungen zu sammeln und aus psychoanalytisch-pädagogischer Perspektive zu reflektieren gilt.

In der jüngeren Vergangenheit wurde über einige Aus- und Weiterbildungsbemühungen publiziert, die letztlich darauf abzielen, in erfahrungsgestützter Weise in psychoanalytisch-pädagogische Theoriebildungen einzuführen. Manche curricular geregelte Aus- und Weiterbildungsgänge räumen dabei der Bearbeitung von praxisleitenden Momenten des Erlebens zentrale Bedeutung ein. Ein Projektstudium, das unter maßgeblicher Mitwirkung von Hans-Georg Trescher entstanden war, sah sogar über mehrere Semester hindurch die Besprechung von schriftlich abgefassten Praxisberichten als Pflichtelement vor – was durchaus an die Methode der *work paper discussion* erinnert (vgl. W. Datler u.a. 2003, S. 144). Bezeichnender Weise war dieses Projektstudium an einer Fachhochschule angesiedelt, die in ihrer Relation zwischen der Zahl der Lehrenden und der Zahl der Studierenden im Regelfall weit besser gestellt ist als die meisten Universitäten des deutschsprachigen Raumes. Auf universitärem Boden wird daher Studierenden auch in Zukunft nur in bescheidenem Ausmaß die Möglichkeit eröffnet werden können, psychoanalytisch-pädagogische Theorieaneignung mit dem unmittelbaren Erkunden und Überdenken von praxisleitenden Momenten des Erlebens in Verbindung zu bringen – obgleich doch Universitäten als Ort der besonders differenzierten Aneignung von Theorie gelten. Die Aneignung einer solchen realitätsnahen Sicht befreit freilich nicht von der Pflicht, gerade in Zusammenhang mit dem Nachdenken über die Bedeutung von Gefühlen für die Gestaltung pädagogischer Praxis auf die Problematik jener Vorstellungen hinzuweisen, die Praxisreflexion erst im Anschluss an Theorieaneignung vorsehen.

Literatur

Adamo, S./Rustin, M. (2001): Editorial. In: Infant Observation 4 (2), S. 3-22.

Altrichter, H. (2000): Handlung und Reflexion bei Donald Schön. In: Neuweg, G.H. (Hg.) (2000): Wissen – Können – Reflexion. Ausgewählte Verhältnisbestimmungen. Innsbruck/Wien/München, S. 201-222.

Baráková, D. (2002): Die Schwierigkeiten und Herausforderungen der sozialpädagogischen Gruppenarbeit mit Kindern aus Migrantenfamilien. Diplomarbeit am Institut für Erziehungswissenschaft der Universität Wien.

Datler, M. (2003): Über die Bedeutung des Erlebens von Lehrern in schulischen Situationen in der Geschichte der Psychoanalytischen Pädagogik. In: Fröhlich, V., Göppel, R. (Hg.): Was macht die Schule mit den Kindern? Was machen die Kinder mit der Schule? – Psychoanalytisch-pädagogische Blicke auf die Institution Schule. Gießen, S. 120-131.

Datler, W. (1995): Bilden und Heilen. Auf dem Weg zu einer Theorie psychoanalytischer Praxis. Zugleich ein Beitrag zur Diskussion um das Verhältnis zwischen Psychotherapie und Pädagogik. Wien, 2003 (3. Aufl.).

Datler, W. (2000): Das Verstehen von Beziehungsprozessen – eine zentrale Aufgabe von heilpädagogischer Praxis, Lehre und Forschung. In: Bundschuh, K. (Hg.): Wahrnehmen, Verstehen, Handeln. Perspektiven für die Sonder- und Heilpädagogik im 21. Jahrhundert. Bad Heilbrunn, S. 59-78.

Datler, W. (2003): Die Klassenbeste, der Klassenschlechteste und die Verbesserung einer Schularbeit. Nachdenken über Beziehungsprozesse im Dienst der Entfaltung schulpädagogischer Kompetenz. In: Fröhlich, V., Göppel, R. (Hg.): Was macht die Schule mit den Kindern? Was machen die Kinder mit der Schule? – Psychoanalytisch-pädagogische Blicke auf die Institution Schule. Gießen, S. 46-59.

Datler, W., Datler, M., Sengschmied, I., Wininger, M. (2002): Psychoanalytisch-pädagogische Konzepte der Aus- und Weiterbildung. Eine Literaturübersicht. In: Finger-Trescher, U., Krebs, H., Müller, B., Gstach, J. (Hg.): Professionalisierung in sozialen und pädagogischen Feldern (Jahrbuch für Psychoanalytische Pädagogik 13). Gießen, S. 141-171.

Diem-Wille, G., Finger, K., Heintel, G. (1998): Psychoanalytische Pädagogik in der Allgemeinen Pädagogischen Ausbildung für das Lehramtsstudium. In: Diem-Wille, G., Thonhauser, J. (Hg.): Innovationen in der universitären Lehrerbildung. Innsbruck, S. 47-74.

Figdor, H. (2003): Psychoanalytisch-pädagogische Erziehungsberatung: Pädagogische Grundlagen. In: Finger-Trescher, U., Krebs, H., Müller, B., Gstach, J. (Hg.): Professionalisierung in sozialen und pädagogischen Feldern (Jahrbuch für Psychoanalytische Pädagogik 13). Gießen, S. 70-90.

Harris, M. (1977): The Tavistock Training and Philosophy. In: Harris, M., Bick, E.: Collected Papers of Martha Harris and Esther Bick. Clunie, 1987, S. 259-282.

Hirblinger, H. (2002): Ein »Organ für das Unbewusste« auch für Lehrer? Der Beitrag der psychoanalytischen Pädagogik zur Frage der Professionalisierung in der Lehrerbildung. In: Finger-Trescher, U., Krebs, H., Müller, B., Gstach, J. (Hg.): Professionalisierung in sozialen und pädagogischen Feldern (Jahrbuch für Psychoanalytische Pädagogik 13). Gießen, S. 91-110.

Holderegger, H. (2002): Primäre Lebensorganisation und Selbstkonstituierung. In: Holderegger, H. (2002): Das Glück des verlorenen Kindes. Primäre Lebensorganisation und die Flüchtigkeit des Ich-Bewusstseins. Stuttgart, S. 79-158.

Klauber, T. (1999): Observation ›at work‹. In: Infant Observation 2 (3), S. 30-41.
Kloimstein, B. (2002): Erschwernisse in der Arbeit und in der Beziehungsgestaltung mit geistig behinderten Menschen. Einzelfalldokumentation und reflexion als Chance für differenziertes Verstehens. Diplomarbeit am Institut für Erziehungswissenschaft der Universität Wien.
Lazar, R. A. (2000): Erforschen und Erfahren: Teilnehmende Säuglingsbeobachtung "Empathietraining" oder empirische Forschungsmethode? In: Analytische Kinder- und Jugendlichen Psyhotherapie 31 (H. 108), S. 399-417.
Lindorfer, D. (2002): Kommunikation mit einem geistig behinderten Menschen ohne verbale Ausdrucksfähigkeit. Diplomarbeit am Institut für Erziehungswissenschaft der Universität Wien.
Miller, L. (2002): The relevance of observation skills to the work discussion seminar. In: Infant Observation 5 (1), S. 55-72.
Müller, B., Krebs, H., Finger-Trescher, U. (2002): Professionalisierung in sozialen und pädagogischen Feldern: Impulse der Psychoanalytischen Pädagogik. In: Finger-Trescher, U., Krebs, H., Müller, B., Gstach, J. (Hg.): Professionalisierung in sozialen und pädagogischen Feldern (Jahrbuch für Psychoanalytische Pädagogik 13). Gießen, S. 9-27.
Neuweg, G.H. (1999): Könnerschaft und implizites Wissen. Zur lehr-lerntheoretischen Bedeutung der Erkenntnis- und Wissenstheorie Michael Polanyis. Münster.
Neuweg, G.H. (2002): Lehrerhandeln und Lehrerbildung im Lichte des Konzepts des impliziten Wissens. In: Zeitschrift für Pädagogik 48. Jg., S. 10-29.
Neuweg, G.H. (Hg.) (2000): Wissen – Können – Reflexion. Ausgewählte Verhältnisbestimmungen. Innsbruck/Wien/München.
Polanyi, M. (1966): Implizites Wissen. Frankfurt, 1985.
Reidl, A. (2002): Über das Erleben und Bewältigen von Trennungen bei Kleinkindern. Eine Darstellung des Verhältnisses von Einzelfallanalyse und Theoriebildung, erläutert am Thema Trennung und den Formen ihrer Bewältigung. Diplomarbeit am Institut für Erziehungswissenschaft der Universität Wien.
Salzberger-Wittenberg, I. (1983): Beziehungen verstehen lernen. In: Salzberger-Wittenberg, I., Henry-Williams, G., Osborne, E. (1997): Die Pädagogik der Gefühle. Emotionale Erfahrungen beim Lernen und Lehren. Wien, 1997, S. 39-105.

Salzberger-Wittenberg, I. (1970): Psychoanalytisches Verstehen von Beziehungen. Ein Kleinianischer Ansatz. Wien, 2002.

Sandler, J., Joffe, W.J. (1969): Auf dem Weg zu einem Grundmodell der Psychoanalyse. In: Psyche 23, S. 461-480.

Schön, D.A. (1983): The Reflective Practitioner. How Professionals Think in Action. New York.

Steinhardt, K. (2003): Psychoanalytisch orientierte Supervision: Auf dem Weg zu einer Profession? Dissertation an der Fakultät für Human- und Sozialwissenschaften der Universität Wien.

Trescher, H.-G. (1985): Theorie und Praxis der Psychoanalytischen Pädagogik. Mainz, 1993 (3. Aufl.).

Trescher, H.-G. (1992): Studium im Praxisbezug. Praxisprojekte in der Lehre Psychoanalytischer Pädagogik. In: Chasse, A., Drygala, A., Eggert-Schmid Noerr, A. (Hg.): Randgruppen 2000. Bielefeld, 1992, S. 213-233.

Die Autorinnen und Autoren des Bandes

Manfred Cierpka, Dr. med. Ärztlicher Direktor der Abteilung für Psychosomatische Kooperationsforschung und Familientherapie am Universitätsklinikum Heidelberg, Psychiater, Facharzt für Psychotherapeutische Medizin, Psychoanalytiker, Paar- und Familientherapeut.

Wilfried Datler, Dr. phil., Ao. Univ.-Professor, Leiter der Arbeitsgruppe Sonder- und Heilpädagogik am Institut für Erziehungswissenschaften der Universität Wien; Analytiker im Österreichischen Verein für Individualpsychologie.

Margret Dörr, Dr. phil. Professorin an der Katholischen Hochschule für Soziale Arbeit, Saarbrücken mit dem Schwerpunkt Theorie Sozialer Arbeit – Gesundheitsförderung und Soziale Altenarbeit. Lehrbeauftragte an der Universität Trier, Fachbereich Pädagogik.

Karl Gebauer, War 25 Jahre lang Rektor der Leinenberg-Grundschule in Göttingen. Unterschiedliche Tätigkeiten im Rahmen der Lehrerfortbildung. Autor verschiedener Bücher zum Thema emotionale Bildung und zum Umgang mit Gewalt an Schulen.

Rolf, Göppel, Dr. phil, Diplom Pädagoge, Professor für Allgemeine Pädagogik an der Pädagogischen Hochschule Heidelberg. Arbeitsschwerpunkte: Psychoanalytische Pädagogik, Kindheits- und Jugendforschung, biographisch orientierte Pädagogik.

Klaus E. Grossmann, Dr. habil. in Psychologie und Verhaltensbiologie. Professor für Psychologie an der Universität Regensburg. Zahlreiche Forschungsprojekte zur sozial-emotionalen Entwicklung und zur längsschnittlichen Bindungsforschung vom Säuglingsalter an über den Lebenslauf.

Heiner Hirblinger, Dr. phil., Seminarlehrer für Pädagogik, Lehrer am Gymnasium in den Fächern Deutsch, Geschichte und Sozialkunde, 1. Vorsitzender des „Arbeitskreises für psychoanalytische Pädagogik (ApPS) e.V." in München.

Gerd E. Schäfer, Dr. rer. soc. Professor für Erziehungswissenschaft, Pädagogik der frühen Kindheit, Jugend und Familie an der Universität zu Köln. Arbeitsschwerpunkte: Bildungsprozesse im frühen Kindesalter, Psychoanalytische Pädagogik, Spielforschung, ästhetische Erziehung. Forschungsprojekte zu Bildungskonzepten im frühen Kindesalter.

Andreas Schick, Dr. phil. Diplom-Psychologe, Familientherapeut – systemischer Therapeut (DFS), NLP-Practitioner, Lizensierter FAUSTLOS-Trainer, Wissenschaftlicher Mitarbeiter an der Abteilung für Psychosomatische Kooperationsforschung und Familientherapie des Universitätsklinikums Heidelberg, Geschäftsführer des Heidelberger Präventionszentrums.

Gunzelin Schmid Noerr , Dr. phil, Professor für Sozialphilosophie und Sozialethik einschließlich Anthropologie an der Fachhochschule Niederrhein, Mönchengladbach. Aufbau und Leitung des Max-Horkheimer-Archivs und Herausgeber der Gesammelten Schriften Max Horkheimers.

Bärbel Schön, Dr. paed. Professorin für Allgemeine Pädagogik an der Pädagogischen Hochschule Heidelberg. Arbeitsschwerpunkte: Therapeutisierung der Erziehung, soziales Lernen in der Schule, pädagogische Frauenforschung. Wissenschaftliche Begleitung des Gewaltpräventionsprogramms „Faustlos Plus" im Raum Heidelberg.

September 2003
250 Seiten · Broschur
EUR (D) 19,90 · SFr 33,90
ISBN 3-89806-285-6

In psychoanalytisch-pädagogischen Publikationen trifft man Falldarstellungen besonders häufig an. Dass psychoanalytisch-pädagogische Veröffentlichungen von »konkreten Menschen« handeln, macht sie oft besonders lebendig.

Im vorliegenden Band eröffnen Einzelfalldarstellungen aktuelle Einblicke in die Besonderheit des psychoanalytisch-pädagogischen Nachdenkens über pädagogische Probleme. Einige Beiträge thematisieren überdies die Bedeutung, welche Falldarstellungen und Fallanalysen für psychoanalytisch-pädagogische Forschung und Professionsentwicklung haben. Bezüge zu Entwicklungen im Bereich der Psychotherapieforschung werden hergestellt.

PSV
Psychosozial-Verlag

August 2003
206 Seiten · Broschur
EUR (D) 24,90 · SFr 42,30
ISBN 3-89806-281-3

Der Autor David James Fisher entwirft einen kritischen Rahmen zur Beurteilung des vieldeutigen, reichen intellektuellen Vermächtnisses Bruno Bettelheims. Die Biografie Bettelheims, sein psychoanalytisches Verständnis des Faschismus und des Antisemitismus wird kenntnisreich dargestellt.

Fisher bietet auch eine kritische Analyse von Bettelheims »Ein Leben für Kinder«, seinem umfassendsten Werk über die Komplexität moderner Familienerziehung.

Das Buch enthält außerdem ein aufgezeichnetes letztes Gespräch, in welchem Bettelheim dem Autor die dringendsten Anliegen am Ende seines Lebens mitteilt und die Möglichkeit des Selbstmords diskutiert, welcher dann wahr werden sollte.

PV
Psychosozial-Verlag

April 2003
231 Seiten · Broschur
EUR (D) 19,90 · SFr 33,90
ISBN 3-89806-151-5

Der Umgang mit entwicklungs- und verhaltensauffälligen Kindern und Jugendlichen ist Bestandteil des beruflichen Alltags in den unterschiedlichsten psychosozialen Einrichtungen. Die Fachkräfte sehen sich tagtäglich mit einer Fülle sozialer und psychischer Probleme konfrontiert. Für den Umgang mit diesen Problemstellungen benötigen sie ein fundiertes theoretisches und methodisches Wissen.

Seit den Anfängen der Bindungsforschung durch John Bowlby sind mehr als 40 Jahre vergangen. Die neuere Bindungsforschung basiert auf seinen Erkenntnissen und geht davon aus, dass der Wunsch nach Sicherheit und verlässlichen Beziehungen ein entscheidendes Grundbedürfnis des Menschen ist. Für die psychische Entwicklung ist die Qualität der frühen Bindungserfahrungen entscheidend. Belastende Bindungsmuster im Kindes- und Jugendalter erfordern angemessene Antworten durch professionelle Erziehung, soziale Arbeit und Therapie sowie institutionelle Rahmenbedingungen, die haltgebende Funktionen ermöglichen.

PΨV
Psychosozial-Verlag

www.ingramcontent.com/pod-product-compliance
Ingram Content Group UK Ltd.
Pitfield, Milton Keynes, MK11 3LW, UK
UKHW040023200726
13854UKWH00001B/325

9 783898 062862